容广宇 杜亚宏◎著

先行一百步

突破销售思维的新观点

NEW
IDEAS
SALES
THINKING

中国金融出版社

只有身处黑暗中的人，才能知道一点点微光的意义。

是谁捆住了你？

"谁缚汝？"

这句话出自禅宗一个非常著名的公案：

十四岁的沙弥前来拜师，说："愿和尚慈悲，乞与解脱法门。"僧璨说："谁缚汝？"沙弥答："无人缚。"僧璨说："何更解脱乎？"

这个小沙弥就是禅宗的四祖：道信大师！这段公案就是他最早拜见三祖僧璨大师的事情。也是禅宗非常出名的一段对话。

从意思上看，并不难理解：

小和尚希望大师能帮他获得解脱的法门，大师就问他，既然寻求解脱，那么到底是谁捆住了你呢？小和尚说，没有人捆住我啊！大师就说，既然没有人捆住你，那么，我怎么帮你解脱呢？

作为道信大师，听到三祖的话，当时就觉悟了。这是大师常年修行的结果，我们也听到了这句话，只是当作一碗"鸡汤"而已，不可能做到觉悟。但是，这并不妨碍我们从这里面体会到一些道理，至少，让自己可以思考两个大问题：

一个是，我们现实所遭遇的困境到底是怎么形成的？

第二个是，我们到底应该如何从现实的困境中找到突破的机会？

因为……

销售困境是一种常态！

如何证明一个人是某个领域的专业人员。最好的证据并不是这个人在这个领域所创造的成就，而是这个人对于这个领域所遭遇的所有痛苦的理解。

专业，从来都是需要经过大量的学习、实践才能达到的。当然，这个过程中的艰辛、折磨、困难，也不会"缺席"成长的过程。

时常听到一些优秀的专业人员感叹：真的没有勇气再从头经历一遍！

也时常听到一些优秀的专业人员吐槽：真的不希望自己的孩子从事同样的工作，因为实在太辛苦了！

销售工作也已经成为一个专业的领域。销售人员的成长也一样要经历"艰辛的过程"。虽然，不同的专业经历的困难是不一样的，相对来说，销售人员遭受的"精神上折磨"会更多一些。

有句话说：任何的销售都是从拒绝开始的。

面对大量的不认可，遭遇各种拒绝、冷漠，还要保持积极的笑容，还要维持饱满的热情，继续投入到"火热的销售工作中"。这样的心理承受能力，还真不是其他工作可以轻易做到的。

我们不是优秀的销售人员，并没有太多的成就可以炫耀。但是，我们始终认为自己是专业的销售人员。因为，销售人员所有的困难和辛苦，我们都曾经切身经历，而且，我们也能依旧保持对销售工作的热爱。

当然，我们现在做得更多的事情，已经不再是在销售工作的一线去拼杀，而是致力于帮助销售人员解决各种工作中的困难。

在我们看来，这样的工作才是对销售工作最大的认同和支持。我们非常希望，经过我们的努力，可以让这些销售人员们更快地走出困境，可以让他们在销售工作的专业领域中更容易欣赏到"成功的喜悦"。

到底是"谁缚汝"呢？

按照上面的公案，我们大约可以想到一个答案：真正捆住小和尚的，恰恰是他自己。这其中包括他的经历、他的现实、他的思想、他的……一切。

同样的道理，真正给我们造成销售困境的，其实也是我们自己。

可能有人会说：是竞争、是市场、是政策、是环境、是管理、是……这些都给我们带来了巨大的影响,怎么能说是我们造成了现实的销售困境呢?

"有因必有果,有果必有因"。

销售工作不是一个稳定的状态,是一个不断变化的环境,应该说,"只有变化这件事是不会变化的"。因此,销售工作的变化是一种常态。而我们应对变化的"思想""能力""行为"直接决定了我们在这种常态中的存在方式。当我们出现了或者遭遇了销售困境,恰恰说明自己的思想、能力、行为已经无法应付这样的变化。

这何尝不是自己的问题呢?或者,这些问题不是自己造成的,但是,自己不能处理,不能应对,因而形成了困境,自然需要从自身寻求答案。特别是改变自己的"怎么看""怎么想""怎么办"。

销售困境的出路

销售困境的出路主要有四种:

第一种是"答案型"。就是直接告诉你,应该怎么做。

第二种是"案例型"。就是告诉你别人是怎么做的。

第三种是"思路型"。就是告诉你应该怎么想,怎么思考。

第四种是"根源型"。就是教会你最重要的知识、理论。

我们并不想评价哪种方式更有意义。至少,对于销售人员来说,不同的方式有不同的好处,也有不同的限制。总体来说,第一种和第四种,都比较极端。一个太短效和短视了,一个太长远和太慢了。所以,目前在销售培训、指导行业中,最常见的就是第二种。很多专家也会喜欢去讲案例,反正是讲别人的事情,大家听起来也比较轻松。至于效果和可行性,完全因人而异。反正对于专家来说,你做好了可以算是他的功劳,你做不好只能说你没有听懂……

第三种方式是最罕见的。这也是我们选择的方式。之所以罕见,是因为这种方式的要求稍微有点高。完全做一线的人,一般不做研究;完全做理论的人,一般不下一线。所以,大多数人都不选择这种方式。而我们刚刚符合这样的条件,所以敢于走这个路线。

是的,我们要解决的问题核心是:应该怎么看,应该怎么想,应该怎么设计。

所以，我们列出的内容都是针对大家思考方面的改善、纠正、强化。

在我们看来，只有首先突破自己已经非常"顽固的"销售思维，真正改变看待事物、看待销售、看待工作、看待问题、看待困境的认识，才有可能找到解决销售困境的出路。

先行一小步

在网络上，有一个非常出名的计算题，相信大家都会看到，就是这样的：
$1.01^{365} \approx 37.78$；$0.99^{365} \approx 0.026$

很多人对于这个内容的解读是：只要每天多做一点，累积起来就是巨大的回报；反之，如果每天都少做一点，累积起来就是巨大的损失。

我们倒觉得，这个计算结果并不完全是这个意思。

应该说，销售人员之间的差距其实并不是很大的，不过是 1 和 1.01 的差距，或者是 1 和 0.99 的差异，但是，从持续的结果上看，却存在着非常巨大的差异。原因很简单，因为优秀的人员仅仅比普通销售人员稍微"好一点"而已。但是，当这种小小差距被时间累积起来，就是最终天壤之别了。

因此，我们经常会跟销售人员讲：你所需要的，从来不是庞杂、丰富、深奥的东西，很多时候，仅仅是一个小小的进步，就能改变现实困境，就能带来全新的空间。

先行 100 步

是的，我们一共整理了 100 条新观点。

我们无法确定，这些观点中，对于单独的销售人员来说，到底有多少是他们需要的。终归每个销售人员的状态和实际情况都有着千差万别的样子。

但是，我们真心希望，至少有一条，哪怕只有一条，会是销售人员需要的。这样，可以帮助销售人员从 1 转变为 1.01，可以让他的一个小小的进步，带来巨大的回报。

正是基于这样的"小小心愿"，我们在整理这些观点的时候，为了更方便销售人员找到自己最需要的内容，特别选择了不同的主题进行了区分。

其中，直接与销售工作相关的部分一共有 18 篇，共 73 条内容。分别涉及：

销售、业绩、产品、客户、市场、渠道、品牌、问题、学术、工作、拜访、能力、人员、风格、培训、管理、战略、文化。

我们还整理了一些经常使用到的，对于销售人员帮助比较大的一些原理和理论内容，其中的大部分内容都是我们的原创内容。这样的内容一共有5篇，共20条内容。包括模式化原理、分级管理原理、终端理论、执行力"三力"理论、平台理论。

还有一篇内容是我们正在关注和研究的内容，在实际中还没有广泛应用，或者还在做试点工作。这就是"创新篇"，共6条内容。

最后，作为全书的总结，也涉及我们的一些想法，汇总成为1条内容，算是一个观点，也是一个后记。

"革自己的命"

过去的一切，塑造了现在的自己；过去所有的努力，也成就了现在的成绩。

所以，我们没有理由去后悔或者抱怨"早知如此，何必当初……"。

对于过去，现在的一切就是一个"终点"！

所以，现实的一切也都"必然"成为束缚自己的羁绊，而且，现实的成就越辉煌，我们突破的难度就越大。

但是，对于未来，现在的一切也仅仅是一个"起点"。

因此，只有真正敢于抛弃过往的束缚，不断寻找新的突破，特别是从"销售思维"上找到新的机会，新的空间，才能让自己的现实可以"重新起航"。

真正捆住你的，是你面对自己拥有的一切所保持的"陈旧思想"；

真正能让你解脱的，恰恰是你勇于突破"顽固的""销售思维"。

曾经听过一句话：改革最难的就是革自己的命。

那么，从现在开始，希望大家可以从《先行100步》中找到适合自己的"先行一步"作为开始。

目 录

有时候，是我们不够努力，

更多时候，是我们一开始就错了

销售篇

突破销售思维的新观点

1 — 5 +

突破销售思维的新观点

销售工作"资源论"：销售是通过消耗各种资源或者以资源为代价，获得或者换取销售业绩的过程。

很多销售问题都反映出两大问题：资源不足，资源低效。

销售工作的主要内容是两个：建设资源，利用资源。

什么才是僵局呢

僵局，从来不是困难！

一个事情很难办，至少说明还能办。这对于销售人员来说，的确不能算是僵局。所以，只要提到僵局，一定不是拒绝、冷漠、质疑、障碍。这些事情对于销售人员来说都还是可以办的，无非就是更辛苦、更努力，需要更多方法。

真正的僵局，最常见的是两种情况：

一种情况是：不知道哪里出了问题。

无论是销售业绩还是销售工作或者是客户和市场，结果都不是自己想要的。可是，仔细想想，好像该做的都做了，而且做得还算满意；该尝试的都尝试了，而且比别人做得还好些。可是，就是没有办法改变现状。

这是一种僵局。很多销售人员一定"感同身受",甚至有想哭的感觉!

第二种情况更麻烦:不知道该做些什么。

这好像和第一种有相似的地方,但是,这个僵局更多地出现在想进步的时候。业绩停滞不前,工作无法突破,市场没有发展。可是销售是不能停顿的,总是要增长的。这个时候,销售人员也会很痛苦。

好像有很多事情可以做,别人的经验也挺震撼自己的,自己的想法也挺伟大。可是,那么多事情要做,总感觉无从下手,更不知道到底应该先做什么。关键是很多时候,做了好像也没有什么效果。这就又像是第一种情况了。

"死循环"啊!

制造困难是解决僵局的第一步

有句很有趣的话:有困难要上,没有困难,哪怕制造困难也要上!

大家千万不要认为这句话是个段子,更不是一个笑话,而是充满了一些"小哲理"。

当僵局困扰着自己的时候,能有一个方向,能有一个目标,哪怕是一个非常困难的过程,都好过在僵局中"半死不活"。

所以,我们可以想一想,是不是这样呢?

当我们处在一个僵局的时候,无论是工作上的,还是生活上的,最需要的答案从来不是一个轻松、简单的结果。尤其是对于销售工作,既然我们已经想不出办法了,能有一个可以做,而且,肯定会有好结果的答案。无论是多么困难,都会发现"终于有希望了"。

当然,这个答案的难度不是你最在乎的,而是,这个答案一定是有效果的,才是你最关心的。终归,在僵局中,已经没有让你"相信一定会有效果的答案了"。

"销售资源论"首先要让你相信

"销售资源论"正是在这样的过程中,逐渐形成的观点。

当然，这个观点可不是故意在制造困难，而是要告诉你"相信一定会有效果"。

先看看，这个观点最基本的推论。

"销售业绩不是凭空得来的。"这个道理至少说明两个事情：

从客户角度，他们关注的是这样的购买和合作"值不值"，他们是否从这个成交过程中获得利益；

从销售角度，我们一定是做了什么，也一定是提供了什么样的东西，让客户认为购买和合作是值得的。

所以，销售始终保持着"交换"这个最原始，也是最根本的关系。

这就是这个观点中很重要的描述了：

"以消耗资源"或"以资源为代价"——要么付出你的劳动，要么提供一种利益。

"获得"或者"换取"——要么是客户得到这个利益，要么客户觉得交换是值得的。

那么，这样的观点会带来什么样的结论呢？

当我们的销售工作陷入僵局的时候，要么就是我们没有条件去做更多的事情；要么就是我们拥有的资源已经不能持续赢得客户的认可了。

资源是什么

很多销售人员一提到资源，总会首先想到"利益性质"的内容。其实，这是很片面的，也会直接影响我们对销售工作僵局的分析。

说一个简单的笑话，大家就会有所启发了。

"如果你能说服中国人每个人给你1元钱，你就能得到14亿元。对于说服每个人给你1元钱是没有难度的，但是，你最大的障碍是什么？是你活不了那么久啊！此外，就算你能活几万年，你还要每天吃饭和生活啊，你每天挣的钱都不够你花销的，所以你永远也挣不到14亿元。"

是的，时间、体力、精力都是资源。

很多时候，我们的想法"很丰满"，但是现实"很骨感"。

另外一个情况也很有启发性：

"在我们的身边总会有这样的人，和你拥有一样的条件，同样是付出相似的精力，可是这些人总是做得非常好。同样的政策，同样的产品，总有人做得非常出色。为什么同样的东西在人家手里就是宝，在自己手里就只能是摆设呢？"

是的，你有资源，可是，却没有办法发挥最大的效益。

所以，我们会发现至少两种导致僵局的情况：一是我们的资源不够，二是我们的资源没有发挥最大的效益。

你有什么呢？

总体来说，我们把资源分成以下三大类：

有形资源：产品、物料、资金、活动、会议、人员、客户……

无形资源：利益、信息、能力、品牌、服务、渠道、效果……

虚拟资源：时间、精力、体力、态度、激励、人品、情感……

还有一类资源是我们最不希望被使用的，但是，确实一直在被使用：

代价资源：健康、亲情、朋友、尊严、自由、权利……

通过这些资源的罗列，大家就能理解"消耗资源"和"资源换取"的含义了。

你看到我们制造的困难了吗？

"销售资源论"是一个解决销售僵局非常好的思路。

既然销售僵局主要体现在"销售资源"的问题上。我们就可以从这个角度来寻求僵局的突破。

总体来说，我们可以做的主要是两件事：资源建设和资源利用。

按照之前阐述的观点看，这两件事情几乎就是销售人员的全部工作了。

一来，我们可以考虑在这个时候开始启动"资源建设"的工作。要让我们有更多的条件作为可以"消耗的"或者"换取的"，甚至包括时间、体力、能力……（这不容易啊）；

二来，我们可以重新梳理现有的资源，考虑如何更好地利用这些资源。我们现有资源一定被浪费了，必须考虑怎么让这些资源更有价值，可能需要重点提升一下我们使用资源的能力了，甚至包括我们的工作方式，我们的合作策略。

从资源入手至少不会后悔

我们知道，一个简单的观点，是不可能真正让你从痛苦中解脱的。但是，你的痛苦将从僵局中"没着没落"的感觉改变为"真的很难做"。这个意义非常大。

对于很多外行人来说，这样的改变好像非常微弱，也好像完全没有解决问题。但是，对于销售人员来说，至少可以开始先"干起来了"。

一方面可以开始建设资源，增加自己可以消耗的资源，至少，这样做的结果一定是有意义的；另一方面，可以考虑现有资源的调整，至少，这样做的结果一定可以让自己多节省一些资源。

"知道明天应该做什么了。"这是很多销售人员非常开心的事情。

突破销售思维的新观点

销售工作的水平主要体现在两个方面：销售资源建设的广度和深度；销售资源利用的效率和效力。

怎么建设？怎么利用？

这个观点是"销售资源论"的一个延伸。应该说，这个观点也一定应该存在。

这是我们在帮助销售人员解决"销售僵局"的过程中必然面临的问题：

"如何来做资源建设呢?"

"如何才能更好地发挥资源的效益呢?"

事实上，当我们形成了"销售资源论"的观点以后，再去评价销售工作的时候，就自然会从资源的角度进行评价，而评价的主要标准就是两个大方向。

对于销售资源建设工作，我们关注的是资源的广度和深度。所谓广度就是丰富程度，是否建立更多的资源；所谓深度就是资源的质量，是否更强大、更有价值。

对于资源利用的工作，我们关注的是资源使用的效率和效力。所谓效率就是节约程度，是否控制了最合理的消耗；所谓效力就是把资源的价值发挥到更高。

"艺术论"很贴切

对于这两个方面的认识和理解，我觉得有个案例非常契合。

在郭德纲的相声里，有一段他对"艺术"的描述：

他认为，艺术二字是要拆开解释的。

所谓"艺"指的是艺人的能耐；所谓"术"是把自己的能耐卖出去。

只有"艺"，却不能被卖出去，那是诈骗；只有"术"，完全考虑挣钱，那是做生意。

这样的描述是非常有意思的。

销售人员的"艺"就是自己的资源。要么有很多资源，要么资源的水平很高。这就像是相声的基本功和掌握的各种知识、段子。

销售人员的"术"就是利用资源的本事了。能够把资源用好，让更多的人认可，愿意"买票"，能够产生效益。

我觉得，大家可以按照这个"艺术论"来理解销售人员在资源工作上的两方面要求。

更多！更好！

更多和更好，就是资源建设最直观的标准了。

我们可以先按照之前关于资源类型的描述，来看看自己的"篮子"里有什么资源吧。

如果自己还没有一些资源，就必须想办法来增加了。

有些资源可以直接考虑去"搞"，也可以想办法去争取，还可以去"抢"。反正，你能消耗的，你能交换的资源越多，自己的回旋余地就越大。

特别是一些很"珍贵的"资源，例如时间、精力、体力、能力、知识……这些资源的增加是非常有意义的。

还有一种情况，就是资源是有的，就是质量稍微差了点。

例如客户的关系，产品知识的扎实程度，技能水平……这也是很好的突破口。让自己的这些资源更好一些，更棒一些。到时就可以"换更多的"业绩了。

高效率，高效力

很多人对效率和效力容易混淆。这是正常的，因为两个概念确实很难区分清楚。因为高效率一定伴随着高效力，高效力一定带来高效率。

从资源角度看，如果销售人员能带来更多的节省，就是高效率。如果同样的资源使用，却带来了更好的结果，就是高效力。

例如有的销售人员一天能拜访十几个客户，而且都能达到预期的效果，这就是非常高的工作效率了；例如有的销售人员一天就拜访了两三个客户，但是，却得到了同样的销售业绩，这就是非常好的高效力了。

这要看具体的工作和市场特点了。

优秀的样子

一些优秀销售人员的具体表现，往往都在资源建设和资源利用方面有突出的表现。大家也可以看看以下这几种销售人员的表现是否符合你对优秀销售人员的评价。

第一种销售人员，知识面广，爱好多样，八卦影视，时尚信息，游戏娱乐，几乎都有他的身影。爱学习，爱交流。这是明显的资源丰富的情况。

第二种销售人员，比较内向，但是，专业知识或者技能很深，或者是某个方面非常优秀，或者是某些客户的关系非常扎实。这是明显的资源质量优秀的情况。

第三种销售人员，计划性强，时间管理清晰，善于记录，做事缜密，工作干脆。这样的情况，就是明显的提升效率的情况。

第四种销售人员，能言善辩，思路清晰，灵感丰富，把简单的事情说出花来，总是有精彩表现。这样的销售人员就是明显的资源效力强大的情况。

那么，请问大家，你对自己的评价到底是哪个类型呢？你觉得自己更适合向哪个方向发展呢？

至少这是一个方向

"销售资源论"肯定不是反映销售本质的唯一观点，也不可能涵盖所有的销售工作。但是，确实可以成为我们寻求突破的思路之一。

无论是销售人员还是销售管理者，都可以从"资源分析"中找到一些启发，"在没有非常有效的想法之前"，可以先从资源角度开展工作。至少，这些工作一定是有意义的。而且，从长远看，这样的工作一定是可以产出效益的。

突破销售思维的新观点

开发工作的核心是"业绩模式"的复制。

开发工作的重点是如何将"不同业绩模式"进行有机融合，以此形成有效合作。

开发是个专业的事情

任何销售工作都是从开发开始的。这是保证产品和合作可以产生业绩的起点。

我们必须清楚，开发工作、上量工作、维护工作所需要的思路、技能、特质都是不一样的。虽然，我们的销售人员不得不同时从事以上三项主要工作，但是，我们会发现销售人员往往会体现出在某个方面的工作更出色的特点。

我们也发现在一些行业，由于行业的特点，已经开始把销售工作中不同的内容进行了剥离，并分别由不同的人员来从事。开发工作逐渐成为了比较独立的工作内容，甚至已经具备了某些"专业特性"。

有的销售人员非常热衷于开发市场，而更多的销售人员比较"怵头"开发工作。这里面有个人特质的限制，也包括对开发工作理解上的误差。

你可以不喜欢，但是，不能不懂，更不能不会。

销售开发不是产品开发

"开发工作的核心是业绩模式的复制。"

当我们准备做开发工作之前，必须要有一个比较明确的"业绩模式"。

作为模式，一定包含了很多属性。例如"产品特点优势的价值""产品使用的方案""各种问题的处理""售后服务的方式""客户利润获得途径"……

其实，在开发过程中，我们并不是为了推销产品和方案，而是在推荐一个"产品使用的模式"。即使是直销行业，也一样不是简单传递产品的好就够的，一定要为购买者提供一个"产品使用的方案"。

我们实际上是把这样的一个比较全面的"业绩模式"，或者是复制，或者是提供，让客户可以充分认识到购买、合作、协助销售这个产品，给客户带来效益的可能性。

事实上，只要我们的产品已经形成使用或者合作，那么就一定存在一个"可行"的业绩模式。销售人员首要的任务就是对这个"已经有效"的模式进行了解和分析。并为新的客户提供这样的模式，而且作为一个已经被证实有效的模式，将对客户有更强的说服力。

开发必然面对阻力

当然，不同的客户需求不同，观点不同，条件不同，我们不可能指望在所有的客户那里都执行一样的业绩模式。这就涉及第二句话的观点。

"将不同业绩模式进行有机融合。"

一般情况下，客户往往都已经有了类似产品或者方案的使用经历，也会形成自己固有的模式。这个时候，面对销售人员提出的新产品、新模式，一定是首先抵触的。

"销售工作是从拒绝开始的"这句话是非常正确的。

那么，销售人员应该如何实现开发成功呢？

最辛苦，效率最低的方法就是"努力让客户接受自己的模式"。

这就意味着，你不得不付出更大的代价，也可以说是要付出巨大的资源消耗。关键是难度也很大。

最被动，风险最大的方法就是"完全接受客户现有的模式"。

这就意味着，你必须按照客户的要求做所有的事情，提供所有的条件。这样的方法或者有效，但是主动权永远在别人手里，自己可能要天天担心随时失去的业绩。

最合理，价值最大的方法就是"将两种业绩模式进行融合"。

融合！

什么是融合？说白了就是保证双方的核心诉求，通过一些方式进行有机组合。

例如，差距比较大的诉求，我们可以改变满足的形式；要求比较多的诉求，我们可以建立组合的项目来保证；冲突比较明显的诉求，我们可以选择相对弱化冲突的方式……

只有真正从业绩模式的角度去考虑开发成功，双方才能真正建立一个持续稳定的合作方式，并通过这样的开发，提升各自模式的"包容性"，也提升自身业绩模式的"广泛性"。

所以，我们经常会和销售人员讲：开发过程不应该完全是"接受过程"，也不应该完全是"推动过程"，更不是简单的"妥协"和"让步"，应该是双方"融合"的过程。

这样才是真正的开发工作。

开发前想好几件事

关于开发的观点，只能描述到这样的程度。具体的实践，往往需要结合行业特点来进行更深入的探讨。但是，在我们研究的案例中，大到企业的合作，经销商的合作，小到一个店面，一个顾客的购买，都充分反映了这样的基本原理和观点。

在具体的实践工作中，我们对销售人员进行指导的时候，只要涉及开发工作，我们都会重点关注以下几个问题，可以分享给大家参考。

第一个问题：在你已经完成开发的案例中，客户接受产品或方案的理由是什么？客户使用产品和执行方案的过程是什么样子？客户可以持续购买或者合作的动力是什么？

第二个问题：对于你尚未开发的客户，你是否了解他在使用其他产品、其他方案的选择依据是什么？他在使用产品和合作的基本过程是什么样子？客户为什么对现有的产品和方案保持了持续性？

第三个问题：你是否可以站在客户的角度来作出一个描述：客户在什么情况下会接受你的产品或方案？客户将会如何来使用产品和执行合作？客户可能会面临哪些问题和挑战？

第四个问题：你是否可以预期在开发过程中将会遇到的各种问题？你是否已经考虑好如何来解决这些问题？涉及购买和合作的"严苛"诉求，你是否考虑好具体的融合、化解、弱化的方案？

第五个问题：你手头有哪些资源可以保证你实现开发工作？你还需要什么样的资源来配合你，支持你？你还需要重点强化哪些知识、能力来保证开发工作的效率？

开发就是接受

每当我们讲到开发的问题时，经常会提到一个很恰当的情景：相亲。

作为个体去相亲的时候，一定不是简单地把自己推荐给别人，而是把自己的"全部"也就是"业绩模式"介绍给对方。你要让对方相信自己所附带的所有"业绩模式"是可以给对方带来"利益"的，也可以说是"幸福"。

反之，对方的"业绩模式"一定是和自己有差异的，这个时候，如果你一味地说自己的好，让对方接受，肯定是不行的，估计需要大量的"彩礼"；如果对方什么条件你都接受，估计也是不会有好结局的。所以，大家会互相理解、认同、妥协、调整。大约需要一些交往，才能最终定下来。

只有双方都觉得合适了，也能适应了，才会愿意去"领证"，这样才算是"开发成功"。

突破销售思维的新观点

上量工作的核心是"业绩合理性推导"的实现。

上量工作的主要方式包括：模式输送，扩大使用，提升份额，强化认知，提高效率。

正确的事不一定是合适的事

上量，对于大多数销售工作来说都是比较容易理解的，就是希望已经开发的客户或者已经开发的市场，可以持续产出业绩，可以更多产生业绩。

这是销售人员最大的愿望，也最大程度体现销售人员的价值。

可是，如何才能做好上量工作呢？更多的销售人员是怎么做的呢？

根据我们的研究总结，更多的销售人员总会"选择正确的方式"。之所以把这种方式用引号圈起来，是因为这样的判断是由销售人员自己来形成的，并不是我们的观点。

很多销售人员会通过自己的思考，或者结合别人的经验，或者是领导的指点，逐渐形成一些被"默认正确的方式"。在他们看来，做这些事情就是为了实现上量。甚至，在很多管理者的意识中，也认为做这样的事情就是上量工作。

可是，到底为什么要这么做？这么做到底是不是最佳选择？这么做的效果是否足够好？去思考的人就不多了。

我们并不想说谁的做法和想法是错误的。只是想根据我们的研究提出自己的观点。这就涉及一个比较新的概念"业绩合理性推导"。

上量，先要知道量在哪里

"业绩合理性推导，是指一个业绩指标可以实现的理由及实现的过程。"这包括了几个方面的含义：

一是，首先不是开始工作，而是需要先考虑自己希望得到的结果是什么。

二是，希望的结果是否有充足的理由可以得到，而不是"梦想"或"数字游戏"。

三是，这些充分的理由是否可以通过一些方法得到满足？

销售行业有句经典的话，"业绩是设计出来的"。也可以说，没有一个清晰的设计，所有的工作都是盲目的，或者完全是靠运气。

在我们研究的销售人员中，但凡是比较优秀的人员，他们都会坚持这样的思考方式，我们只是帮他们进行了总结而已。他们给出的理由非常简单：时间有限，资源有限，我们必须非常清晰地利用好有限的资源，才有可能取得更大的业绩。

只有建立了这样的思考方式，以及形成"业绩合理性推导"的结论，我们才能考虑怎么做好上量工作。

上量方式：模式输入

这是一个上量工作的常用方式。总的来说，就是让客户相信"这么做一定好"。那么，应该怎么做呢？这就是我们说过的"业绩模式"。

作为模式，包括很多信息了，例如使用需求、使用方法、问题处理、各种比较等内容。这些都是保证可以让产品更多使用的条件。

于是，销售人员就会围绕着预期的销售业绩，开始与客户进行交流，无论是传递信息，还是解决问题，都是在让这个模式得到认可。

注意的是，在早期的上量可能主要围绕"开始使用"来做好模式输入；等需要更多业绩的时候，可能就要围绕"更多使用"的模式来开展工作。所以，模式一直在发展，工作也一直在调整。

等到你要的业绩量已经没有更适合的模式时，业绩也就会停顿了。

这说明什么呢？

你总要不断设计新的，更高产出的"业绩模式"。

上量方式：扩大使用

产品使用方向的增加就是在提高销售业绩。如何让客户了解这些新的使用方向，而且是合理甚至科学的，就需要我们通过一些工作方法来实现，包括教育方式、指导方式、配合方式等。

涉及扩大使用，往往需要很多条件的保证，特别是研究工作、实践工作、试点工作等。这在不同销售行业中，都有类似的工作。既包括销售人员在工作中形成的经验、方法，也包括来自客户和市场的各种反馈。

最常见的方式是把一些新使用方向、新购买理由进行总结，然后推广到更多客户那里，这个过程和"模式输入"有点相似。但是，目的却是有差异的。

上量方式：增加份额

这也是上量工作的一个方向。市场上几乎很难存在独家的产品，总会存在一个品类范畴。销售人员需要使用一些方法来提升自己的产品在这个品类中的占比。有时是针对市场的行为，有时是针对客户的行为，总之，伴随着份额提升，业绩就会增长。

在实际的操作中，我们会发现，增加份额的关键点是"品类的界定"。品类界定可以从以下几个要点入手，包括：同样的产品，同类的产品，同样适用方向的产品，同样购买客户的产品，同样价值的产品……不同的界定，都会引起我们现有产品份额的改变，也会带来全新的上量空间。

品类界定，也可以从另外一种角度来理解：竞争对手的变化。

记得一个小故事，分享给大家：

可口可乐一直和百事可乐竞争，双方都花费了大量的精力来对抗对手的策略。彼此的份额一直纠缠在一起。

后来，可口可乐更换了决策者。他给市场部和销售部提出的概念是：我们的竞争对手不应该是百事可乐。我想知道的是，为什么人们喝水而不喝可乐，为什么喝茶而不喝可乐。我们要竞争的是所有可以喝的东西。

从此，可口可乐改变了竞争对手，也从此建立了强大的优势，最终，百事可乐再也没有办法与其对抗了。

上量方式：强化认知

这种认知主要包括：企业，品牌，产品，概念，销售人员，服务体系……销售人员要让市场和客户对这些内容有更好的认知度。这不仅是持续业绩产出的基础，也是对抗竞争最有效的"壁垒"。

说个简单的例子就明白了，就是我们平时看到的广告。有的广告是为了销售，有的广告是为了提高份额，但是，那些已经占据主导地位的产品广告，往往都是为了强化认知。

那么，我们在日常工作中，也会努力强化客户对企业、产品，甚至个人的认知，这对于更好地交流、更持续地使用和更稳定的销量，非常有意义。

这个部分往往是销售人员比较擅长的地方。

上量方式：提高效率

在销售培训工作中，很多人会忽略这个方向的工作，会认为这样的事情和上量工作没有什么关系。这是错误的。大家不要小看这个上量方向。

简单地说，提高效率，就是让自己已经拥有的东西发挥更大的效益，让我们已经付出努力得到的东西产生更多的业绩回报。

提高效率包括很多内涵，也很丰富。

比较直观的"提高效率"包括时间、精力、体力、资金、物品……很多好的销售人员甚至会设计好走访客户的路线图，会做好详细的拜访记录，这些都是提高效率的过程。

此外，还包括资源的效率，就是让有限资源发挥更大的收益；包括市场效率，让现有市场创造更多的价值，甚至帮助开发；还有优势效率，例如品牌口碑、人脉、网络等，使其在有限的条件下发挥更广阔的效益。

如果再放大，还包括管理效率，文化效率，这都有非常大的扩展空间。这个内容是需要销售人员更深入体会的内容。

效率提升了，我们就有更多的资源可以使用，我们就可以增加更多的可能性，我们就能做更多的事情……难道，这不是在做上量工作么？

而且，一些极端特殊的案例证明，连客户的效率、人员的效率、政策的效率都可以找到适合的方式来提升。请问，你能想象出那是什么样子么？

上量工作不是口号

在我们参加的一些销售人员的工作会议上，大家往往更关注的是做什么，而不注意为什么做这些事情，如何做这些事情。而且，很多时候，销售人员和销售管理者都没有一个基本的标准来参照。

那么，可以考虑利用以上的观点和知识作为标准。

最后，依旧要强调，大家不要再喊口号"我一定把业绩做好"。管理者也不要再动员"大家一起努力把业绩做好"。

热血沸腾解决不了实际问题，我们不如静下心来，认真地把上量工作，真正地做好。

突破销售思维的新观点

维护工作的核心是"顾客满意"的实现。

维护工作的基本策略包括：满足需求，挖掘需求，建立需求，创造需求。

不维护，不稳定

一些销售工作管理中，上量工作和维护工作并没有非常明确的区分，甚至会被作为同样的工作来看待。但是，从销售工作的研究角度，两项工作还是有明确区分的，上量更侧重增加业绩，维护更侧重维持现有客户和市场。

事实上，在更庞大的销售工作系统中，都已经把维护工作作为比较专业的领域来对待，甚至，有专业的队伍来从事这样的工作。

因为两种工作的基本思路和基本做法都有本质的差异。而且，面对目前销售工作的发展，维护好客户和市场，可能是很多销售工作系统中更加重要的内容了。终归，客户和市场越来越丰富，变数越来越大。对于很多行业来说，能维护好现有市场和客户，本就是非常难的事情。尤其是出现很多市场变数、环境变数、政策变数的时候，这样的工作就更加重要和必要了。

所以说"不维护，不稳定"。你凭什么相信，下个月，你的业绩还会在那里等你呢？

愿意持续！

如何才是有效地"维护工作"呢？

关于这个概念，我们没有必要用高大上的词语描述，简单地说，就是一句话：

"客户凭什么愿意继续或持续购买或合作。"

也就是说，你和客户不是"一锤子买卖"，还有下一次，再下一次……那么，客户凭什么愿意持续呢？一定是因为你"做对了一些事情"。这些事情就是维护工作的内容了。

当你开发了市场，开发了客户，这个资源就已经成为自己产生业绩的源泉，也就意味着竞争对手失去了这个资源。那么，这个资源一定也是竞争对手希望争取的对象。同样，那些还属于竞争对手的客户资源或市场资源，也是我们努力去争取的。

关于争取资源的事情，我们在开发和上量里都已经谈到了。

现在要考虑的是，我们如何维护好我们的客户和市场资源。

"顾客满意"是大学问

维护工作的核心就是四个字"顾客满意"。

一看到"顾客"两个字，大家可能以为是针对快消品、药品、服装等行业的。其实，这是一个误解。"顾客满意"是一个专用名词，也是最早形成相关理论时使用的词语。这里所指的顾客，也不仅仅是普通消费者，还包括各种客户、各种终端，甚至是一个企业、团体。

顾客满意是保证客户继续和持续的基础，也是销售人员努力的方向，更是销售工作的重要标准。但是，很多人对顾客满意的理解存在偏差，以为只要顾客开心了、喜欢了就是对的；只要我们礼貌了、客气了、充满热情了，就是做到了顾客满意……

这是很片面的理解。事实上，在实际的工作中，我们做到了这些内容，并不一定真正赢得了客户的满意，请"强烈关注"直接的标准，也就是看他是否能"继续和持续"。如果客户没有做到这样的反馈结果，就说明我们的顾客满意没有做好。

满意和需求是对应的概念

顾客满意是基于"客户需求"存在的。只有客户的需求被满足，甚至被超预期地满足才能给客户带来"满意的感觉"，因此，我们必须从客户的需求来考虑如何做好维护工作。

很多企业或者销售工作都会做客户需求的调研。

但是，这种方法有很大的局限性。原因很简单，很多时候，客户自己都不是很清楚自己的需求是什么；或者是，客户自己都无法描述自己的需求；甚至是，客户自己不好意思说出自己的需求！

总之，那些所谓的需求，例如质量好，服务好，价格低，环境好……这些都是没有意义的结论，更不能指导我们做好这个工作。

举几个例子，大家就会比较好理解顾客满意的含义了。

在很多餐厅门口排着队等着吃饭的顾客，为什么还愿意再来吃，再来忍受排队呢？

在很多大医院里，医生的态度恶劣，环境混乱，为什么患者还是热衷前往呢？

在商场一个鸡蛋才多少钱，但是，很多人会为了几个鸡蛋去排队，去办会员！

……

不要说舒服，不要说质量，不要说笑容……客户的需求是他们真正关切的点。

顾客满意是一个大学问，有很多类似的书籍和理论，推荐大家重点阅读一下《定位》《怪诞经济学》等书籍，这样就更理解这个概念了。

客户需求？

基于之前的观点：顾客满意是维护工作的核心。而顾客满意的基础就是满足需求。

所以，我们的维护工作都应该从"客户需求"来入手。

总体来说，满足顾客需求的工作分成不同的层次和要求，主要包括四个层面。需要注意的是，不同层面并不是说"越高级越厉害"，这是不科学的。在实际情况下，任何一个层面的工作做到位了，都很厉害。

第一个层面是：满足需求。

就是把基础的、最常见的客户需求进行满足。当然，即使是基础的需求，能做好也不容易，甚至可以做出很多出彩的地方。

第二个层面是：挖掘需求。

有时客户不是很清楚自己的需求是什么或者对需求不是很明确，这时，通过对顾客的研究，将其潜在的需求挖掘出来，并通过一些工作予以满足。例如：虚荣、贴心、优越感等类型的需求。

第三个层面是：建立需求。

有些需求是客户本来没有的。或者是因为没有接触过，或者是没有意识到，所以才没有这样的需求。销售工作可以通过一些方式来建立客户的需求，并给予满足。这种方式包括：体验营销、会议营销等。

第四个层面是：创造需求。

这就更有难度了。完全是凭空制作出一个需求。例如微信，支付宝，快递，专车……这些伟大的营销都是创造了一个完全没有的需求，并进行了满足，这就更可怕了。

保住业绩的基础

关于维护工作的观点在实践中的应用，我曾经在一个销售工作会议上的发言就是对这个工作的一个比较好的描述，也分享给大家参考：

刚才，我听到很多销售人员都在表示，将会如何做来提升业绩，这是好事情。

但是，我想大家需要考虑一个问题。你只是在说增长、进步，可是，你现有的客户和业绩是否还能在下个月继续存在啊？如果这些客户和业绩出现问题，你的那些伟大的想法还有意义吗？

其实，对于很多销售人员来说，当你的客户增加了，业绩增加了，能维护好自己现有的业绩可能都已经占据了很多时间和精力，但是，这必须是我们首先做好的事情。

所以，我首先关心的是你们如何保证现在的客户和业绩是稳定的。

请大家先把这个工作计划告诉我吧。

你凭什么相信你的客户和业绩，在下个月还存在？你是否应该首先保证这项工作做好，才去考虑增长的问题啊。

怎么做好这件事情呢？一定要考虑"顾客满意"和"客户需求"这两个主题吧。那么，你是否清楚客户的需求是什么？你是否知道应该如何满足他们的需求呢？

然后呢？你准备怎么做呢？

维护工作正走向专业化

现在，在有条件的销售系统中，维护工作越来越重要了。销售人员和销售管理者必须把这个事情做好，甚至需要提前设计出各种方案、模式。

包括客户服务工作、售后工作、广告宣传工作、会员服务等。这些都已经不再是"销售工作的辅助"了，已经逐渐成为销售工作的主流，甚至已经成为直接产生业绩的工作了。

对于销售人员个体，对于销售团队，虽然不可能建立这样的独立工作，至少，应该保证做好这些"维护工作"。

而这些工作，应该遵循我们所提出的以上观点。

你看到了，就有可能得到；

你看不到，就永远也得不到

业绩篇

突破销售思维的新观点

$6-10^+$

突破销售思维的新观点

销售工作只是为了销售业绩，一定是有问题的。但是，如果一个销售工作不能促进或产生业绩，一定是更大的错误。

销售业绩好，不一定是优秀的销售人员。但是，销售业绩不好的，一定不是优秀的销售人员。

建立正确的业绩观点

销售业绩在销售工作中的地位几乎是最高的。销售人员也非常关注销售业绩的进展和变化。当然，大家也会习惯用销售业绩来评价自己和别人的销售工作水平。

可是，虽然我们很重视销售业绩，也不能出现极端的"认识"，这是销售人员必须特别重视的"错误倾向"。因此，在谈及业绩方面的观点之前，我们觉得很有必要帮助大家修正一些错误或者极端的观点，至少应该建立比较正确的"业绩观"。

我们一共列出了两句比较重要的内容，其实，每句话都至少包含了两个观点。需要大家仔细体会一下。

"唯业绩论"有问题

"销售工作只是为了业绩，一定是有问题的。"

请看下面这几种销售人员，相信大家并不陌生。

第一种销售人员在做销售的时候，一心只考虑怎么获得更多的业绩。为了这个目的，几乎是"无所不用其极"，其中也难免有很多"灰色的"甚至"黑色的"工作方法。这肯定是存在很多问题的，长此以往，很多都会对客户、对团队、对发展造成一些伤害。

第二种销售人员一旦做出了比较好的业绩，就会成为"销售团队的不安因素"。平时对管理工作、学习任务、团队合作都表现出非常"傲慢"的态度。甚至会影响整体的运作。对于这样的销售人员，管理者也很为难。

第三种销售人员对于任何工作和要求，都首先想到和业绩的关系。如果认为没有关系，就消极对待；如果发现对业绩有帮助，就积极上心。总之，业绩关乎个人荣誉和收入，只对这样的事情才感兴趣。

第四种是管理者，在安排工作时，在考虑晋升时，在执行管理时，在分配资源时，要么简单粗暴地按照业绩来进行区分，要么根据业绩形成不同的对待方式，要么只关注业绩变化和贡献，对其他的内容都会忽略。

当然，还有其他类型的情况，大多都是这些方式的变种而已。

从这样的描述中，我们大约就能知道其中的问题了。

业绩很重要，但是，不应该是"唯一标准""唯一目标"。

"苦劳论"更糟糕

"但是，如果一项销售工作不能促进或产生业绩，一定是更大的错误。"

销售人员的销售工作就是要为业绩服务的，要么是现实的成果，做了就有业绩产出；要么是未来的成果，做了会帮助未来获得业绩。

但是，我们经常会发现与这样观点完全违背的情况，而且是相当大规模的情况：一个销售人员看上去很忙，但是，他所做的事情，既没有马上见到效果，也不知道对未来有什么帮助。那么，这样的销售工作就真的是"更大的错误"。

无论是销售人员还是管理者，涉及销售工作的内容，都应该考虑到对业绩的意义，如何让自己的工作可以带来应有的两种结果，一个是现实，一个是未来。这是大家必须时刻坚持的事情。

当然，我们已经在一些先进的团体中看到不少先进的思考和设计：那就是让管理工作和系统工作也逐渐和业绩建立直接或间接的联系，这样，这些工作也可以发挥更大的价值了——这是一个新课题。

不过，销售工作对业绩一定要有作用。否则，要么这个工作就是浪费，要么就是这个工作你做错了。

不以成败论英雄

"销售业绩好，不一定是优秀的销售人员。"

对于这样的说法，相信不少人会认同的。这是对的。

业绩的产出受很多因素影响，其中有可控因素，也有不可控因素，还有未知因素。在一些特殊的情况下，那些"不可控"和"未知"可能会成为决定性的因素。

所以，我们经常说"不以成败论英雄"是有一定道理的。可能你都做正确了，你也都努力了，可惜最终决定结果的是其他因素。这个时候，不需要计较，也没有必要抱怨。

因为，从长远看，特殊情况永远是特殊的、短暂的、偶尔的，只要是真正优秀的销售人员，最终都会取得优秀的业绩。

但是，英雄必须要胜利

"但是，销售业绩不好，一定不是优秀的销售人员。"

这个说法就可能有很多人要提出意见的。

我经常和销售人员讲，业绩的确不是全部，但是，业绩是必要条件。

销售人员不能做出好业绩，一定是有问题的。

无论你的想法多么先进，无论你的知识多么丰富，无论你的能力多么强大，如果不能做出应有的业绩，就说明这些优点都是"美而无用"。只有"胜利"才能证明你的一切都是正确的。

这不是残酷。而是在提醒销售人员，必须把自己的水平和业绩建立联系，必须与实践结合。或者说，只有实践与理论的结合才是一个强大的销售人员。

错误的认识是致命的

为什么要在谈业绩之前先说这两句话呢？

因为很多销售人员经常被一些错误的观点误导。或者是他们在获得信息的时候，没有掌握核心内容，形成了错误的结论。

有时是团队成员和管理者传递的信息；有时是行业一些特殊案例造成的影响；有时是一些所谓的专家的胡扯；还有时是某些"传奇故事"做成的"毒鸡汤"……特别是一些满头光环的"大师"，他们可能从来没有卖掉一个产品，没有做好任何一个销售工作，甚至没有最基本的能力，就凭了四处摘抄的"名句"加上一些以点带面的"解读"或是"巧言令色"的惊人之语，就开始教导销售人员怎么做销售了。

那么，销售人员需要一些基本的判断，也需要正确、理智地吸收这些信息。既不被误导，又能汲取自己需要的信息。这样才是最精明，也是成为优秀销售人员的条件。

突破销售思维的新观点

销售业绩应该是"销售工作直接获得的结果"。

大部分的销售工作的业绩并不是金额，而是数量，频率，份额。

对销售业绩本质的认定直接决定了销售工作的有效性和销售管理的针对性。

业绩是金额么？

看到这样的观点，可能对于很多销售人员来说，会觉得意义不是很大。

大多数销售工作最终的业绩都是以金额作为结果的。而且，这些数量、频率、份额，最终都要换算成金额。似乎没有必要一定要修正现有的观点。

事实上，这个概念对于很多销售行业来说是非常重要的。尤其是多产品、多品类，甚至多工作类型的销售行业，这样的区分是非常必要的。

对于大部分产品，的确是数量与金额高度相关。但是，两种不同的表达方式，却反映了差异比较大的工作思路。因为数量反映的是一个"获得机会或者是获得使用"的思路，金额反映的是"金额最大化"的思路。

这是有一定区别的。尤其是多个产品同时在销售，价格差异会影响最终的总金额。所以，如果从金额考虑，销售人员更愿意卖贵的，从数量上考虑，销售人员更愿意卖便宜的。所以，如何制定业绩指标直接决定了销售人员的工作策略。

此外，有一些产品具有很强的持续性。所以，客户更持续使用的价值是非常大的。这个时候，完全按照金额，会影响销售人员对部分销量低或贡献低的客户产生"忽略"，整体影响很大。这时，如果给出的业绩标准是"频率"，也将保证销售人员的工作策略是更正确、更符合发展需要的。

还有一些产品的销量是波动的，而且这个品类也是相对不稳定的，带有季节性的。这个时候，完全依据金额来判断销售人员的工作成绩，就更不合理了。通过"份额"来制定业绩，让销售人员的工作目标更加清晰。

除了这些直接与业绩相关的工作，还有一些销售工作的业绩体现是间接的，例如电话销售、客服、售后。可能对他们来说，人数、次数、点评才是他们的业绩吧。

业绩不全是金额

使用"金额"作为业绩指标的确非常"方便"。管理者也好，销售人员也好，只要得到这样一个指标就可以开始工作了，只要得到这样的结果就算是完成任务了。

可是，实际产生业绩的过程却出现了非常大的差异。很多时候，这样的差异对于管理来说，对于持续发展来说都会造成影响，甚至产生巨大的伤害。

所以，我们特别提出这样的观点，就是希望更多销售人员正确认识这样的观点。在实际的工作中把业绩标准与"销售人员直接得到的结果"建立联系。

一些管理者在制定工作任务的时候，会把产品特点进行必要的区分：

对于那些数量限制不大的产品，可以直接按照数量来制定任务，越多越好；

对于那些需要保持稳定的产品，可以制定现有客户持续使用率的指标，越多越好；

对于那些存在季节性特点的产品，可以制定市场份额的要求，越高越好。

这样，销售人员才知道不同产品的要求，也可以区分完成销售任务，最终，才能成为一个"健康"的销售总量。

不要被金额误导

对于多产品、多类型的销售工作，这样的区分更需要贯穿于监督、指导、考核工作中。应该放弃单一指标的考核。

同样是一个金额的销售业绩。必须进行必要的区分，应该根据产品特点、市场特点确定更合理的方式来进行评价，尤其是在考核的时候。不能简单粗暴地依据金额就来判定谁更优秀，这会给销售人员非常大的"误导"。

在管理者对销售人员进行监督和指导的时候，这样的认识，也决定了关注重点。他们可以更容易看到销售人员工作中的表现和实际的问题，处理和指导的针对性也更强。

同时，销售人员在考虑如何提升自己的业绩时，可以按照不同的业绩特点，有针对性地学习和训练。只有真正选择了正确的提升方向和提升重点，才是解决业绩发展的基础问题。

业绩是引导销售人员的风向标

在一些特殊的行业中，例如不直接产生业绩的工作，或者是很难在短期内产生业绩的销售工作。这样的指标可能价值更高。像保险、汽车、理财、房子……

这些产品的销售工作如果简单使用金额作为指标，一方面会造成销售人员急功近利的工作策略，另一方面不能真正做好基础工作。这时，如果可以制定人数、联络率、意向率、满意率等指标，不仅可以保证销售人员工作进程的加快，切实提升业绩产出的概率，同时，也可以保证销售人员更好地做好基础工作，促进整体销售的良性发展。

以金额为标准的业绩结果，往往掩饰了实际销售工作中的问题和错误。让我们忽略了销售工作中存在的漏洞。所以，当我们的业绩出现了停滞，或者是出现了下滑，就需要按照我们的观点，重新审视一下销售人员做业绩的过程，更应该调整我们对业绩指标的评价标准。

很可能是我们的单一金额指标，让那些需要"数量"支撑的基础业绩丧失了，让那些需要提高"频率"的业绩被忽视了，让那些需要提高"份额"的市场被弱化了。

事实上，这样的情况在很多销售企业、销售团队中存在。销售人员更热衷去做那些"容易被认可的业绩"和"更容易增长金额的业绩"。最终，由于数量业绩、频率业绩、份额业绩的下滑，必然带来整体销售工作的低迷。

突破销售思维的新观点

一定要区分"管理业绩"和"业绩管理"。

管理业绩指的是对业绩数据进行分析的过程；业绩管理指的是如何最大程度完成业绩指标的过程。

业绩管理的核心是"管理产生业绩的工作"。

管理业绩和业绩管理不一样

销售人员和管理者最常做的一件事情就是"看销售数据"。

从销售人员角度要知道自己完成了多少，还有多少没有完成；从管理者的角度要知道谁做得好，谁做得不好，下面要重点督促的和重点指导的内容。

在很多人看来，这个过程就应该是"业绩管理"了。而且，还有很多人把其中的经验总结出来，做成个人管理销售的心得。甚至，还有不少销售人员和管理者认为这就是比较正确的管理思路和管理方法。

我们不反对这样的方式，但是，这样的方式只能算是"利用业绩来进行管理"，也可以称为"利用结果来识别工作"，如果说这就是"业绩管理"，那就有点可笑了。

从销售原理看，销售业绩作为一个数据方式的存在，应该是销售工作的结果。它所反映的是"过往所有销售工作的总和结果"。应该说这个数据是"死的"。至少对于销售人员和管理者来说，已经是过往的事情了。因此，它的主要价值就是"参考"和"标准"，是否能对未来销售工作产生价值，关键在于如何对它进行分析，如何从中找到一些有价值的信息。

这就是"销售数据分析"的工作范畴。也是销售人员和管理人员需要学习和掌握的技能。实际上，更多时候，销售人员和管理者做的就是这个"销售数据分析"的工作。但是，销售工作作为一个"实践性很强"的工作类型，不能完全依据数据分析的结论来考虑如何工作，更不可能用这样的方式来替代销售管理工作。

为了让大家对业绩管理的概念有个比较清晰的认识，特别对这个词进行必要的介绍和讲解。或者，大家可以考虑尝试做"真正的业绩管理"。

业绩管理是为了完成业绩

"业绩管理"既是管理工作的部分，也是销售人员能力范畴的部分。应该说，这个概念更符合销售工作日常的实际情况。

简单地说，在一个比较固定的"任务考核周期"里，最多的是月，有时是季度，有的是年，罕见的情况会细到每周、每天。销售人员或一个销售团队总会"领到"或者"制定"一个任务指标，销售人员必须考虑如何才能最大程度地完成这个任务指标。这就涉及了"业绩管理"的问题。

根据这样的描述，大家就会发现，业绩管理是"为了如何更快更好地完成预定的业绩指标"。这个管理工作是为了未来，是为了还没有出现的结果所做的必要工作。

根据数据来做业绩管理是可以的。但是，业绩管理的目的却是为了以后的业绩。

这个有点绕。但是，还是说得比较准确的。

虽然大家每天都在想着完成任务的事情，可是，到底应该怎么做呢？

到底怎么做才能真正发挥业绩管理的效益呢？这就是大家不是很清楚的事情了。

最常见的方式就是"拿数据说话"。定期关注做了多少，定期关注还差多少。差得多呢，就马上多跑跑，多想想办法，或者再争取一些支持和资源；如果差得不多呢，就可以稍微轻松一下了，甚至可以考虑做点其他方面的事情，也可以考虑休假玩一下了。是不是这样的情况呢？

这样做，可真得不算是业绩管理，最多只能算是"利用业绩来调整态度"。

业绩管理所管理的是"工作"

真正的业绩管理所管理的核心不是业绩，而是"产生业绩的工作"。

"业绩不是凭空得来的，都是通过工作来实现的。只有工作做到位了，业绩才能真正产出。"

这就像一个经典的故事一样：一辆车走得慢，你是打车还是打牛呢？车是业绩，牛是工作。如果你希望车走得快，一定是要让牛走得快。

这就是业绩管理最重要的观点。

既然业绩管理是为了未来的业绩。那么，这些业绩如何才能得到呢？一定要通过我们的工作来实现。那么，到底应该做什么工作呢？到底怎么做这些工作才会保证业绩出现呢？这恰恰就是业绩管理的核心内容了。

从业绩到工作，这才是开始

业绩管理的第一个内容就是要把业绩指标分解成工作内容。

当我们确定了一个销售业绩任务指标，不是简单地做"数字游戏"，不是"公平"地分到人员、客户、市场上。

正确的方式是要把这些任务指标分解成不同的工作。我们必须明确，如果完成这些任务指标，至少要做哪些工作才能最大程度得到这样的结果。而且，有不少工作还要明确做到什么程度。

业绩管理的第一个成果就必须能体现这样的意思。

哪些业绩指标需要开发工作，哪些指标需要上量工作，哪些指标需要维护工作……反之，哪些工作要做到什么程度，哪些工作要做到多少量，哪些工作要保证什么效果……

有了这样的工作成果，才算是真正开始"业绩管理"了。

这需要销售人员对各种工作的价值有充分的了解，对个人的能力水平有清醒的认识，更需要对业绩产出的过程有丰富的经验。对管理者的要求就更高了，甚至要考虑到各种资源的条件、水平、质量。

那么，我们是否可以估算一下自己平时经常做的工作都能带来多少业绩呢？例如拜访一次，组织一次活动，开发一个产品，维护好一个客户……甚至，你每花费一元钱的费用，能带来多少业绩呢？你每参加一次培训，可以提升多少业绩呢？

有效的工作计划

这些还只是第一步。下一个成果应该是一个"工作计划"。也就是让团队所有人员都知道自己应该做什么，应该怎么做。也包括管理者和其他工作职能的人员。最终，大家拿到的应该是一个"工作计划"而不是一个"数字计划"。

随后，还有业绩管理的第三步，就是"进度控制和调整"。

这个内容包括两个方面，一是如何保证所有的工作落实到位，二是随时根据业绩的变化调整工作的要求。

当然，在这个过程中，一定要坚持"业绩管理的核心"——"产生业绩的工作"。也就是说，一定是调整工作而不是简单的调整业绩。

业绩管理还有第四步。就是"总结部分"。

当一个工作考核阶段结束，一定要做好总结工作，根据业绩的实际完成情况进行必要的分析。当然，不能只看数字，要看工作的情况。

通过总结，明确哪些任务是因为工作质量的问题，就要考虑强化培训学习指导工作了；如果是工作数量的问题，那么就要考虑制定制度和考核机制的问题了。

于是，在下一个工作计划出现的时候，这些工作对业绩的影响程度和保证程度就会发生改变。最终的业绩实现将更加有保障。

总之，一定要围绕着总的原则：业绩管理的核心。

"想做多少就做多少"

业绩管理是一个大课题，也是非常不容易做的事情，偏偏我们又必须做好这个工作。所以，这个内容已经成为很多销售人员和管理者必须学习和训练的内容了。在这里，只是做了一个简单的介绍，把业绩管理的大概情况进行了讲解。

业绩管理也是一个实践性质很强的工作能力。大多数优秀的销售人员和管理者，都会积极总结经验教训，不断地尝试、改善。或者，他们不一定能说得很清楚，但是，他们确实在按照业绩管理的原理在做这个事情。

在一些优秀的管理团队中，我们发现他们对业绩数量与工作内容有非常准确的掌控，甚至出现"想做多少就能做多少"的信心。这就说明他们的业绩管理是非常有成效的。

业绩是通过工作产出的，好的业绩是通过优秀的管理来实现的。

突破销售思维的新观点

销售数据分析是通过对销售数据进行数学分析获得有价值的信息，并利用这些信息对销售工作和销售管理提供参考依据。

主要过程包括：建立模型，整理数据，数学选择，结论描述。

销售数据不只是数字

销售数据分析是对销售工作非常有意义的工作。我们做好业绩管理必须有大量的信息作为参考，这是必需的工作。我们之前提到的观点并不是否定数据分析的重要性，而是强调不要把数据分析与业绩管理混淆了。

在这里，我们重点要介绍的是关于销售数据分析的理解要点。至少是对销售人员来说比较重要的内容。

第一个要点是我们必须正确认识"销售数据"这个概念。

一般认为销售数据就是销售业绩以及相应的数字内容，这是片面的。其实，销售数据包含的内容是比较丰富的，包括人员信息、市场信息、工作信息、资源信息等。

当然，这些信息往往都不是以数据方式存在的，好像不能直接做数据分析。这样的看法对也不对。说得对的地方是，这些信息从直观上看，是没有办法按照数字的方式进行分析；但是，不对的地方是，任何信息都是可以转换成数字形式的。

这并不难理解，就像我们现在都很习惯直接利用程序来对图片、音乐进行编辑了。可是，大家要知道，在没有数字化的发展之前，这样的过程是无法想象的，几乎只能是以"物理方式"来"修图"和"编辑"了。正是因为科技的发展，这些信息都被转换成了数字模式，才真正实现了现在的编辑过程。

那么，其他信息也是可以转换成数字信息的。

当然，如果是非常复杂和庞大的数据分析过程中，这样的转换是需要很多专业人员来完成的。对于我们日常完成销售数据分析来说，没有必要搞得这么复杂。我们完全可以根据数据分析的需要，进行简单的转换。

例如涉及定性方面的信息，可以通过"1/0"来完成，例如涉及定量方面的信息，我们可以通过打分、权重等方式进行转换，涉及类别方面的信息，我们可以用字母来转换。

从理论上讲，没有什么信息不能转换成数字，也没有什么信息不能纳入数据分析的范畴。有时是简单的转换，有时可能需要非常科学的方式来完成。这要看具体的数据分析要求了。

所以，真正的销售数据分析，绝对不能只是对数字进行分析。那一定是片面的。

利用工具做数据分析

数据分析是一个专业的过程。当然，专业也有深浅之分。多学习一些专业的知识肯定是好的，不过，我们常做的数据分析，并不需要那么深的专业水平。

所以，一般情况下，我们在做数据分析的时候，没有必要非要使用非常难的数学方法，只要能学会一般常用的比较、比例、份额，或者稍微复杂一点的线性关系、相关分析就已经足够应付了。必要的时候，还可能用到统计学的方法。

我们经常会使用EXCEL表格来做数据分析，少量的人会用到Access数据库。这些程序里本就包含了很多数据分析的方法和现成的模板。大家可以从中找到一些常用的内容，重点学习和操作一下，在做数据分析的时候，就可以更好地利用了。

不过，无论如何，都应该坚持使用数学的方法，更应该尊重数学方法得出的结论。不应该在其中增添主观、情绪等干扰结果的内容。目前来看，数学方法是最严谨，也是最可靠的方式。

数据分析很重要，很必要

为什么要做数据分析呢？

说得简单些，就是希望得到一些直观数据不能直接反映的信息。

我们通过对数据利用不同数学方法进行处理、分析，就会让数据反映出很多内在的关系。而且，这些关系都很难直接解读到。获得这样的信息才是我们数据分析的目的。

我们可以从这些信息里发现业绩发展的情况，能了解工作进展的情况，还可以了解市场运行的情况……应该说，数据包含的信息是非常丰富的。

既然我们所有的工作都是为了业绩实现，所以，我们的所有工作价值都会在销售数据中有所体现，关键是我们是否能把这样的价值挖掘出来。

同理，既然所有的业绩都是通过工作来实现的，所以，我们可以从数据中包含的信息来判断工作的情况，来考虑如何更好地做好工作。

总之，数据是宝藏，关键是我们是否有本事找出来。

销售人员如果不善于做数据分析，肯定是有缺陷的。

数据分析四个基本步骤

非常专业的数据分析是比较复杂的，也需要很多专业知识来保证。我们没有必要那么深入，但是，基本的程序和基础的技能还是要了解的。

在做数据分析的时候，最主要的步骤包括四个：

第一个步骤是"建立模型"。说白了，就是在做数据分析的时候，首先考虑好要分析什么，需要什么数据，哪些信息需要了解，如何才能得到自己想要的结果，具体怎么来完成分析。

第二个步骤是"整理数据"。这个就稍微有点专业了。其中主要包括对数据的选择、改造、转换。一般来说，就是建造一个比较庞大的数据表或者数据库。这个过程比较花时间，所以，建议大家可以根据需要在日常就做好，这样就比较省事了。

第三个步骤就是"数学选择"。这个过程比较简单，一般在建立模型的时候都考虑到了，所以直接选择相应的数学方法来完成就可以了。

第四个步骤是"结论描述"。这个词有点陌生，其实，大家都做过了，就是把你分析得出的信息进行整理，并把这些信息进行必要的描述。有时是一些简单的结果，有时可能就需要一份完整的报告了。不过，一定要坚持真实的描述，尽量避免主观意识的调整。

数据分析还有很多知识，也有很多道理。随着工作的需要和多次的实践，会让自己越来越"专业"。

数据分析是必需的能力

可能，有一些时候，我们需要的信息是比较简单的；有时候，我们需要的信息是比较容易得到的……好像不一定每次都要做这四个步骤吧？

由于销售人员不是专业的数据分析人员，很多时候我们可以对销售人员的简单做法，给予"容忍"。但是，我们还是希望销售人员熟悉和掌握这些基本的步骤。终归经常会面对更复杂的数据分析。一个正确的步骤是需要的。

在此，我们也特别提醒销售人员。能够做好销售数据分析是一个必需的能力。我们看到很多企业在销售人员的招聘或者晋升的时候，对于销售数据分析水平还是很看重的。

何况，好的销售数据分析能力对于自己的销售工作也是非常有帮助的。

因此，大家是否考虑再打开一个EXCEL表格，仔细研究一下其中各种数学分析方法到底怎么操作，到底是什么含义呢。

突破销售思维的新观点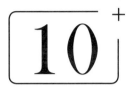

销售数据分析的目的是为了决策。

决策的三种常见目标：判断，评估，决定。

重点关注三个要点：数值，变化，趋势。

数据分析是为了"决策"

为什么要做数据分析？又是同样的问题。这个问题和之前的问题是一样的，就是在我们做数据分析前需要考虑的问题。

总的来说，我们做数据分析只有一个目的，就是为"决策"。

当我们决定做一个决策的时候，不能完全依靠经验，也不能完全依靠理论，这时需要更多的信息来帮助自己。这样，一个决策才有可能"最大程度"地避免错误。

决策，不仅仅是管理者的事情，也是我们销售人员自己的事情。下一步该怎么做，该做什么，都是一个决策的过程。当然，更多时候，我们可以称之为"决定"。

所以，我们需要数据分析的结果来帮助决策。

当然，并不是所有的决策都是需要销售数据分析的结果来帮助的，其中，有一些决策确实是主要依靠数据分析来做的决策，也可以说，这些决策中，如果没有销售数据分析的支持，就一定是存在缺陷的。

这些决策中，主要会涉及三个方面：

判断。即了解做得对不对。主要是针对过往工作进行判断。

评估。即了解做得好不好。这是对工作和工作结果进行评价的依据。

决定。即考虑下一步该怎么做。这是利用过去来对未来进行指导的信息。

三种常见决策

我经常会说，对销售人员来说，销售数据分析不能是一个没有目的的过程，更不是指望能找到一些"灵感"。没有目的的数据分析，一定是一个费时费力的过程。

当然，不同的目的，也就确定了不同的"模型"。

判断，比较容易做，就是把我们需要判断的标准列出来，按照标准分别收集数据信息，来与这个标准进行比对。

评估，也不是很难，基本也是有预先的标准。有的时候是参照优秀者的标准，有时是参照期望值的标准。然后进行分析、比对、排序，大约就可以得到结果了。

决定，是比较难的过程。从销售人员角度出发，最常用的标准是"任务指标"。因为任务指标包括了工作和结果，根据目前的情况与其进行比对，就能了解自己做得不好的或者是做得还不够好的内容。这样就可以作为下一步工作的内容。

数据分析的三个重点关注

在做数据分析的时候，因为数据类型，数据数量都很庞大。在选择分析方法的时候，应该重点关注以下三个要点的情况。

第一是对数值的分析。例如大小，差距，比例，多少，增减等信息。

通过这些数值的结果，看到整体的状况，看到个体的表现，这其中就有很多信息了。

第二是对变化的分析。例如趋势的改变，差异的改变，比例的改变。通过这些改变，以及造成改变的原因分析，可以得到很多有价值的信息。

第三是对趋势的分析。例如发展态势，变化可能，影响因素等内容。通过对趋势的分析，可以看到未来的可能、注意的风险等有价值的信息。

当然，由于不同的分析目的，可能关注的重点还会增加，但是，如果我们能从这三个分析中发现有用的信息，就能满足比较普通的需求了。

"找灵感"？

的确，在一些销售数据分析的时候，存在一种情况，就是"找灵感"。这个时候，销售人员或者管理者，并没有明确的，或者是很清晰的目的性。就是想通过对数据的分析，来寻找到一些比较有价值的想法。

销售人员问我：这样的情况是否也应该按照以上的步骤和关注点来做分析？

首先，找灵感也是一种专业的工作，但是，一般销售人员是很难掌握的。其次，我们不反对以这样的思路来做数据分析，但是，好像完全依靠"老天的眷顾"有点太"浪漫"了。最后，如果真的指望灵感，可能要消耗大量的时间、精力、人力，感觉有点得不偿失的样子。

没有思路的数据分析，一定是个效率最低的工作。

产品可能只是一个载体，
但是，它所承载的却是
产品的价值以及销售人员的智慧

产品篇

突破销售思维的新观点

11 — 16⁺

突破销售思维的新观点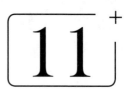

你销售的产品到底是什么？

一个产品承载的所有内容就是你销售工作需要推广的全部。

你要卖的不是产品

说到产品，大家都会马上想到自己希望"尽快卖掉的那个东西"。有时候是一个具体的产品，有时候可能是个虚拟的产品，有时候可能是一个合作的方案。无论是什么样的东西，都是体现自己业绩，也是保证自己收入的一个比较"实在"的事物。

是的，这就是产品。但是，我们要问大家的不是你的产品是什么，而是想问：你要销售的产品到底是什么？

这是不一样的概念？这是不一样的概念！

产品是一个比较独立的事物，就是大家所理解的那个东西。但是，你要销售的并不是这个东西！注意，我们要告诉你，你真正销售的，给你带来业绩的，并不是这个"东西"。

那么，我们销售的到底是什么呢？

卖笑算不算

我们最早在问销售人员这个问题的时候，他们都觉得很奇怪，就开玩笑跟我们说：老师，既然那个产品不是我们要销售的，请问，卖笑算不算啊……哈哈。

说实话，他的这个答案虽然有点奇怪，但是，确实算是一个正确答案。

因为，我们真正销售的就是"一个产品所承载的所有内容"。只不过是以产品成交作为结果而已。也就是说，产品成交了，说明你销售的工作成功了，但是，你销售工作要卖的却不是这个产品，而是产品所承载的其他内容。

也就是说：只有你把你销售的"东西"卖掉了，你的产品才会卖掉。

说到这里，如果反应快的销售人员，大约就已经知道我们要说什么了。

带给他的一切

是的，产品被客户接受，被顾客购买，是因为这个产品所承载的东西是他们需要的！

这样描述，大家是否理解呢？

我们为了让产品成交，能想到很多的方式；为了让客户和顾客购买产品，我们也想了很多理由。于是，我们会根据我们的设计以及对客户的分析，努力工作，努力让客户接受一个事实"只要购买了产品，就能得到这个产品带给他的一切"。

这个才是贯穿销售工作全过程的内容。

当然，如果产品也承载了你的"笑"，那么你面对客户的"卖笑"当然也是你在销售的东西了。

客户接受的不是产品

所以，当我们去评价一个产品是否好卖的时候，最关心的是什么？往往不是产品本身，而是产品所承载的其他内容。有时是质量，有时是使用效益，有时是品牌的附加，有时是价格的优势，有时是专业的领先……

当我们了解了产品的这些内容，也就明确了我们将如何做销售工作，当然，就是让这些你认为是产品承载的内容被客户接受，并形成购买产品的需求和实际行动。这样，产品才实现成交，你的业绩也就出现了，你的收入也出现了。

这样看来，你的产品成为销售工作的焦点，好像只是在成交的时候吧。而你一直做的事情，可能不在产品上。

你在卖什么

我们看到一个比较差一点的销售人员，总会围绕着"产品是什么"这个点做推广；

如果是稍微好一点的销售人员，一般会围绕着"产品有什么特点"这个内容做推广；

如果再好一点的销售人员，就会考虑"产品能给你带来什么"这个重点做推广；

再厉害的销售人员，可能会告诉你"购买这个产品将改变什么"这个内容做推广；

还有更厉害的销售人员，可能就完全脱离产品了，而是告诉你"和我合作带来什么"或者"购买我们公司的产品会有什么价值"这种更高端的思路。

也可以说，当你销售的"东西"与产品距离越远，往往就会与客户越近。

那么，到底你都在销售什么东西呢？

你还认为，你所关注的那个东西，真的是你销售的重点么？

突破销售思维的新观点

客户购买产品的理由是一个"综合价值评估"的过程。

在这些综合价值中，有些价值属于"基础价值"，有些价值属于"突出价值"，这些价值共同构成了购买的理由。

为什么和客户对不上

我们曾经做过一个这样的试验，虽然不算是一个严谨的试验，但是，至少反映了一些客观的事实。

我们围绕一个产品，分别询问了销售人员和顾客对于购买这个产品的理由是什么。

销售人员告诉我们的理由主要包括：质量方面的，价格方面的，售后方面的，使用或者效果方面的……

顾客告诉我们他们购买的理由主要包括：知道牌子不错的；只有这个产品可以买得到；别人推荐的；以前购买过的；有优惠促销的；推销人员挺专业的（或者人很好的）……

好的。销售人员一定会按照他们认为的理由来推广产品，争取成交；顾客一定按照他们购买的理由来购买……慢着，大家会发现稍微有点怪异，好像没有完全"对得上"啊。

是的。这就是很多销售人员正在重复的错误：他们并没有从顾客的角度去做工作，而是按照自己想当然的方式来做工作。这样的结果一定是"事倍功半"，我们也能理解销量上不去的原因了吧。

那么，销售人员应该怎么办呢？

好像只有一条路吧——按照顾客的想法去调整自己的工作思路。

爱你的理由

现在的销售市场中，不仅产品的"同质化"非常严重，连销售工作的方式也是非常严重的"同质化"。很多销售人员还沉浸在自己构建的"理想状态"中，还在那些已经毫无意义的概念中无法自拔，例如"质量上乘""性价比高""技术先进""大品牌"……

其实，我们只要简单问一句：请问，哪个产品没有具备这些条件呢？

既然人人都这么说，那么这个概念就已经没有价值了！

我们必须从顾客的角度来重新塑造产品，我们必须从成交的角度重新调整推广工作，我们必须从"产品价值"的角度重新建立优势……

有句话说"我不爱你，就有一千个理由；我爱你，可能只需要一个理由"。

如果拿这样的情况来套用产品销售，肯定有点牵强。但是，这也确实反映了顾客购买产品的思考方式。

根据我们对一些产品和行业的浅显研究，发现顾客决定购买的过程实际上是一个"综合价值评估"的过程。他们会通过两种价值的评估来形成购买的动机和行为。这两种价值分别是"基础价值"和"突出价值"。

大家都有的东西

所谓的基础价值，也有人称之为"门槛价值"。

作为一个产品至少要具备一些基础的价值，虽然这些价值不一定是决定最终购买的理由，但是，如果没有这些价值，这个产品就肯定不能被购买了。

需要注意的是，不同产品，或者不同品类的产品，所需要的基础价值是有差异的。

此外，这个基础价值也是会变化的，随着产品的更新，这些基础价值也会逐渐增加，有些基础价值会逐渐失去意义。

我们可以拿最熟悉的手机来举例子。如果一个智能手机不能安装微信，估计其他性能再优越也没有可能实现好的销售吧。此外，现在的新手机，如果没有5G模块，估计也会在销量上大打折扣吧。

所以，我们在推广产品的时候，必须要把这些基础价值传递给顾客。让他们知道这些共性的价值是已经存在的。

但是，这还是不够的，也不能总停留在这个层面上，事实上，很多销售人员的推广工作就是停滞于此，没有考虑另外的问题。这仅仅是基础和门槛，真正关键的是"突出价值"。

只有你有的东西

所谓突出价值。顾名思义，就是这个产品非常出色，与其他产品不同，而且很有意义，可以提升顾客购买体验的某个"价值点"。

从突出价值开始，产品推广才真正进入到"成交阶段"。销售人员真正应该花更多精力的就是推广这个"价值点"。

当然，不同的客户，不同的产品，不同的需求，价值点带来的影响程度是有差异的。这就要根据顾客具体情况来进行选择判断了。总的来说，这个产品的突出价值越是具备普遍意义，越容易获得更大的市场份额；如果是受众相对较小的价值点，也会获得相应顾客的市场认可度，但是会相对局限一点了。

因此，很多企业会根据产品受众分析的情况来考虑如何设计产品的"突出价值"。这是一个比较专业的领域了。对于销售人员来说，也需要根据产品和客户的特点来挖掘有利于成交的突出价值。

必须要注意的是，有很多时候，我们自己认为很有意义的价值点，对顾客可能是毫无意义的东西。要么是顾客不能理解，要么对顾客没有实际意义，要么不能形成与其他产品的显著差异……这就要求我们重新调整价值点，或者是调整我们推广价值点的方式。

凭什么买你的？

优秀的企业总会做好产品的设计，甚至在准备研发之前就已经做了充分的研究和设计。优秀的销售人员也总会善于挖掘和利用这些产品价值，有层次、有重点地设计自己的推广工作策略。

我们经常会说到一句话：

那么多产品，凭什么买你的？

那么多销售人员，凭什么是你成功了？

那么多顾客，凭什么接受你的推广？

一切都是有道理的。

突破销售思维的新观点

你一定要让客户可以"正确"描述你的产品。

有时是顾客自己形成的描述方法，

更多时候，是需要销售人员为他们准备好。

销售成功的新标准

销售工作中，在推广产品的时候，经常会面临一个问题：到底我们在推广产品时，希望达到一个什么样的成果才算是完成了推广任务呢？

注意，这个"成果"不能完全以成交作为标准，这是可以理解的。成交虽然是最后的结果，但不一定是最好的结果。因为成交可以由很多因素的影响来决定，所以，这并不能完全作为评价销售人员工作优劣的标准。关于这个问题，我们在"业绩篇"已经有了比较深入的介绍。

销售人员在推广中，是为了一个目的来进行设计和开展工作的。那么这个目的是什么呢？这很重要，我们应该知道推广工作是为了什么"情况"出现啊。

在这里，我特别提出了一个标准。虽然不是很完善和全面的答案，但是，可以作为一个标准提供给大家。事实上，我们也经常以此标准作为销售人员工作成果的评价。

这个标准就是：一定要让客户可以"准确"描述你的产品。

客户改变还是我们改变

我们确实让销售人员做过这样的事情：选择客户或者顾客去了解他们对产品的看法以及为什么使用或者购买产品的理由。

最终，我们将结果进行了汇总，再拿给销售人员参考。他们非常吃惊。一来，他们发现客户和顾客所理解的产品以及购买理由，居然和销售人员推广的内容"吻合度很低"；二来，他们完全没有意识到客户和顾客接受的方式和销售人员推广的方向也是"吻合度很低"。

这说明什么呢？我们的工作效率出现了问题！我们并没有真正完成"我们所希望的推广结果"，甚至是差异巨大。

是的。销售人员"口若悬河""唾沫飞溅"地给客户和顾客介绍产品，讲解产品的各种特点、优势，但是，客户和顾客好像并没有按照销售人员的期望来认知产品，也没有按照销售人员的期望来购买产品。这是一件非常"让人沮丧"的事情啊。

那么，是我们应该改变还应该是客户来改变呢？

当然是让客户改变了！但是，首先是我们要改变，才能让客户改变。

我在开篇的观点中特别给"正确"这个词标注了引号。

因为，这个正确应该是什么样子呢？正确的标准应该是按照销售人员的想法来设计吧。但是，如何才能让客户得到销售人员认为是"正确"的结论呢？

两种方式都要用

这就涉及我们最后这两段文字中的关键内容了：

"自己形成"和"为他们准备好"。

一种方式是，我们通过推广工作引导客户和顾客自己形成一些结论。

这样就没有那么刻意，但是，对销售人员的推广工作要求就很高了。哪些内容该讲，哪些内容怎么讲，都很需要仔细考虑。

第二种方式就比较直接简单了，直接把一些内容灌输给他们。让客户和顾客接受这样的描述，并努力让他们形成认知。这个工作虽然刻意，但是，至少不会出现"南辕北辙"的结果吧。

当然，销售人员和管理者也需要关注这个情况。当业绩出现变化的时候，需要了解客户和顾客对产品认知的情况。一定是客户的观点发生了变化，需要及时调整策略。

不要抱怨客户，根源在我们自己

能让客户和顾客形成我们更希望的"产品描述"，这是一个很高端的设计和工作过程。

关于这个内容，已经有很多理论进行了研究。在此，特别推荐销售人员要阅读和学习"定位理论"相关的书籍。这会帮助大家更好地理解产品概念是如何在客户头脑中形成的，也会帮助大家更好地实现这样的成果。

不要再抱怨客户和顾客不买账了。原因出在客户和顾客那里，但是，根源却在于我们的推广工作上。

突破销售思维的新观点

在市场上不存在"完美"的产品。

任何产品都可以找到被接受的价值空间，

任何产品也都有空间可以被替代。

最该消灭的是谁

在我们与销售人员进行交流的时候，最怕遇到两种销售人员：一种销售人员说到他们的产品时，总是把产品描述成一个"近乎完美"的状态；另一种销售人员就正好相反，总是会抱怨产品的各种缺点和不足，总会表达出非常难卖的样子。

其实，我们清楚，这些表达中，有不少的人是为了表现另外的含义：一种是为了证明他们的信心和对产品的熟悉；另一种则为了低调，也是为了证明自己做出成绩的艰难。

不过，我们仍然会花很多时间和大家讲：

市场上根本就不存在"完美"产品的。同时，也不可能存在不能被市场接受的产品。

只要销售人员能够认识到这样的观点。那么，当你的产品被广泛接受的时候，也需要有"被替换"或"被瓜分"的思想准备；同样，当你的产品在推广上遇到了困难，包括竞争对手非常强大的时候，也要有"一定可以找到突破"的信念。

此外，我也经常利用各种机会和那些做产品研究、做产品设计的人员讲：请体谅销售人员的不容易，尽量多了解一些销售和市场的知识，这样，你们设计的、研发的产品会更容易推广，至少让销售人员（包括我们这些做销售指导的人）更容易挖掘出可以被市场接受的价值。

就像当初有一个"让销售人员到庙里推销梳子"的案例，大家都有很多不错的想法，但是，最让我喜欢的答案是：那个决定在庙里推销梳子的人，才是公司最应该"消灭"的一个。

没有完美的产品

产品是没有可能完美的。因为，技术在发展，人们的需求在变化，更多的竞争在加入，所以，任何产品都有其优势，也有其劣势。产品推广的一个很重要的方向就是"扬长避短"的过程。

所以，我们总会看到一些优秀的产品在不断地更新，在不断地升级换代，这就是产品自身在自我完善的过程，也是销售人员看待产品应该有的态度。

当然，作为竞争对手来说，发现优秀产品留下的"价值空间"是需要"知识、能力与智慧"的。甚至从优秀产品的优势中，都能发现新的空间。

同时，对于自己的产品，也不要"妄自菲薄"，应该从产品特性中挖掘出适合市场需要的"价值空间"，这样就可以找到在市场中生存的地位了。

当年，面对"如日中天"的品牌手机，或者从兼容性，或者从照相，或者从音乐……新的产品逐渐进入市场的中心，同时，也有的产品，直接从最新技术入手，形成了巨大的市场份额。

当年，面对"强大无比"的顶级空调品牌，通过建立全新概念入手，或者是变频，或者是中央，或者是车载……也同样从"强硬"的市场中，开辟了自己的空间。

推广产品的态度

当我们面对强大的竞争对手时，需要这样的态度。

当我们的产品推广遇到了很多阻力的时候，更需要这样的态度。

这种态度不是一种"自我暗示"，而是客观的事实。我们应该考虑，一定还有很多空间被我们忽略了，一定还有很多要点没有被我们发现。这样，我们才能保持状态，继续努力寻找。

突破销售思维的新观点

产品知识并不是产品的知识，而是销售工作中需要促进工作进展所需要的产品信息。

产品专业和销售专业有区别

在很多行业里，在选择销售人员的时候，总会倾向于选择"与产品比较相关专业的人员"。这是非常正确的，这将会大大缩短销售人员对产品了解的时间，也会降低他们对产品熟悉的成本。

但是，我们一定要注意一个概念：销售人员和专业人员是有区别的。

销售也是一个专业领域，并不是说与产品相关专业越高就一定是一个好的销售人员。这是一种非常错误的认识。我们只能说，具备相关领域知识和能力的人员，在做销售工作时更有优势，但一定不是决定性的。因为，一个在"销售专业"方面具备强大能力的人，一定会比那些"产品专业"更容易做出优秀的业绩。

在"销售专业"的销售人员眼里，对产品的认识、解读、学习都会围绕产品价值、产品成交来展开。或者，他们面对专业性强的产品时，需要花更多的时间来理解和掌握，但是，这些是可以做到的，而他们在利用这些产品价值的时候，却可以发挥自己在销售方面的专业思维和专业技能。这往往不是一个"产品专业"的人员靠知识和专业基础可以做到的。

我们不是否认专业的价值，但是，我们更尊重那些"销售专业"的销售人员们。

产品知识是拿来用的

所以，我们要特别谈一个大家非常熟悉的概念"产品知识"。

在销售人员的培训中，最常见的四大模块就是：企业文化，产品知识，销售技能，团队建设。其中，大约产品知识是最多的部分，也是要求最严格的部分了。

销售人员为了能推好产品，一定是要学习产品知识的。这是非常必要的。

但是，在我们看到的产品知识培训课程中，发现这些内容几乎都是由专业人员来编写和设计的。其中的最突出的目标大约就是"把销售人员培养成专家"。而且，为了达到这样的目的，从培训方法到考核方式，无不"尽其所能"。

这样的想法和做法，一定是错误的。我们已经谈到了，销售人员是销售方面的专业，并不是产品方面的专业。所以，产品知识的学习，必须首先考虑到销售人员的必要性。

我们经常会说"产品知识不是拿来学习和考试的，而是拿来用的"。因此，当一个产品知识内容不能被销售人员使用到，那么，这个内容无论多么重要，无论讲得多么精彩，都只能是"美而无用"的摆设。

因此，我们提出了一个新概念"产品信息"。

所谓产品信息是指，可以被销售人员使用，且可以促进销售工作发展的，与产品相关的各种信息。

产品信息的两个使用

那么，我们在学习产品信息的时候就必须考虑几个关键问题：

第一个问题是，到底销售人员在销售工作中需要使用到哪些内容呢？

第二个问题是，我们现在的哪些知识是可以被销售人员使用的呢？

这不是一样的问题，而完全是两个问题，也是两个方向。

从设计产品培训的人员来说，应该重点考虑第一个问题。

销售人员在拜访客户，在说服客户，在达成合作，在处理问题，在售后服务时都会使用到产品信息，那么，这些信息都应该考虑和这些工作进行结合，包括销售人员应该怎么表达。这样，他们学到的东西才会被使用，而且，才能发挥产品信息的作用。

对于销售人员来说，应该重点考虑第二个问题。

当我们学到了一个产品知识，先不要马上用刚才的观点去否定它，而是努力考虑这个信息是否可以在实际的工作中被应用，或者通过改造以后可以被应用，那么，这个知识就可以转变成一个产品信息了。这个过程是非常有意义的。

产品信息必须考虑如何表达

关于产品知识向产品信息再向工作应用的过程中，要特别考虑如何表达的问题。

事实上，真正在销售工作中可以发挥作用的产品知识和产品信息并不是一个复杂的内容，真正考较销售人员的是如何把这些内容与实际工作进行结合。

同样是专业的内容，对于专业客户可能是比较直接的表达；而对于购买商品的"外行"人，可能就需要考虑转变成顾客可以听得懂的方式了。

所以，我们经常说，产品知识是有限的，产品信息是无限的，而产品信息的应用则是"无穷尤尽""千变万化"的。

那么，我们是否可以考虑，到底应该怎么学习产品知识了吧。

突破销售思维的新观点

产品推广策略正在趋向于全方位的推广方式。

从"眼耳鼻舌身意"向"色声香味触法"六个方向来构建产品在客户心智中的全面认知。

阿弥陀佛

当我们希望推广一个产品的时候，能想到的手段并不是很多的。总体来说主要通过六个渠道将我们希望客户接受的信息传递给客户。这六个渠道就是"眼、耳、鼻、舌、身、意"。

这句话是出自《心经》的内容，指的是我们获得信息的渠道。当然，其中还有很多深邃的内涵，这不是我们来研究的重点。我们只从获得信息渠道的角度来解释。

眼，视觉渠道；耳，听觉渠道；鼻，嗅觉渠道；舌，味觉渠道；身，触觉渠道；意，感觉渠道。

客户通过这六个渠道来获得信息，销售推广的思路自然也是从这六个渠道来制造各种信息。当然，由于产品不同，每个渠道所体现的作用是有差异的，而且，具体的方式也是五花八门。

不过，从我们实际看到的案例中，能真正做到全面渠道覆盖的并不是很多。而且，有很多方式，仅仅是做了一个"样子货"，并没有真正发挥这个渠道的能力。

这是可以理解的。有的时候，仅仅靠一两个渠道就已经达到预期的效果了；有的时候，整个行业都没有相关成功的案例来支持；有的时候，我们是真的想不出来，某个渠道到底应该怎么做。

但是，我们已经看到，在某些领域，这些渠道的应用越来越充分，那么，在未来，这样的理念也一定会慢慢渗透到所有的行业。至少，我们应该考虑尝试和摸索了。

产品竞争的四个层次

为什么我们要考虑全方位的信息传递？是竞争和发展的"强烈需求"。

产品竞争存在以下层次：

第一个层次是"有没有"，无论是产品的效益，产品的技术，甚至产品本身，只要是你有而别人没有的，就可以赢得竞争；

第二个层次是"好不好"，只要是某些产品价值上，你的产品有明确的质量、效益等方面的明显优势，就可以赢得竞争；

第三个层次是"新不新"，在理念上，在价值上，在技术上，当你拥有相对"领先"的地位，让其他产品"变得落后"，你就可以赢得竞争；

第四个层次是"认不认"，你的产品，你所有的宣传，你所有的工作、努力是否能够获得客户的认可，将决定你是否可以赢得竞争。

当然，这些层次并不是说有高低之分，更多时候，如果你能从第一层次就取得竞争胜利是最好的。

可惜的是，很多时候由于产品的同质化，工作的同质化，客户的同质化，我们不得不在"第四个层次"进行残酷的竞争。而这个层次竞争的就是"客户的心智"，是他们的头脑，是他们的思考，是他们的认知水平……

那么，这就要求我们不得不充分利用好六个信息渠道，更何况还有很多渠道没有发挥作用呢？

六个渠道

现在，很多产品推广的人员，已经开始从关注六个渠道，到开始关注六个方向，这就是"色、声、香、味、触、法"。这六个字也是《心经》里的文字，就放在之前六个字的后面。仅仅利用渠道是不够的，还要达到六个渠道的最佳效果。

当然，还要说，我是不懂这些词的深意的，只是结合销售的理解而已。

色，产品的包装、外观；声，产品使用的各种声音，反映品质的声音；香，产品散发的气息以及形成的气质；味，产品的味道以及使用的感觉，体验；触，产品的手感，使用的便利；法，产品的生产、工艺以及销售方式。

是的。当我们可以让客户获得这么全面的感受，也就意味着真正赢得了客户的"心智"了。

得心智者得市场

有的时候，销售人员只是按照一些"习惯性的"或者"指令性的"做法来完成销售工作，或者，当我们深入了解这些做法的目的后，会把工作做得更有效一些。

有的时候，当我们看到竞争产品赢得了客户的持续购买时，或许可以从这几个字中去寻找答案，并考虑如何改变自己的工作方法。

有的时候，我们的产品并没有拥有稳定的客户群时，需要考虑更多的渠道，更扎实的效果来改善现有的工作。

事实上，我们已经看到很多销售人员对这些概念的应用，像产品试用、体验销售、口碑销售……我们可以从以上12个字中去思考这些方法的原理。

常言"得人心者得天下。"现在，我们要争取做到"得心智者得市场"。

客户是一面镜子，它不仅照亮了你的工作和业绩的方向，
也清晰地照亮了你自己对待销售工作的态度

客户篇

突破销售思维的新观点

17 — 22 +

突破销售思维的新观点 17⁺

客户有狭义概念，就是我们所说的：工作的对象，对业绩直接或间接产生影响的对象。

客户也有广义的概念，就是：所有对你的销售工作和销售业绩进行评价和产生影响的对象。

客户不都是"人"

什么是客户呢？

从销售角度看，就是那些对我们的业绩和工作可以产生影响的人，有的是直接的，有的是间接的。这些客户都是我们工作的对象，都会通过我们的工作，努力让这些客户可以帮我们实现最终的结果。

当然，这些客户并不一定都是人（这不是骂人啊）。虽然我们去面对的都是具体的人，但是，作为客户来说，有时可能是一个机构，可能是一个媒体，可能是一个系统……

我们都会通过客户的特点来决定自己怎么做好工作。总的目的是比较明确的：就是努力实现"客户满意"。关于客户满意的内容已经在"维护工作"中讲过了。所以，如果是"人"，自然是按照人的思路来做；如果是其他的，就要考虑其他的方式了。

被忽略的客户

还有一些客户被我们忽略了！

这才是重点！

按照广义客户的概念看，所有可以评价我们工作的，对工作产生影响的对象，都应该是客户，都应该努力做到"客户满意"。那么，我们的同事、我们的家人、我们的领导下级、我们的朋友……是否都算是客户呢？

当然算了。他们对销售人员的影响是非常大的，甚至是决定性的，那么我们怎么能忽略呢？可惜的是，我们很多销售人员愿意付出巨大的努力去保证"狭义客户"的满意，却不愿意去争取"广义客户"的满意。

这样的人，一定不是最优秀的销售人员。

销售人员应该对所有客户都关注

很多人看到这里，会想：老师们是在"煽情"，是在讲感情……

大错特错！

我们一直都在说：销售是一种渗入你生命的思维方式，行为方式。

真正优秀的销售人员很难把销售工作与自己的生活进行明确的剥离。

那么，你如果不能把自己的家人、亲人、朋友、同事都做到"满意"，你一定不是优秀的销售人员，最多只能算是一个"会做销售工作的人员"而已。

至少，观察你的周围，就会发现很多优秀的销售人员，不仅仅是工作上表现优秀，往往还会有很多工作之外的人员对他们的支持和配合。就像我们经常说，一个顶级的销售人员绝对不只是工作好，往往在其他方面也会很出色，包括与家人、朋友的关系，包括人品、道德素质。

应该说，只有将销售融入你的生活，才算是真正把销售做到极致的标准。那么，你是否可以反思一下，你是否算是"顶级销售人员"。

何况，还有比这些"广义客户"更值得你付出的客户么？

不是鸡汤

为什么要在关于销售工作的内容中提及这样的内容呢？我们不是在灌"鸡汤"，而是在说很严肃的事情。

因为，我们这个观点的使用频率是非常高的。在实际的情况中，很多销售人员忽略了广义的客户，他们没有把自己的工作变成改变生活的工具，而是把工作变成了生活的全部。这是非常严重的错误。

所以，我们经常要告诉销售人员，那些被你忽略的客户一样很重要。如果你的广义客户不能满意，你的狭义客户也一定不会真正满意。

业绩，值得你付出心血。

生活，更值得你付出心血。

提升自己的能力，让所有的"客户"都满意；提升自己的工作效率，让更多"客户"因你而满意。如果还没有做到，说明你还不够好。

突破销售思维的新观点

客户是销售业绩产出的一个部分，是不可分割的，更不是对立的，也不是负面的。

让客户成为"自己的人"才是对待客户最正确的态度。

你可以不爱，但是一定不能恨

我曾经问过很多销售人员一个问题：你爱你的客户么？

答案很有趣。有比较极端的，有比较缓和的，但是，总体来看，他们在回答的时候，都掩饰不住内心的"咬牙切齿"。

这肯定是会出问题的。

第一个问题是，你的这种态度总会被客户识别到的。因为我们与客户的交往是持续的，是高频率的，所以，无论你怎么掩饰，总会逐渐被客户发现，并形成客户对你的"反制"方式。

第二个问题是，这样的态度一定无法做好你的客户工作。秉持"抵触""厌烦"的心态，无论怎么考虑工作都会存在偏差，而且，也会因为主观的态度，导致在很多事情的判断上存在情绪的干扰，造成不必要的错误。

第三个问题是，在销售工作中所存在的"佃户关系""蝗虫关系"都是这种态度造成的恶果,"态度错了,怎么做都是错的"。

(佃户关系:客户是地主,掌握着市场这片土地;销售人员是佃户,在人家地里干活,一边挣自己的粮食,一边交租。双方总是想办法从对方那里获得更多。

蝗虫关系:客户是土地和粮食,销售人员是蝗虫。蝗虫想办法多得点利益,不管土地的生死,土地会想办法抵御蝗虫的侵扰。)

客户是自己人

"如果你把一个人当作敌人来看待,最终,你会发现,他真的成了你的敌人!"

这是我在另外一本关于拜访的书中提到的观点。

你的态度,正在把客户推到"敌人"的范畴中。这是危险的。

其实,客户是我们产生业绩的一个组成部分。说是"衣食父母"也不为过。所以,我们的态度不应该是抵触的,更不应该是对立面的、负面的。

只有把客户当作"自己的人"来对待,才能保持正确的态度来做好客户工作。

是的。我们总会遇到各种困难,甚至是客户的"刁难"。这也是正常的。换做你,面对一个全新的面孔,全新的产品,你大约能保持"有修养的排斥"吧。别忘记了,客户要面对的不是你一个人,可能是十个,百个,千个,你还能保持"礼貌的微笑"么?

这一切都是我们争取客户的必然过程。

这时,不是考虑抱怨,不是无端指责,而是理解,同时调整自己的工作方式。

不同的态度就有不同的方式

是的。大家一定可以找出很多案例来证明:我们所说的观点是有缺陷的。有些客户就是……,有些客户是故意……,有些客户根本没有……

好吧。大家说的都对。事实上，这也是目前销售工作中"大多数"的情况。

但是。又是但是。

当你的客户是你的对立面时，是你的对手时，你所选择的方式都一定是"技巧型"的对策。当你开始逐渐意识到客户是"自己人"的时候，你所选择的方式都一定是"策略型"的方法。

这是有明显区别的。而你一旦选择了正确的态度，也就可以保证最好的结果了。

曾经有个学员问我：老师啊，我想给我女朋友送一个礼物，送什么好呢？

我会马上问他：你爱她么？她爱你么？如果爱，送什么都是发自真心，都是对的；如果不爱，送什么都是有目的性的，都是错的。

客户是一面镜子

客户，他所从事的工作和我们不同，他都有自己的专业领域。我们不可能要求每个客户都能理解销售工作的原理和方式。所以，他总是根据销售人员表现出来的情况来选择自己的应对方式。这是"人之常情"。我们也不能要求客户"按照我们期望的方式应对"。

因此，我们怎么做，就会直接在客户的应对中反映出来，就像是"镜子"一样。

那么，如果我们是"敌对的"，客户也会选择这样的方式；我们是"友好的""合作的"，客户也会这么应对。

我不否认，很多"功利心很重"的销售人员和销售团队，造成了很多客户"不再相信""不再配合"的现实。不过，如果你想成为一个优秀的销售人员，你想客户能真正成为"自己的人"，你想真正让客户在业绩产出中成为有力的支持……

你首先要改变的就是你的态度。

"你可能无法做到爱，至少，可以做到不恨。"

突破销售思维的新观点

客情是销售人员与客户之间最主要的关系。

客情是销售与客户建立在合作基础上的共情纽带。

客情至少包括五种类型：利益，认同，熟悉，经历，依赖。而且，这五种类型都有不同的层级水平。

客情是万能的吗？

在很多销售人员的心目中，或者说是绝大多数，包括很多管理者和决策者，都会有以下的观点：

"只要客情做好，一切都没有问题！"

"现实所有的问题，核心都是客情没有做好！"

"无论什么样的困难，都可以通过客情工作来解决！"

……

你是否也有这样的观点呢？

放心，这个地方，我不会说"但是"的。因为，这个态度是基本正确的。

我还是要说"但是"，因为，这些观点虽然是正确的，但是，必须考虑一个前提条件：你是否正确地认识"客情到底是什么。"

如果没有对"客情"有正确的认识，这样的观点就有缺陷；反之，当我们可以正确理解"客情"时，那么，这些观点所表达的就不是一个简单的内涵了。

客情不是感情

一般认为，客情就是我们和客户的感情。这个描述很笼统。而且，用"感情"这个词很不恰当。

我们不可能也不应该和客户建立"感情"。客户终归是客户，他是我们销售工作的一个组成部分，是我们产生业绩的一个环节。

我们并不反对建立"感情"类的关系，例如朋友、亲情等。不过，一旦进入到感情层面，估计销售工作也就非常难做了。当然，我们一直也不主张利用"感情"来做销售。因为这可能会成为一种"代价资源"，这个已经在之前讲过了。

感情，是一种很特殊的关系。最直接的特点就是"为对方考虑"。客情也会这么考虑，但是，这是基于产品和合作的考虑，并不算是真正的感情。感情的功利性非常微弱，这就是和销售中的客情的最大区别。

一般情况下，很多人很难处理好这样的区别。可能最终会影响真正的感情，也无法真正做好销售工作。

所以，客情不是感情。一定要有所区分。

共情纽带

"客情是销售人员与客户建立在合作基础上的共情纽带"。

这样的描述更符合销售人员所认可的客情。

首先，客情的建立是以合作为基础的，都是围绕这个点建立的，脱离这个内容，就不能再算是客情了。

其次，这是一个"共情"。共情，就是双方同时存在的情感。不是单方面的。特别注意，如果是单方面的情感，一定是有问题的。往往表现出"卑微""乞求"的状态。

最后，这是一个"纽带"，是维系双方的一种情感。这种纽带可以保证合作的建立和维持。一般来说，这样的"纽带"主要表现为"相信""承认""喜欢"。

特别注意最后这三个词。这是客情很重要的表现形式。

如果你和客户还不能达成"彼此"的信任，或，承认，或，喜欢，就不能说这样的客情已经建立了。

当然，这要根据具体的产品和合作的内容来进行评估了。有时是某个点做到就可以了，更多的时候，可能需要这三个点都要做到。

所以，我经常会问销售人员：你所说的客情中，到底你们共同相信了什么？共同承认了什么？共同喜欢了彼此什么？

如果说不清楚，可能还需要重新梳理一下自己"引以为傲"的客情了。

相信，承认，喜欢

是的。客情不一定是喜欢，客情也不全是喜欢，这是必须要明确的。虽然，这是销售人员认为是最常见的客情关系。

很多时候，如何让客户相信和你合作是有价值的，即使不喜欢你也不影响这样的合作是稳定的；如果客户承认你的产品是好的，你的方案是好的，即使你这人不善于交流，不善于合作，也不会影响产品一样可以卖得很好。

其实，在很多领域中，真正因为"喜欢"就能合作的情况是比较少的。可能要看具体的产品和合作特点了。往往同质化比较严重的产品销售中，这个因素会更重要一些。更多的时候，"喜欢"仅仅是"相信"和"承认"的"催化剂"或"差异化理由"而已。

所以，我们经常会说：

真正高端的销售，更注重"相信"和"承认"的客情关系；越是低端的，越是非专业的人员，更注重在"喜欢"上下功夫。

没有对错，这是客观条件决定的。

客情的三个关键词

那么，到底应该让客户喜欢什么呢？承认什么呢？相信什么呢？

经过我们的研究，发现主要存在五种类型的客情。注意，这仅仅是我们研究范畴中的总结，并不代表所有销售工作中的客情类型。

此外，还需要强调的是，我们所描述的客情仅仅是我们给出的命名，可能并不能很好地反映客情类型的整体状况，大家还要结合实际情况进行"对号入座"。

最后，请大家在了解这些客情类型的时候，不要忘记了刚刚我们提到的几个关键词：

第一个是"共情"，这些客情类型中，都强调的是销售人员和客户建立的"彼此"的纽带，并不是仅仅指销售人员单方面的努力方向；

第二个是"相信、承认、喜欢"，在这些客情类型中，所相信的，承认的，喜欢的都有不同的重点。

第三个是"纽带"，既然是纽带，既包括了彼此的含义，还有一个重要的含义是"捆绑"和"连接"了一些东西，连接了什么呢？当然是产品和合作了。也就是说，这些客情类型都必须是对产品推广和建立合作有意义的事情。

当然，这个内容有点长，因为有五个类型，都要分别介绍。

客情之"利益之情"

很多人不喜欢这个词，觉得好像太功利了。恰恰相反，销售工作本就是在谈"利益"，这个主题并不丢人，反而是很合理的。建立在"利益基础"上的客情，也是很合理的。很多时候，我们更希望与客户维持这样的关系。因为彼此都会简单一些。

建立利益之情也不是一件容易的事情。不是说，有利益输出输入就算是建立了"情"。一旦涉及"情"这个字就不是"给好处"这么简单了。

利益之情的关键点在于：彼此接受，彼此相信，彼此平衡。

对于客户或者对于销售人员来说，彼此对于获得的利益是可以接受的，不是越多越好，而是能够接受。"榨干"任何一方，都不是"情"而是"掠夺"和"剥削"了。

对于双方来说，都对于利益的获得是"相信"的。无论是先得到还是后得到，这个利益的获得是有信任基础的。这才会算是"共情"和"纽带"。

最终，这个利益的输出或者获得，对于双方都是平衡的。没有一方认为是吃亏的。这很重要，任何一个存在"单方面吃亏"的合作，都不会长久。

同样是"利益之情"是有水平差异的，也体现在这个"共情纽带"的牢固程度。

比较基础和低端的，主要体现在"可量化利益"上。

简单地说，得到多少，付出多少，是可以简单计算的。这样基础上的利益之情很简单，但是，牢固程度就不好说了。

在销售行业有句行话"永远有比你政策更好的产品"。如果仅仅建立这样的纽带，比较容易被打破和替换。

比较高端的利益之情，主要体现在"价值平衡"上。

说得明确些，虽然是合作，但是，双方获得的和输出的不仅仅是"量化利益"还有其他不可量化的利益。我们经常称之为"附加值"。由于这些附加值无法量化，也就无法通过量化来替换和打破。这样的纽带就非常牢固了。如果任何一方可以提供非常有"个性化"的价值，可能会带来其他"量化利益"相对弱化。

当然，我们并不是说高端的客情更可贵，不同的合作方式都会对客情建立形成限制，有很多时候，是我们不得不选择的结果。不过，总体来说，销售人员应该考虑建立更高端、更稳固的方式。

客情之"熟悉之情"

熟悉，是一种很特殊的情感。

当你对一个人非常熟悉了，就会建立比较习惯的交流方式；当你熟悉彼此的情况了，就会建立比较放心的心态；当你与熟悉的人进行交流时，就会放低自己的"戒备"。

有了"熟悉"做基础，销售人员与客户更容易"相信""承认""喜欢"。

所以，我们也会看到，如果销售人员总是更换，或者客户经常发生更换，这样的感情就无法建立，总是"公事公办"的样子，自然无法建立"共情纽带"。当然，有些行业恰恰很担心这样的情况，也会通过定期更换人员来杜绝这种纽带的出现。

在熟悉之情的建立中，也有不同的差异。

相对低效率的方式就是"频率"。

简单说，就是靠高频率的"刷脸"，总是见到，总是交流，总是出现……当频率够高了，持续时间够长了，这种熟悉的感觉也就建立了。只是这样的方式比较慢，效率比较低而已。不过，对于大多数销售人员来说，特别是新人，估计也只能做到这样的方式了。

相对效率比较高的方式就是"参与"。

所谓参与，就是参与到对方的工作、生活中。无论是工作上的，日常生活，还是一些爱好活动里的。一旦你能参与到其中，就会"高效率"地彼此了解，也会更好地认识对方，这个过程会效率很高。

需要提醒的是，客情是"共情"。如果仅仅是销售人员参与到客户的事情中，只能算是一个部分，还应该考虑如何让客户参与到销售人员的事情中，这样的效率就更高了。

大家想想，很多销售行业会有"顾客走访"的方式，这就是参与到客户的事情中；反之，还有企业会邀请客户参观企业或者参与企业的经营活动，正好是让客户参与到自己的事情中。这样就是非常明确的"彼此参与"。

客情之"经历之情"

很多销售人员有时候不大分得清"经历"与"熟悉"的区别。事实上，从实际的效果看，也确实不容易区分。但是，这两种客情的特点是很清晰的。

如果销售人员和客户是"同学""过往同事""某个组织的成员""老乡""邻居"……这个时候，他们交流的内容是"独特的"，是"非常个性化的"，这种信任、承认、喜欢的概率就非常高了。这是熟悉无法替换的，也是很难对抗的。

而且，以上内容仅仅是比较低端的情况，如果高端的情况出现，就是非常强大的"共情纽带"了，这就是出现"传奇"。

所谓传奇，不单是身份的独特性，甚至会出现某些共同经历的独特性。例如共同经历了危险、共同经历了特殊体验，共同经历了感动……

这个时候，这种共情纽带就非常牢固了。至少，销售人员很害怕这样的竞争对手。

对于销售人员来说，一方面应该考虑如何建立这样的客情关系；另一方面也应该仔细考虑如何"理智地"维护好已经拥有的"经历之情"。

因为，非常厉害的销售人员可以"设计""制造"和"利用"建立经历之情的机会。这是一个非常高端的方式。这不是"算计"而是"策略"。

同时，也会把握好这种客情的"度"。这终归是客情关系，有当然好，但是，如果不能做好其他的内容，这个关系依旧是不稳定的。这也是很多具备这种条件的销售人员没有做好工作，最终反而成了自己的"败笔"原因。

客情之"欣赏之情"

总算说到大家最熟悉的"喜欢"了。

注意，在客情关系里，这种喜欢应该归类到"欣赏"的范畴中。

我们不能把客户给你的"笑容""客情""表扬"当作是人家喜欢的表现。这是中国人的基本文化，不会给别人"难堪"，也会遵守基本的"礼貌"。

如果说喜欢，我们必须清楚一个条件：人家喜欢你什么？

从这个角度看，就不是喜欢这么简单的问题了，应该是你有什么东西是值得别人"欣赏"的。否则，这些"喜欢假象"就无从谈起了。

当然，建立欣赏之情，不能只是"让人家欣赏"，也要考虑"欣赏客户"。这是互动的，也是体现"共情纽带"的基础。否则就是盲目崇拜了。

欣赏，有不同的档次差异，也体现了不同的价值。

价值比较低的欣赏，是对销售人员的欣赏，也包括对客户个人的欣赏。这样的情况往往是因为彼此有值得欣赏的地方，例如一些特质，一些做事风格，专业水平，特殊的爱好，某种技能等。之所以说"价值比较低"，主要是稳定性、适用性都不好。

价值比较高的欣赏，是对一个团体、一个企业、一个产品的欣赏。这个时候，销售人员个体就相对比较弱化。让客户对这些内容产生欣赏之情，就非常厉害了。这个时候，如果再能建立企业对客户特质的配合，力量就非常强大了。事实上，很多顶级企业都很重视这种关系的建立。

最高端的欣赏基础就是"文化"了。由于这个内容与销售人员的关系很小，就不多展开了。但确实存在某些案例，表现出"个人文化认同"和"团队文化认同"的特点。

客情之"依赖之情"

依赖之情既是一个明确的类型，也是很多客情关系类型中最厉害，也最难做到的。一般需要销售人员有非常强大的个人能力、丰富的社会资源、扎实的知识体系……而且，也往往需要客户本身有非常特殊的"价值观"。

从依赖之情的特点看，主要体现在三个层面的依赖。

第一种是事务依赖。有一些事情是必须销售人员来帮助的，或者必须客户来帮助的。注意，是彼此依赖。不过，在实际的情况下，会形成某些事依赖销售人员，某些事依赖客户，具体事情还是有区别的。

第二种是信息依赖。彼此会经常交换信息，交换观点。这个就已经很厉害了。对销售人员的能力知识水平要求就很高了。能帮助客户解决思考上的问题，一定非常有能力；反之，能成为销售人员的主要参谋，客户也一定不简单。

第三种是情感依赖。这就属于"凤毛麟角"了，一般只在小说影视剧里见过。当然，我也有幸遇见过一两个与客户达到这样客情关系水平的销售人员和客户。因为比较罕见，也很难做到，就不展开了，避免对大家造成误导。

客情是双向的

我只介绍了五种，实际上还有不少类型，终归人的差异是比较大的。但是，总体来说，很少有超出这五个类型的，大多数都是类型的具体变种。

需要再次强调的，只有一个词：共情。

这些客情关系，一定是彼此、互相的。一定不是单向的。

很多销售人员总是忽略这样的特点。要么过度关注客户的反应，做客情工作感觉是"低三下四"的样子；要么过度关注个人的行为，做得好像是"自以为是"的情况。这都是不恰当的。

客情是双向的。当我们真正建立了可靠的客情关系，而且是有基础的客情关系，那么，销售人员和客户往往会越来越相似，思考和行为也越来越一致。

当然，如果你还坚持客户是你的敌人，那么，你离客情工作还差得太远。

突破销售思维的新观点

客情工作几乎是销售人员与客户最主要的工作。

目标有三个：建立、强化或丰富。

建立的目的是选择适合的客情工作方向

强化的目的是现有的客情关系更加牢靠

丰富的目的是增加新的客情纽带，同样带动整体客情关系的牢靠。

客情工作的三个内容

我们经常会听到这样的或类似的话：

"今天我的工作重点是做好客情工作……"

"你必须努力把客情工作做好，才能解决现在问题……"

"经过这段时间努力，客情工作有了明显的改善……"

"下一步你准备怎么做好客情工作呢……"

这些内容看上去都是蛮正确的，也是比较明确的。可是，这些内容都忽略了一个非常重要的内容：客情工作到底怎么做呢？到底怎么算做好呢？

如果我们不知道怎么做好这件事，那么，我们又能做什么呢？同时，在这样不清晰的情况下，谁又能证明自己的工作真正有意义呢？

在前面的内容，我们用几千字来试图说清楚"客情"，现在，我们就必须谈第二个问题：怎么来做好客情工作。

当然，我们也没有必要再啰嗦道理了，因为很简单，客情工作主要就是三个内容：建立客情，强化客情，丰富客情。

建立客情的四步曲

建立客情不是建立联系！

不是说你认识了客户或者让客户认识你了，这个客情就算是建立了。也不是说，你争取到了与客户更多的交流机会，客户愿意听你介绍产品了就算是客情关系已经建立了。

应该说，这些都不算是客情。至少不是一个正确的客情建立思路。

我们知道，这些方式是很多销售人员常用的方式。这些销售人员都会根据以上的方式，先建立联系，再根据实际的进展情况，来调整自己的工作方式，并最终建立客情关系。这是可以理解的，只是这个过程的效率实在太低了，完全依靠"灵感"和"机遇"。

正因如此，为什么很多销售人员在客情工作上很难取得突破？可能都是因为"灵感"和"机遇"一直没有"眷顾"他吧。

建立客情的第一步是大家最熟悉的调研。

这个调研很重要，包括对客户的调研，对竞争对手的调研，当然，还要重点"研究一下"自己和自己的产品，以及自己的资源，包括任务指标、时间空间等。

第二步就是明确一个"根据调研可以选择的最适合的客情关系方向"。

如果你的产品足够优越，你完全可以直接从"欣赏"角度入手；如果你的利益足够诱人，也可以直接从"利益"切入；如果你的专业能力非常出色，"依赖""欣赏"都可以作为目标；如果这个客户还不是很急迫，不妨考虑"熟悉"的策略；当然，如果你有一些特殊的条件或者资源，"经历"是最快的选择。

第三步就是确定建立的基本过程和策略了。这个不难。因为你在考虑选择方向的时候，一般都已经考虑好怎么开始做了。

然后，就是第四步，按照既定的目标开展工作，利用各种方式方法。当然，这期间需要定期检讨自己的工作，及时进行调整，甚至尽快修正以前的错误判断。

强化客情的三个建议

强化。很容易理解，但是并不容易做。

无论你已经建立了什么样的客情关系，总是要去维护，要去强化的。这是很重要的内容，只有让这样的客情关系更牢靠，才能保证客情关系对销售工作的保证。

难度在哪里？强化是为了更好。更好是什么样的呢？这是你首先要考虑清楚的。

第一个建议是根据业绩指标的要求来考虑需要什么样的客情关系来保证。根据需要来做工作。

第二个建议是根据竞争对手的策略来确定自己的策略。如何对抗竞争对手的"瓦解"和"弱化"，及时调整自己的方式，保证现有的客情关系不出现问题。

第三个建议是在强化的过程中，千万要集中资源针对简单的目标进行工作，千万不要以为做得多就是对的，做得好就是对的。应该说是做得对的才是好的。尽量围绕自己的客情关系特点，强化自己的优势。不要被其他因素干扰自己的方向，"他打他的，我打我的"这句话很有道理，也值得人家体会。

丰富客情的三个要点

丰富和建立是不一样的。虽然都是建立新的客情关系，但是，"建立"强调的是在没有客情关系基础上的过程；"丰富"则是在有一定客情基础上的增加。

一般来说，当你与客户建立了比较稳定的客情关系以后，在长时间的工作交往中，会慢慢发现客户在其他方面的特点，以及自己某些优势尚未发挥出来。在这个时候，就可以考虑"丰富"的策略了。

要点一，选择新的客情关系的时候，千万不要做成"惊喜"的方式，这些只能算是"蜻蜓点水"。虽然容易感动人，但是，整体意义不是很大，甚至是一种浪费。既然要做，就要有策略、有计划地做、持续地做。

这就像很多销售人员会关注客户生日啊、节日啊等，会考虑搞些小惊喜，小感动。偶尔可以，但是，如果真的选择这个方向，一定要考虑自己是否可以做到，是否可以承受。否则，可能小惊喜也会成为小抱怨。

要点二，尽量选择和现有客情关系相对比较接近的方式。如果跨度太大，可能会影响到现在的客情关系。例如你一直依靠自己的专业知识，突然开始分享外行人的观点，开始晒搞笑段子，这样的方式就不可取。如果你开始关注其他相关性专业内容与客户进行分享，就更容易一些了。

要点三，充分利用"机遇"。是的，有一些客情关系的建立真地需要一些偶然性。有的时候，仅仅是一个很简单的机会，可能就会帮你把一个客情关系轻松建立起来。这就像一种很有趣的现象：越是天灾，越有意外，销售人员越希望利用好这个机会来做好"经历之情"的客情关系。

把客户做成自己人

客情工作是一个非常明确的工作内容，不应该是模糊的、混乱的过程。无论是对销售人员还是对于管理者，都应该按照这样的思路来做好，管理好客情工作。

客情工作是一个没有"底"的工作，是一个可以不断完善、不断丰富的过程。

所以，我们所列出的客情关系类别，仅仅是大的框架，实际上，客情关系是非常庞杂的内容。因为人的差异大，特点差异大，情况差异大。不可能，也不应该用五个类型就约束大家的发展。

　　当然，这只是一个相对简单的介绍，如果具体来讲，估计不是一两本书可以说清楚的。希望销售人员梳理自己对"客情关系"的认识，结合自己的工作实际，把这个非常重要的工作做细致，做专业。

　　"把客户做成自己的人"，一切真的都会变得更容易了。

突破销售思维的新观点

对待不同客户的态度和方式是一致的，但是，对待不同客户的策略必须是有差异的。

客户策略的选择主要依据客户在"客户群体中的干预状态"，有五种干预状态：决策者，影响者，说话者，反对者，附和者。

对待客户时的一视同仁和区别对待

除非是你直接面对购买者或者成交者；否则，你所面对的客户一定不是一个个体，往往都是以"群体状态"存在。因此，如果你希望能实现有效的"成交"就必须考虑这个客户群体中，不同人的作用。

所以，客户是要区别对待的。

当然，这样的区别并不是说在"态度"和"方式"上的区别，这是错误的，也是违背销售工作基本原则的。

但是，应该在策略上有所不同。一方面，策略决定了你的客户工作的目标；另一方面，策略也决定了你投入资源的比重。

"一视同仁"是针对态度上的，"区别对待"是针对策略上的。

有人认为，应该按照"业绩产出"来对客户进行必要的区分。越是给自己带来业绩高的客户，越要重点关注；业绩产出不多的，就可以适当降低标准；如果根本没有业绩产出，就没有必要太在乎。

我们只能说，这是一个标准。但是，这样的思考过程说明销售人员把"业绩工作"与"客户工作"混淆了。其实，但凡涉及业绩工作的投入时，大多是依靠业绩来区分；如果是客户工作，就不能按照这个标准了。

具体的区分方式有很多种类型，例如终端价值区分，影响价值区分……都是可取的。在这里，我们重点介绍的是"干预状态区分"。

客户群体的五种人

很多外行人通过影视剧的情节认为，销售工作就是简单地"搞定"某个关键人物。这肯定是一种误解，至少是非常罕见的情况。

对于销售人员来说，他所面对的绝对不是一个客户，往往是一个团体，是一个比较庞大的组织。在这样的组织中，只要是正常管理的情况，都不可能是一个人说了算的，都是需要团体意见来决策的。

对于一个"成交"或"合作"的决策，客户群体的成员往往都会有一些比较"固定"的干预方式。所谓干预，就是对最终决策的影响程度。

根据我们客户群体以及决策集体的研究发现，在一个"客户群体"中，总会有不同的"干预方式"存在的客户。虽然不一定都会包括，但是至少会存在其中的某些类型。

这里面往往包括：决策者，也就是最终下决定的人；影响者，就是对决策者影响非常大的人；说话者，就是总会发表个人意见的人；反对者，就是习惯质疑的人；附和者，就是表现出"不大有主见"的人。

大家可以想一想，这些人是否存在于你的团体中呢？

怎么办？自己想

首先，销售人员千万不要因为他们的"干预态度"的差异，就会给出不同的"定性评价"，甚至给出好坏优劣的评价。这是一个团体的自我决策方式，而且从管理学看，是一个比较健康的状态。

其次，应该根据不同的工作目的，正确地，积极地面对这些不同的客户。当然，应该根据他们的特点，调整工作的重点。

此外，一些优秀的销售人员可以充分利用这样的区别，采用更特殊的方式来实现预期的目的。有很多人会说是"阴谋"。也算吧。但是，一定不是错误的策略。

当然，由于这个内容比较"敏感"就不能太多地展开。

大家只要细想一下，就能知道应该注意什么了。当然，至于更高端的策略，就要看自己的领悟能力了。

做人的工作最有乐趣

我们一直认为，销售工作中，最复杂的，最有变数的就是客户工作了。各色客户，各种情况，各种模式，各种问题，各种关系……纠缠在一起，构成了一个"色彩斑斓"的"客户网络环境"。销售人员正是在这样的环境中，谋求自身的发展和进步。

销售工作不好做。客户工作不好做。

但是，这何尝不是销售工作的"魅力"呢。

突破销售思维的新观点

销售工作针对客户的工作中，一定要避免"专业一致化"的推广思路，而应该努力做到"专业差异化"的推广思路。

差异化和一致化

如果你所销售的产品是直接面对消费者的，大部分销售人员都在这个方面做得不错。一般都在专业上做到"差异化"。因为大部分消费者在相关产品的领域都不是很懂，需要你在专业上的水平来指导，来帮助。不可能去追求和消费者的"一致化"。如果销售人员和消费者一样都不懂，都不明白，或者说不清楚，估计消费者是不会买账的。

但是，当你销售的产品是针对客户的，有时客户是产品的使用者，例如药品对医生，设备对工厂。这个时候，客户的专业化水平一般都比销售人员要高，而且，对产品的使用要求和体验更准确。于是，面对客户的时候，很多销售人员就很容易陷入"专业一致化"的误区。

他们为了更好地推广产品。当然，这是他们最常用的理由。于是，他们会努力学习专业，努力与客户的水平接近。在他们看来，只要有了更接近的专业水平，就能更好地推广产品，就能更好地让客户接受自己。

不只是产品专业的情况，如果是做客情工作的时候，当他们发现客户有一些非专业方面的能力或者爱好，往往也会为了赢得客户的认可，会利用业余时间也去学习一样的技能。其中的想法是和之前专业内容一样的，就是为了拉近与客户的距离。

这样的想法好像是"正确的"。但是，也好像是"有问题的"。

专业一致的风险

关于专业的问题，我们在"序"的内容中就已经讲过了。

追求"一致化"本身就是一个不可能实现的目标。于是，可能你的学习不仅不会赢得客户的认可，反而由于差距会造成客户对你的质疑。

要知道，我们做的产品和我们做的工作，本身也是一个"专业领域"，我们为什么要放弃自己的专业领域而去追求几乎不可能达到的专业领域呢？

所以，我们最近提出的观点是：学习是必要的，这是一个门槛。但是，最终你要追求的应该是专业的差异化。

也就是说，你一定要和客户保持一定的"专业差异"。或者是专业领域的差异，或者是关注重点的差异，或者是提供支持内容的差异。

做好差异化

其实，这种差异是客观存在的。关键是我们是否看到，是否愿意把这种差异做好。

我们看到一些销售人员在推广专业产品的时候，存在很多差异：要么在产品方面的专业差异，例如生产工艺、质量控制等方面的专业；要么是在产品使用方面的差异，例如产品的调试、产品的售后方面的专业；要么是在产品服务方面的差异，例如专业教育、专业指导、消费者教育等方面的专业……

总之，我们要建立的是让客户"认知，认可，认同"的结果。而相对来说，"专业一致性"是效率最低的过程，"专业差异化"是效率最高的过程。

从一致化中找到差异化

我们总是认为，当一个人和自己非常相似的时候，往往会更容易交往，更容易获得认可。关于这个观点，我们一直心存疑虑。

记得有这样一个问题：如果你是异性，你是否会愿意和自己结婚。

还有这样一个问题：如果存在一个和你完全一样的人，你是否会喜欢他。

意思是一样的。

当然，完全是截然不同的人，交往起来一定是困难的。但是，这不应该是"一致化"的理由。

只有通过"有限"的一致化，然后发现和建立差异化，甚至是"互补"类型的差异，才能保证客户工作得到充分的认可。

关于这个问题，我们正在做更丰富的研究。建议大家重点考虑这个问题。

不懂市场者，妄谈销售；

不知市场者，销售如盲

市场篇

突破销售思维的新观点

23 — 27 +

突破销售思维的新观点 23⁺

市场是什么？市场可以理解成"势场""得市场者得于势"。

市场调研和研究的重点在于市场各种因素及整体的"形势"和"趋势"；

市场工作的主要方向包括：顺势、取势、造势。

你懂"市场"吗？

"市场"这个词算是一个使用频率和使用范围都很广的词语了。那么，到底什么才是市场呢？了解这个市场对我们有什么帮助呢？我们该怎么做市场呢……

我们经常会遇到这样的情况——一些词语用的时候没有问题，也很准确。但是，我们却很难说清楚这些词语的含义和用途。

关于市场的概念问题，很多人会问到我们。我们也很清楚，要想把这个概念的内涵都讲清楚，肯定是不可能的。其实，有很多概念也没有必要讲得太清楚了。因为我们都有自己的专业，没有必要从销售专家变成市场专家。

不过，作为销售人员还是应该有基本的"市场知识""市场概念""市场意识"的。因为销售人员就是在市场里"摸爬滚打"的。所以，正如我们在这一篇开头就特别提到"不懂市场者，妄谈销售；不知市场者，销售如盲"。

那么，到底应该怎么来讲"市场"呢？

市场，"势场"也

我们在实际的工作中，经常会提到一个词："势场"。我们觉得这个词比较好地反映了市场最主要的含义，而且，读音也一样，方便大家理解。

所谓"势"，反映的是一个状态，是过往发展形成的现状；同时，又是未来发展的开始。根据这个"势"可以了解过去的发展过程，根据这个"势"又能预判未来的发展结果。

所谓"场"，是一个有限的范围，是所有相关因素构成的一个环境。这些因素互相影响，互相制约，又互相促进。

将两个字所表现的含义连接起来，最好的例子就是"战场"了。非常形象。

而我们经常会说"市场如战场"，也非常贴切。

关于这两个词之间的关系，大家可以再仔细体会一下，会发现非常符合大家对市场的认识。

市场的两个"势"

既然"市场"是"势场"，那么市场都是研究什么，分析什么呢？

专业的解释非常复杂，估计要一两本书才勉强说得清楚。

我们的观点就比较简单了，结合"势场"的含义，我们提出的观点比较符合市场实际的情况。市场所研究和分析的就是两个"势"，分别是"形势"和"趋势"。

市场调研和研究的重点主要包括：市场的现状是什么样子的，未来发展的情况大约会是什么样子的。根据这样的研究分析，就可以为决策，为销售工作提供指导意见。

有的时候，我们研究的形势和趋势是围绕整体进行的；更多时候，我们会围绕一个因素来完成研究和分析，例如产品、客户、政策、竞争等。

毋庸置疑，这些研究和分析是非常重要的，不仅对决策有价值，对于销售工作一样是重要的参考意见。因此，也就在销售系统里存在专门的"市场工作"甚至存在相关的部门、体系来保证。

市场工作三件事

市场工作是"大销售系统"重要的组成部分，从事这些工作的人和销售人员有比较大的区别，思考问题的方式、工作的方式都有自己的特点。

一般来说，销售工作关注的是如何获得最大销售业绩，市场工作关注的是如何获得持续的市场份额；销售工作讲究的是通过工作来实现工作目的，市场工作讲究的是通过资源建设来实现工作目的；销售人员是一群实践能力强的队伍，市场人员是一群理论能力思考能力强的队伍；销售讲经验，市场讲道理……

虽然，这是有区别的，但是，更多时候，我们希望销售人员多一些市场意识；市场人员多一些销售认识。这样的组合对双方都是很必要的。

那么，市场工作到底都是在做什么呢？他们都在考虑的是什么呢？

简单来说，主要是干三件事：

第一件事：顺势。考虑如何利用现有的形势，建立获利最高效的判断，提高实现发展目标的最高效率。

第二件事：造势。考虑如何为销售工作提供市场支持、市场条件、市场环境的保障，减少销售工作的阻碍。

第三件事：取势。考虑如何利用现有的资源，使得自我发展获得最有利的可能性，避免受到其他因素的影响。

市场如战场

常言道："市场如战场。"

可是，到底从什么地方来看到这样的共同特点呢？可能很多人都会围绕市场上的"残酷竞争""瞬息万变""你死我活"这几个角度来证明。

其实，我们觉得，市场和战场的最大共同点，恰恰是在"势"这个角度。在《孙子兵法》中就特别提到"势"的意义。建议大家可以翻出来仔细看看。相信从这个地方能看到市场的影子。

所以，市场工作从来不能保证所有的工作都一定是有效的，这和战场的谋划也是一样的，谁也不能保证自己的策略就一定胜利。但是，通过顺势、造势、取势，却可以为胜利争取最大的可能。

市场，势场，战场……

突破销售思维的新观点

销售工作的市场意识主要体现在：根据"势场"选择适当的销售策略。

主要的策略包括：替换，推广，关联。

不知"势"不谈方法

经常有销售人员来咨询我们关于"产品""销售工作"如何开展，如何做好的问题。每当我们能给出一些建议的时候，他们还希望我们的建议更"具体"更"接地气"，这样他们就可以直接去做了。

这样的期望可能连"奢望"都算不上，因为"我们不是你"，我们不可能给出具体的建议。理由很简单，我们不了解"你的势场"。注意，是"你的"。

所以，我们但凡看到一些"专家"给销售人员具体怎么做的建议时，都会知道这个专家一定不是做销售的，至少是一个不懂市场的销售人员。这就像是"纸上谈兵"的将军一样。

没有市场的"势"，我们只能是一个旁观者，怎么可能知道具体的做法是什么呢？

更多的时候，我们会花时间帮助销售人员做好市场分析，然后才能给出相对具体的建议，至于更具体的操作，可能只有我们亲自去做才能知道。

因为销售策略一定是根据"势场"的判断来作出决定的。

我们经常会说一个笑话：

没有市场调研和分析的决定，要么会出现"把煤卖到山西那么搞笑"，要么会出现"把羽绒服卖到海南那么奇葩"。虽然，我们不否认这两个方式可能存在一些非常特殊的"可能性"，但是，至少会是一个非常艰难的过程。

"不战而屈人之兵"是兵法的精髓，也是销售的精髓。尽量消耗少的代价获得效益，是我们销售人员需要坚持的，至少是尽量坚持的原则。

势场与策略

当我们准备推广一个产品的时候，必须先看看市场的"形势"和"趋势"。这是我们确定策略的基础。

这个时候，市场的情况会有很多类型。可能已经有一个非常强大的同类产品在市场中占据先机了，可能是一个完全空白的品类空间，可能是一个多产品混战的状态，可能是基本没有市场需求的状态，可能是……

此外，我们还要分析自己的"势"，产品的特点、人员的能力、管理的水平、市场的基础、资源的保障……

这么多的变数存在。怎么可能有一个比较一致的推广策略存在呢？甚至，即使是相同的市场情况，结合到具体的情况、具体的客户，又会有更多的变数。我们实在没有理由相信"一个稳定的产品策略"的存在。

所以，我们经常会建议销售人员结合"势场"来确定策略，并根据"势场"的变化及时调整推广策略。

市场的三大策略

根据我们的研究，主要的推广策略包括三大类：推广、替换、关联。

当然，这是大类别，算是给大家一个制定策略的"框架"，真正的实战，还要根据具体情况分析和调整。

需要特别提醒的是：三个策略并不是独立的，理论上讲，任何产品都可以选择任何策略！至于选择哪个，如何细化，如何执行，都要看"势"。

"没有不能制定出推广策略的产品，只是你还没有想到。"

需要我们仔细体会三种策略的精髓，结合实际需要和情况，选择最佳策略。

当然，有时候，最佳不是赢得最好的市场回报，更多时候，这个"最佳"是我们能想到，能做到的最好结果了。

市场竞争"不全是""你死我活"的斗争，可以是"共存"，也可以是"老死不相往来"，还可以是"合久必分，分久必合"的局面……

所以说，兵法是死的，人是活的，战场是变化的。

"空白"策略

推广策略的关键词是"空白"。

有时是客观存在的空白，有时是市场留下的空间，有时是我们刻意制造出的空白——这个对空白的描述很重要！（还可以更多的）

有时是同样产品的空白，有时是同样类别的空白，有时是产品需求的空白，有时是产品特点的空白，有时是成交形式的空白——这个内容也很重要！（还可以更多的）

既然是空白就意味着空间。当然，就需要采取推广策略。

推广策略重点考虑的是四个点：

第一个点：填补空白的内容。也就是我们要推广什么？关键是这个内容可以非常好地填补这个空白。

第二个点：目标客户是哪些。空白，并不一定是所有客户需要存在的。对客户的选择和分析，决定了我们推广过程的设计。

第三个点：推广的方式。如何让这些客户可以接收到，可以认可我们的产品可以很好地填补空白，需要什么方式，什么途径。

第四个点：推广的障碍。因为是空白，因为是新内容，客户在接受的时候一定会产生很多全新的问题和质疑，我们需要提前进行分析和做好充分的准备。

虽然是简单的介绍，相信很多人都会结合自己的产品产生一些想法。一定要重视四个要点，否则就有可能"前功尽弃"。

"瓜分"策略

替换策略的关键词是"瓜分"。

一般来说，主要是针对几种情况下的选择：强大的产品，强大的品牌，强大的客户认知，强大的客户群体。

从"替换"这个词来看，好像是要把竞争对手替换掉，这个理解不全面。

在实际的情况下，新产品完全替换旧产品，只能是一个"目标"，而且是"理想目标"。一来，旧产品营造的市场容量不是轻易可以被打破的；二来，竞争产品也在努力维护市场；三来，新产品的力量在短时间内不可能形成足够的影响。

在实际的研究中，我们发现了"0—2—5—15—30"这个比较常见的规律。每个数字都反映了新产品在整体市场中所占的份额变化。2%，说明新产品已经有一定影响力，应该说刚刚"站住脚"了；5%，说明新产品已经有一定稳定"客户群"了；15%，说明已经具备相当的规模和品牌认知了，可以和领先者形成势均力敌的对抗了；30%，说明推广工作已经非常有效了。（关于这内容，随后会有一些内容做更细致的解释）

为什么没有更高的呢？一旦超过30%，我们要考虑的就不是替换的问题了，而是要保住市场份额的问题了，因为，这个产品已经成为市场的主流了。

这是后话了，我们必须先从那个"0"开始。

替换，也是有一些要素条件的，总的来说，也是四个要点：

第一个要点：差异化。俗称"找茬"。就是把产品和现有产品进行差异化分析。这个过程是全面的，任何差异化都是需要关注的，甚至包括包装、大小等。

第二个要点：差异化价值界定。把所有的差异点进行筛选。筛选重点是"这个差异点是否可以挖掘出对客户有不同的价值体验"。当然，这个过程不能是胡扯，要结合客户的特点来完成分析，并选择出最有可能成功的"概念"或"理念"。

第三个要点：客户群的选择。这个和推广是相似的，都是结合"价值"来选择客户。很多时候，我们几乎不可能针对全体客户，这个时候就要有非常合理的客户群区分，也要建立客户群的特点分析。

第四个要点：替换过程中的具体方式。因为不是空白，就意味着困难、阻碍、质疑。所以选择方式很重要，需要大量的"试点""摸索"。

在市场上的案例中，有很多成功"瓜分"的经典。其中的总思路大约都体现在这四个要点之中了。

"跟随"策略

关联策略的关键词是"跟随"。（实在想不到更合适的词了）

有时候是因为产品本身就很难成为市场的"主角"；有时候是因为产品使用方向非常广泛，很难集中一点；有时候是无法找到推广理念，又不足以替换市场产品；有时候是企业团队的资源无法建立有效的推广策略……

总之，关联策略更多时候是"不得已"，也存在"不能推广也不能替换"的状态。

一说到"关联"，大家会简单地认为是"联合使用"。

这个认识有点片面。应该说是"跟随"。跟随谁呢？当然是跟随强大的"家伙"。有时候是这个家伙本身就强大，有的时候是这个家伙将会很强大。

希望大家体会"跟随"的精髓。

关联不容易做，是需要结合实际产品和市场情况来进行分析的。总体来说有几个要点需要考虑。

第一个要点：产品与跟随对象的关联是否合理。选择跟随对象很重要，跟随的理由也很重要。虽然都有可能实现关联，但是，更容易接受的理由也一定更容易实现。

第二个要点：产品跟随是否可以带来新的客户价值。很重要。产品销售是为了让"客户满意"，现在增加一个新产品，如果不能带来客户新的价值，这个关联就多余了。

第三个要点：产品跟随是否有实现的条件。如果两个产品的陈列、购买、渠道都差距太远，那么这样的跟随将导致客户付出更多的时间、精力、体力，这个跟随就没有意义了。

关联是个大课题。

在实际的案例中，我们就可以发现很多"跟随者"比"跟随对象"做得还好的产品。

不只是产品策略

再提及"推广策略"就不要认为是一个模糊的概念了。

首先，要完成对市场的"势"的分析。

其次，要选择最适合的策略。

最后，要根据实际情况及时调整。

不仅仅是大局层面的策略制定，涉及销售人员个体，涉及客户，甚至涉及具体的销售工作，都是一样的思路。

应该说，只要是市场，只要是市场上竞争的对象，都可以按照这样的思路来完成策略分析和制定。

注意：顺势而为！

突破销售思维的新观点

销售人员在进行市场调研和市场分析过程中，要特别注意"默认正确"。重点关注"结果相关性"：两个结果之间的因果关系。

"默认正确"很危险

市场调研和分析的目的是为了了解"势场"，重点关注"形势"和"趋势"。对于这样的道理，并不难理解。但是，涉及具体的操作过程，往往会出现很多问题。

其中最大的问题主要体现在"默认正确"。

在调研和分析的过程中，最忌讳的一件事就是：调研和分析的人员有"先入为主"的意识，对于调研和分析的内容存在"默认正确"的情况。也就是说，在调研和分析的结果尚未出来之前，这些人就已经有了一定的判断和结论。这里面有经验的部分，也有自己的习惯思维方式，甚至有主观倾向的情况。

于是，我们经常看到一份调研或分析报告有一种很奇怪的状态：所有的描述都是对的，所有的分析都是对的，所有的结论也是对的，但是，偏偏没有实际意义，甚至和现实的情况是违背的。

可能这么描述大家会有点模糊，到底什么是"默认正确"呢？

在很多人的思想中有一些固定的观点，例如产品好就好卖，服务好顾客就满意，价格低销量就增加，优惠多市场就增加，质量好就有竞争力……这些都是正确的观点。于是，在调研和分析的时候，往往会刻意建立这样的因果关系，会重点评估这些点的价值，甚至会误导调研信息来实现这样的结论。

但是，事实上，这是错误的。销售结果、市场结果从来都不是简单的"要点"就可以完全描述的，这样的态度往往会忽略最重要的信息，也就无法找到正确的答案。

调研就是为了找到新的信息

讲讲案例就能帮助大家理解这个观点了。

如果你拿到一个产品，质量好，效果好，包装好，价格便宜，政策突出，利润丰厚……你是否会认为这个产品一定可以卖好的。

事实上，在市场中，这样的产品非常多。但是，往往罕见卖得好的。

反之，如果我们分析的产品是一个相对不好的条件，就一定不好卖么？大家也知道不是这样的，市场上这样的产品还真的不少。

你可能会说，还有一些因素影响了结果。

对的。问题是，如果你在调研和分析时先默认了这些因素的正确性，就会忽略其他信息的价值，就没有办法找到想要的答案了。

曾经有一个销售人员跟我说：

"我现在卖的产品真的很难卖啊。价格没有优势，质量没有亮点，效果难以评估，宣传广告也没有，连个宣传品礼品都没有。真不知道怎么卖啊。现在，进货100个，搞了一个月才勉强卖了几个。估计是亏大了。谁能给我出个主意啊？"

我说："按照你的观点，这个产品几乎是卖不掉的了。可是，我奇怪啊。那几个是怎么成交的呢？你了解过这些成交过程么？你是否应该从这个地方入手，看看到底是怎么卖掉这些的呢？当你摒弃了默认的结论，就可以找到新的信息了。"

后续就不展开了。那是另外的范畴。但是，很好地反映了调研和分析中的错误态度。

相关性不一定是说得通的

真正的调研和分析工作，最关注的就是"结果的相关性"。

这是非常有价值的思路，也是非常先进的思路。

结果，是我们从调研中可以看到的东西。那么，这些结果之间有没有"联系"呢？

在科学研究中，特别注重研究事物的相关性。如果两个结果总是同时出现，就说明他们有相关性。可能我们都无法理解其中的原理。但是，这就是事实。

在《大数据时代》中提到一个观点：数据不在乎正确与否，只在乎是否相关。

或者，有很多人愿意去研究其中的原理，这是研究者的事情。对于销售人员来说，这个过程是可以忽略的，因为我们要的是结果。

现实中，你发现某些工作方法可以带来销售业绩的提升，你就可以考虑去做这个事情；你发现有什么样的宣传就会产生业绩，你就可以去做同样的或类似的宣传；你发现哪些信息会带动业绩的提升，你就可以去发送同样的信息……

有些相关性是可以解释的，有很多是无法解释的。

能解释的可以作为今后工作的经验，没有办法解释的就作为今后工作的复制。

答案就在那里

我们经常说"销售所有的问题，都在市场中摆在那里；销售所有的答案，也在市场中摆着。关键是，你是否能看到，能找到"。

市场调研就是为了找到答案，但是，不是去找道理。

如果销售中的事情都能说清楚道理，甚至可以提前就已经考虑到道理，那么，销售工作就没有什么太大的变数了，估计也不需要做什么市场调研了。恰恰是因为很多现实的情况和我们掌握的道理有差异，才让市场调研变得非常重要。

突破销售思维的新观点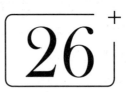

要想更好地分析"势场"，更好地利用各种市场信息，就必须学习和掌握必要的市场规律、原理、理论。

这是大量销售实践形成的总和结果。

这也是销售人员提升自己、增强能力、取得更大进步的必需保证。

市场规律可以提高效率

我们一直鼓励销售人员多学习一些关于市场规律的知识。这种学习的最大好处在于可以提高调研市场和分析市场的效率。这些市场规律都是大量实践形成的经验总结，不仅可以直接利用这些规律来作出正确的判断，也可以通过这些规律来指导自己的销售工作。

遗憾的是，每当我们给销售人员讲解这些市场规律以及一些理论内容的时候，要么总有人会认为这些内容太"虚"，不接地气；要么总会找出一些现实的情况来证明这些规律是错误的或者是不全面的。

说实话，我们也是从销售人员的身份开始的，也曾经这样质疑过这种理论学习。当然，在我早期接触销售研究的时候，也会面对这样的质疑表现出"无力"。从我们的理解中看，大家说的都是有道理的。所以，也很难给出大家都满意的解释。

当然，这是早期的状态。伴随着更多的研究，更多的案例，更多的交流。我们也渐渐对这些规律、原理、理论有了更深入的理解。特别是我们利用这些内容确实解决了很多棘手的难题。

因此，本书的这个环节，很想和大家分享关于市场规律的一些认识，或者可以帮助大家消除一些疑虑，可以有兴趣去了解和掌握这些内容。

规律是从实践中总结的

市场规律和市场的原理、理论，并不是凭空形成的。这些都是大量实践总结出来的，再由那些研究者利用科学的方法表达出来，所以，这些内容不是不接地气，恰恰是无数"接地气"的现实汇成的总结性经验。

所以，如果要学习这些内容，就一定要努力和自己的实际工作进行结合，而不是"教条主义"。其实，这些表达的内容都包含了非常丰富的内涵。如果没有深入思考，都无法真正了解这些内容对自己工作的作用。

此外，这些内容包含的是一个非常庞大样本的研究结果，是一个整体的情况。所以，一些特殊的案例确实有可能从表面上看与原理存在冲突。但是，如果我们试图对所有现象进行合理的解释，了解它的"形势"和"趋势"，就会发现，即使是这些看似不吻合的案例，都一样蕴含着同样的道理，只是在具体表现形式上有点差异而已。

最后，很多理论都是需要一些条件限制的，不能只关注结论。就像很多人会问及"二八原则"和"长尾理论"之间的矛盾。如果大家仔细研究这些理论的使用条件和适用范围，就会发现是不冲突，甚至非常吻合。

庙算

我们鼓励利用经验，同时也希望大家能认真对待原理、规律、理论的价值。

在畅销书《从0到1》里就有很多类似的观点：

"一个好的想法，首先要合于原理，其次才合于经验。"

我们的工作思路，决定，想法，创意，必须首先从原理上可以证明会有好结果，然后才会考虑在实际执行中的特殊性。反之，则更像是赌博，或者可以大胜，当然，更高概率的情况是"倾家荡产"。

《孙子兵法》就特别提到"庙算"。其实，"庙算"就是利用军事理论、战争规律来研究和分析战争。或者，最终的结果是存在偶然性的，但是，如果不做好"庙算"，胜利的概率就更低了。

销售工作是一个持续的工作，是一个持续变化的工作。如果我们希望掌握主动，能在未来那些"未知"的市场中赢得更多的、更大的胜利，就必须利用这些规律、原理、理论来武装自己。

除非……你只是想挣口饭吃，对现状非常满足，对未来也没有什么憧憬……这样的人根本不能算是一个合格的销售人员，当然，也没有必要再受这样的苦和累了。

最大量的建议

从内容看，这个观点涉及的知识点并不多，但是，这个建议的使用量是非常大的。我们发现很多销售人员在做市场研究、市场调研的时候，总是不得要领。他们也会经常把市场相关的问题提给我们。每到这时，我们总会不断重复这个观点：要学习。

常言道："爹有娘有不如自己有。"

我们的建议并不都是围绕具体内容展开的，这个看似不直接涉及工作的点，往往是最重要的点。如果销售人员能做好市场相关知识的学习，就更容易突破困境，更容易找到销售工作的"出口"。

突破销售思维的新观点

市场无限大，这是一个正确的观点，但是，这个观点是有条件限制的，其中最大的两个条件是"需求无限大"和"能力无限大"。

只有真正放大了需求和能力，才能真正实现市场的放大。

一句快成为心灵"鸡汤"的话

"市场是无限大的"这句话对于销售人员来说，肯定是不陌生的。

最常见的场景主要有几种。有时是领导给大家鼓劲时说的话，有时是优秀销售人员在做经验介绍时说的话，有时是销售人员给自己加油说的话……

在很多人看来，只要我们努力，业绩就一定还可以继续持续地增长。只要还没有实现持续的增长，就是因为我们还没有把市场"找到"或者没有把市场"拿下来"。

基于这样的考虑，我们经常看到一些销售团队在布置任务的时候，完全是一个"数字游戏"，直接在原有的销售业绩上增加一个比例。当销售人员"面露难色"时，就会告诉他，要有信心，"市场是无限大的"。

可是，这句话到底什么含义，对销售工作到底有什么指导意义呢？

如果大家不能知道这些更具体的内容，估计这句话就快被纳入"心灵鸡汤"行列了。

真的无限大么？

市场是否真的是无限大呢？

对于红海市场来说，这句话是对的，因为总会存在竞争，总会存在同类产品的销售，所以，还可以通过替换来增长业绩。

对于蓝海市场来说，这句话也是对的，因为总会存在空间，总会存在自己做不到的地方，所以，总还有可以继续增长的空间。

既然红海和蓝海都是对的，那么这句话就是对的了。

不！

市场是否真的是无限大，是有条件限制的。

无限大是有条件的

首先，任何产品的销售业绩都是有上限的。这是客观事实。只是我们还没有真正实现垄断，所以，这种空间还是存在的。如果真的达到了垄断水平，估计这个无限大的概念就不存在了。

其次，当还存在竞争的情况下，我们替换竞争对手不是一个数字游戏，而是需要大量的条件的。特别是在运营水平、管理水平、能力水平方面一定要有明显的优势，才有可能真正替换这些产品。甚至需要市场环境、政策影响、品牌力度的保证。

事实上，很多时候，那些空间是被我们看到了，但是，我们却没有办法拿到。所以，那些空间只能是"摆设"而已。

此外，当我们开辟新市场的时候，当我们处于蓝海市场的时候，也就意味着市场的需求是非常少的，至少是这些需求还没有被激发出来。这个时候，不是简单的一句"市场无限大"就可以轻易得到的。如果没有做这些工作的人员、网络、资源，那些市场也只能是"远远看着"而已。

无限大，但是，不能无限获得

要特别提到的是，市场本身的一些规律也会让这种无限大的市场永远无法真正被我们得到。

例如二八原则。这是大家最熟悉的理论了。很多人会提出很多针对二八原则的"优化思路"，其实，都是一种"臆想"而已。

有人说，可以忽略那些"二"，专注于"八"，这样就可以更节省资源，可以提高利润。这是违背了二八原则。因为，你一旦放弃那个"二"，剩下的"八"会自然而然重新进行分化，再次出现"二八原则"；如果你还要放弃"二"，又会重新分化……最终导致灭亡。"二"和"八"是一体的，是互相保证的。这就是规律。

有人说，可以把那些"二"做到"八"的水平啊。这也是不可能的。资源的使用总是会形成一定的区别，这是一种经济规律，真不是人为可控的。当你把精力投入到"二"的时候，你的"八"就会出现问题。最终出现新的区分，又会符合"二八原则"。

竞争的2-5-15-30

在我们替换市场的时候，也存在一些规律，这也是我们发现的一些数字规律，还没有做过更详细的验证，但是，确实很多案例反映了这样的规律。

当你开始竞争品牌产品的时候，一般当你占据份额2%以下的时候，完全没有任何阻力，几乎可以持续地增长，直到你超过2%。这个时候，你的存在和发展就可以对其他品牌产品产生影响了，会被关注了。

不过，这个时候你的影响力还不大，当你"火力全开"努力替换的时候，逐渐达到一个新的份额5%时，就会进入第一个坎。这个时候，竞争对手已经开始着手应对你的增长，由于他们的实力更强，这个时候你的积累还不足以对抗，要么就停留在这个规模上，"自生自灭"，要么就需要进行必要的策略调整。一般最好的方向就是开始着手做"自己的品牌"。

如果你的品牌建设和工作是有效的，你的份额会从5%比较快地达到又一个坎，就是15%左右。这个时候，你已经形成了一定的规模，也有了自己强有力的品牌力量。但是，由于品牌本身存在的局限性，这个时候，往往会很难突破，尤其是越来越害怕现有业绩的损失。事实上，很多成功的"品牌追随者"都会停留在这个程度。

总有人会更敢于改变，通过管理模式的改变，"战争"正式开始。不过，因为你是追随者，是抢别人的份额，一般能达到30%就是一个上限了。这个时候，往往会形成与品牌产品的平衡。至于为什么，真的不知道。但是，很多情况下，战争到了这里就会很少变化了。

是否存在更高的可能性呢？至少在市场竞争中很难，除非出现大量非可控因素的干扰，例如政策因素，例如大环境的变化，否则，很难再有更大的变化了。

无限大的有限理解

市场无限大的确是对的，只是在一定空间内。

市场无限大也是有可能实现的，但一定要考虑自己的条件和市场的需求规模。

市场无限大也是有限度的，还有市场规律在影响着无限增长的幻想。

市场无限大也是不正确的，因为一切都在变化！

销售工作的基石，
销售精英的舞台

渠道篇

突破销售思维的新观点

28 — 30⁺

突破销售思维的新观点

销售工作只是销售系统一个环节，它受制于渠道的效率与效力。同时，销售工作也会影响渠道的建设和管理。

广义的渠道和狭义的渠道

我们都很清楚，只有销售人员的努力工作是不够的。这就像是一个打仗的军队，只有士兵是不能打取胜的，还需要很多后勤保障的。这些所有的研发、生产、支持、配合、管理的内容与销售工作共同构成一个"销售系统"。

相对来说，销售人员最需要了解的一个"系统工作内容"大约就是"渠道"了。因为这个工作和销售工作的距离最近，相互影响也是最大的。

有很多人会把这个"渠道"称为"物流"或"配送"等，认为渠道就是解决这些问题的工作。甚至有一些人认为做这些工作的就是为销售服务的。还有其他一些类似的观点，我们就不罗列了。因为，这些都是错误的观点。

我们要说的是，渠道工作是一个非常专业、非常复杂的工作。它所做的内容、解决的问题也是非常丰富的。如果没有渠道工作，所有的销售工作都无法真正发挥作用。

作为销售人员一方面应该尊重渠道工作的人员，另一方面也应该尽量多了解和学习渠道方面的知识和能力，因为这些能力对于销售工作的推动是非常有意义的。

那么，到底什么才是渠道呢？

从狭义的观点看，渠道是输送"货物"的过程和方式。这个是比较常见的观点，主要涉及采购、生产、仓储、物流、配送、退换货等内容。一般很多企业的相关部门都是围绕这个职能来建设的。

从广义的观点看，渠道是输送"资源"的过程和方式。这个"资源"我们是理解的，不仅仅是包括产品，还包括资金、人员、物品、信息等。这个广义观点是比较"前卫"的，至少目前并没有太多的案例可以体现这样的观点。不过，我们认为，将来一定会有更大范畴的渠道工作，因为企业不得不适应更多、更复杂、更高要求的资源利用需求。

先有渠道才有销售

是先有渠道还是先有销售？这是不需要讨论的，一定是先有"渠道"。为什么呢？

我们的第一个观点就是：销售工作是基于渠道来进行设计的。

我们经常会听销售人员说：某个企业的做法和我们的做法有明显的区别，而且人家做得比我们好，我们为什么不能学习别人的方式呢？

从大的方面看，这是销售系统的差异；从小的方面看，最有可能的是渠道工作的差异。因为，不同的渠道设计直接决定了销售工作的方式。

一般情况下，一个企业准备做销售工作，都会首先设计好渠道方案。然后，才会根据渠道的情况来设计销售工作的方式。并根据这样的设计来构建销售管理系统。最终，也就形成了独特的销售工作方式。

所以，我们不需要羡慕别人的方式，因为这本就不是简单模仿的问题，其中涉及非常复杂的调整工作；反之，如果有一天我们做得很好，别人想学我们，也是非常难的。

可惜的是，不仅是销售人员会有误解，连一些管理者，甚至决策者都忽略了渠道对销售系统的影响力。

销售与渠道是相互作用关系

我们在了解渠道对销售的影响以后，也要明白另外一个情况，就是销售工作对渠道的影响也是非常大的。应该说两个方面工作是"单向制约，单向影响"的。渠道制约销售，销售影响渠道。

因为销售工作直接面对市场，直接面对终端。当出现了更好的销售模式可以带来业绩的增长，而渠道工作无法保证的时候，就会出现反向影响的过程。

一般来说，在一个销售系统中，会有相应的机制来解决"销售"与"渠道"的矛盾。而且往往都是非常"有权力"的高层领导来处理的。

大多数情况下，销售对渠道的影响，主要表现在"渠道的微调"。这是必然的，不可能为了一个终端就全面改造渠道。但是，恰恰是这样的"微调"，意义非常重大。这也是渠道变革最常见的方式。

渠道和销售正是在这种"互相作用"的过程中前进的。

当然，作为销售人员，不要抱怨渠道的制约，因为这不是一个简单的事情；反之，负责渠道工作的人员也不要抱怨销售人员的影响，因为他们更直接关乎业绩。只有真正形成了"良性沟通"及"高效机制"才能真正发挥渠道的价值。

突破销售思维的新观点

渠道建设的过程中应该坚持与销售模式相匹配。

从渠道的特点来设计销售工作的策略可以提高销售工作的效率。

渠道应该怎么做

从表达的内容看好像和前面的内容是一样的。其实，并不完全一样，这个内容针对的是"建议"部分。

首先的建议，是针对"渠道建设"的问题。这个工作并不都是专门的部门来做，往往也会在销售团队中有类似的职能，甚至有负责销售的人员来负责这个工作内容。

渠道建设是一个非常大的课题。虽然，我们认同了渠道对销售的制约，但是，我们肯定更希望渠道不仅仅是"制约"也能发挥"促进"的作用。这就要求渠道工作需要"更多地"考虑销售工作的实际。

可惜的是，目前并没有相应的理论、原理来实现这样的结合。所以，大多数的渠道建设都是相对被动的，都是根据销售工作的影响来进行微调的。很多时候，连满足销售工作的微调都难以实现，就更难以对销售工作行程促进了。

根据我们的实践经验，我们在给相关职能部门、人员、管理者进行指导的时候，发现可以利用一些销售的理论帮助渠道建设，其中，用得比较多的就是"终端理论"和"平台理论"。而且，也确实起到了一定的作用。

简单地说，通过终端理论，可以更好地定位渠道工作在销售系统中的位置，并根据销售工作的分析，发现渠道工作的作用和价值，甚至是一些引导性的作用；通过平台理论，可以根据销售工作的发展，提前预判渠道工作的新目标，及时进行调整，提前做到适应销售工作的需要。

建议相关人员，包括在销售团队中负责相关职能的人员，可以在本书后面重点了解一下这两个理论。

利用渠道的销售

作为一本研究销售的书，肯定是要给销售工作更多的建议了。

作为销售人员，无论我们准备如何设计销售方案的时候，都不能忽略渠道对方案执行的制约。当然，也可以充分考虑对渠道现状的利用。

在这个过程中，就需要销售人员对渠道的细节有比较清晰的认识。其中，特别重要的包括：

产品渠道，就是产品如何进入市场，如何进入终端的过程，以及各种限制；

信息渠道，就是在销售工作中，我们把各种信息传递给客户一直到终端的方式；

资金渠道，就是我们的费用的使用方式及限制，还有货款回收的时间及方式；

人员渠道，就是有多少人可以参与，有多少人员可以调配；

管理渠道，就是管理者如何管理，如何监督，如何考评的过程。

……

更多时候，我们的所有想法，都要首先考虑到是否符合现有渠道的限制，这样才能保证销售工作顺利推动。

当然，有的时候，我们可以在渠道特点的分析中，找到和竞争对手的区别，并考虑充分利用自己的优势，并设计针对性强的方案。

这是比较新的想法，已经有一些销售团队正在从这个角度来设计销售方案。因此，非常希望更多销售人员仔细体会其中的道理。

适应与影响

有一些销售人员对渠道了解得比较深入，总会问我们：为什么总是销售工作适应渠道，而不是渠道来适应销售工作呢？终归销售工作是产生业绩的关键啊。

是的。我们看到过很多销售渠道"压制"销售工作的情况，甚至很严重。我们可以建议销售渠道进行调整，甚至可以改革。可是，渠道的调整是一个巨大的工程，绝对不是一两句话就可以做到的，而且，最重要的条件在于企业整体战略的规划。相对来说，调整销售工作的难度会更小一些。

所以，我们经常会提到"生产关系和生产力"的观点。

生产关系和生产力是互相影响和互相制约的关系，只有最和谐的时候，才是发展最快的时候。而发展快了就必然带来两者的矛盾。这又会促进其中相对落后的一个因素进行调整。

因此，没有先进与否的渠道工作，只有匹配与否的渠道工作。

当然，这样的观点包含了很多信息和丰富内涵，已经超出了我们的研究范畴，就不再展开了。

总之，整体要求是"销售工作来适应渠道工作"，同时鼓励"销售工作对渠道工作的反向影响"。

渠道已经开始变革

最后，是给做渠道工作者的一些小建议，也可以说是给一些管理者和决策者的小建议。只能说是"小建议"，因为，我们对渠道都是比较外行的。

现在，已经在一些资料里出现了"重新定义渠道"的观点。就像我们刚刚提到的，不只是货物的渠道，还有信息渠道、人员渠道、资金渠道。所以，渠道已经逐渐在升级。已经有一些研究者提出，应该逐渐把划分工作部门的方式从"职能划分"改为"价值划分"，应该有一个全面管理的"渠道战略"。至少，可以在销售团队逐渐尝试把一些职能工作调整为价值工作。

这种想法还只是停留在理论和构思层面，但是，不妨也可以参考一下。

突破销售思维的新观点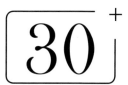

"产品流"是一个非常重要的认识，这是指产品进入销售人员工作范畴以后的流动过程。

可以从中了解到更多的机会，也可以发现各种问题。

产品流是什么

在我们给销售人员做销售工作分析的时候，最常见的情况是销售人员在工作中出现的问题和工作的不足。大多数的情况下，销售人员可以通过调整自己的工作方法，或者通过提升某些工作技能就可以比较好地处理这些问题。

不过，总会有一些案例会造成销售人员的"困惑"。他们已经进行了很多调整，也尝试了很多办法，却无法获得预期的效果。

当遇到这样的情况时，我们知道一定不是销售人员工作上的问题了，一定是有其他方面的问题，这时就需要选择适合的分析方法来帮助销售人员也帮助我们找到问题的根源。

其中，我们会首先建议销售人员做一个"产品流调研"。

产品流，是我们创造的新词，因为实在不知道用什么词来描述。从含义上看，好像是涉及渠道的内容，又不完全是渠道的事。考虑到"现金流""信息流"的观点，就提出了"产品流"这个词。

产品流，顾名思义，就是产品流动的过程。一般是从产品进入到销售人员所在市场开始，一直到产品成交，甚至到产品被消费的全过程。其中，调研的重点是：产品每次更换地点，更换接手人，更换属性（例如价格、包装、宣传等），更换所属等信息，以及这些信息出现的变化、新的规则等。

当然，这个调研并不是总需要进行的，终归这样的"流动"一般变化不大。但是，这却是解决非工作问题时，建议首先完成的，是我们分析问题的第一个步骤。这就有点像我们去医院，首先要检查一下基本的体征，其次再考虑检查其他的情况一样。

产品流的调研

虽然是一个比较基础的检查过程，但是，不同水平的人员却能得到完全不同的信息。就像同样是"号脉"，对于新手，只能知道心率或者早搏；而对于有经验的高手，就能了解到疾病的情况一样。

对于产品流的调研，我们也会引导销售人员争取获得更多的信息。

在产品流的调研中，最常见的问题就是"流量限制"。

当作为"下游"的终端无法提升销量的时候，往往是产品流的某个环节中出现了"流量限制"的情况，有时是数量的限制，有时是时间的限制，有时是规则的限制。

只要我们找到阻碍流量的环节，并能结合症结进行有针对性的工作，就可以让产品流动的速度加快，也就可以配合终端销售工作的努力，带来整体销售业绩的提升。

当然，在对这些症结的分析中，是需要一些经验要求的，甚至需要一些其他工作内容的人员来给予配合，终归这些症结往往都不是销售人员的工作范畴。

除了"流量限制"的原因以外，还存在其他的情况，这就要看具体产品和行业特点了。在我们研究的案例中，还有"信息阻滞""人员更换""利益缺失""规则更换""产能限制""物流失误"等情况，但是，都不如"流量限制"的情况那么常见。

产品流的利用

对于销售人员来说，产品流是产品销量的限制，同时，它也可以是一个非常厉害的武器。这就像兵法中所说的"对我们是一个障碍，那么，也可以是竞争对手的障碍"。

在我们参与的销售策略中，确实有很多方案都会涉及利用产品流的特点，对竞争对手形成有效阻挡的内容。当然，这个方案不能是违法或者违规的操作。不过，我们确实可以通过产品流的分析，找到竞争对手工作的缺陷和漏洞，找到更针对性的突破。

当然，越来越多的销售人员和管理者，包括决策者都开始重视"产品流"的影响力，也都会有相应的策略来保证自己产品的"流动安全和顺畅"。这也给销售人员提出了要求，我们要关注产品流，更要关注产品流动的安全，特别是在终端客户的"流动"。

品牌在销售工作中建立，

但是，

品牌却在销售工作之外发挥作用

品牌篇

突破销售思维的新观点

31 — 33

突破销售思维的新观点

无销售，不品牌；无品牌，不销售。

品牌的基本认识

关于品牌的内容，我们要探讨至少两个方面的内容：第一个是关于品牌的认识，第二个是关于它与销售的关系。

关于什么是品牌，我们能看到的观点有很多。不同的行业，不同类型的产品，不同的对象，不同的角度，都会有不同的表达方式。我们并不能否认任何一种表达方式的错误，同时，我们也不认为任何一个表达是充分的。

应该说，关于品牌的研究是一个持续的过程，随着市场变化、人员变化、理念变化，品牌的概念也会随之变化。我们只能说，谁对品牌的理解更符合发展的需要，谁的观点就更适合，更有生命力。

目前的理论中，大约"定位理论"对品牌的定义是适用范围最广的一个了，也是现在大家普遍认可的观点。

定位理论的主要观点认为：品牌的概念是存在于人的"心智"中的定位。当这个定位处于"心智"中的"品类空间"更"优先"的位置，则可以获得更好的接受，直至带来更大的购买机会，获得更大的收益。

所以，定位理论中关于品牌建设的建议包括：争取最佳的位置，或者重新创造一个可以获得最佳位置的品类，或者直接站到第一的对立面……

对于定位理论，我们是非常推崇的。但是，这个理论的内涵是很丰富的，在实践过程中，还是要考虑到具体行业特点、产品特点、市场特点、客户特点，应该结合实际进行必要的"取舍"或者"改造"。

对于一些并不完全依靠"体验"来认知的产品，也就是客户无法通过体验得到结论的产品，例如药品、设备、原料、教育等，建立品牌往往需要更多的条件限制，建立品牌的难度就非常大了。

而且，对于销售人员来说，基于定位理论的品牌概念可能与自己的销售工作距离比较远，很难在实际的工作中被利用。

自然销量

但是，作为销售人员，又必须努力建立"品牌意识"，这对于销售工作来说非常重要，真的非常重要，非常重要——至少要说三遍才行。

我们在和销售人员交流品牌意识的时候，最主要的关注点在于"自然销量"。

自然销量这个词对于不做销售的人员或者不懂销售的人员可能有点陌生，但是，对于销售人员来说，这个词是十分"让人憧憬的"。

所谓自然销量，就是指"即使没有销售人员对客户实施干预，客户都会选择产品，形成销售业绩"。

如果一个业绩周期里的所有业绩都需要销售人员去做工作、去交流、去落实，考虑到销售人员自己在资源上的"有限性"，能产出的业绩也一定是有限的，而且会导致销售人员"心力交瘁"。关键是，如果销售人员希望做更多的业绩，就必须努力考虑付出更多的资源。

当然，销售人员可以考虑通过提升能力、提升效率等很多方法来提升业绩。但是，最让销售人员"希望出现"的就是自然销量了。

而自然销量的出现以及增长，都来源于销售工作所创造的"品牌价值"了。如果销售人员在做工作的时候，不去考虑、不去评估、不去尝试、不去提升客户对产品、企业、个人等内容的品牌认知，这样的销售工作一定是非常艰难的，也一定是难以发展的。

无销售，不品牌；无品牌，不销售

所以，我们经常会和销售人员提及这样的观点"无销售，不品牌；无品牌，不销售"。

"无销售，不品牌"的含义包括两个要点：

首先，销售工作所涉及的品牌，一定是通过销售工作建立的。因为销售工作是可以建立品牌的，而且，很多品牌价值也必须通过销售工作来建立。这是销售人员和销售工作非常重要的价值之一。

其次，任何销售工作的目标都是销售业绩，但是，销售工作应该还有另外一个目标就是"建立品牌"。如果销售人员的所有工作都只围绕业绩考虑，只通过业绩来评估，一定是"短视"的。应该考虑为品牌做些什么，更应该根据品牌效果来鼓励销售人员的努力。

"无品牌，不销售"这句话也包括两个含义，估计大家也都能总结出来：

第一层含义是指：没有品牌意识的销售人员，最好就不要再去搞销售工作了。估计也是做不出什么结果来的。

第二层含义是指：没有品牌的支持，销售工作也做不出什么出色的成绩，也就不要再勉强自己了。

销售品牌是做出来的

关于销售工作与品牌的关系已经基本说清楚了。相信这对于很多销售人员来说都是很感兴趣的，每个月都能拿到"自然销量"的感觉还是很诱人的。

但是，自然销量也不是凭空就"掉进你的口袋里的"。这是需要我们开始重视销售品牌的工作，也应该着手做好销售品牌的工作。

"没有无缘无故的爱"，如果你的自然销量越来越多，一定是你做对了工作！

突破销售思维的新观点

产品品牌的价值体现在"需求首选";

企业品牌的价值体现在"比较优越";

个人品牌的价值体现在"必需信任"。

……

销售工作的三个重点品牌对象

在销售工作中可以创造品牌的对象是比较丰富的,并不只是我们要介绍的这三个对象。这要看不同行业、不同产品、不同客户关注的重点是什么。例如,有时是渠道品牌的价值更高,有时是生产品牌的价值更高,有时是专业品牌的价值更高,有时是网络品牌的价值更高……

而对于大多数的销售工作来说,产品、企业、个人是比较通用的对象,而且,即使不是某个行业的重点,也一定会存在这三个对象的内容。所以,我们才选择了这三个对象的品牌价值作为讲解内容。同时,这三个对象的品牌建立,对于创造"自然销量"的贡献也是最大的。

不过,由于品牌的"原理"是相似的,大家完全可以根据我们对三个对象的研究成果来延伸到其他对象上。或者，也可以帮助大家在品牌建设上开辟出新的方向。

产品品牌的关键词：需求，首选

一提到"产品品牌"，很多人会首先想到很多词语，例如"质量""效果""价格""包装"……很多人认为，只要"质量优秀""效果突出""物美价廉""上档次"就可以建立品牌，就可以最大程度创造"自然销量"。而且，这样的词语也是销售人员经常不断重复"灌输"给客户的内容。

这样想一定是错误的，至少和品牌没有什么关系。

一来，哪个厂家的产品在宣传的时候，不说这些呢？既然都说，差异化就很小了。

二来，很多产品的特点对于客户来说可能没有什么意义，或者，无法形成客户明确的认知，只是说起来很棒，但是客户没有切身的感受。

三来，这些点往往都不是客户选择产品时的理由，更多时候，仅仅是"门槛"而已，也就是说，没有这些不行。但是，仅仅有这些肯定不会选择的，更不要说"自然销量"了。

根据我们对那些能产出"自然销量"产品的研究情况，客户在选择产品的时候，往往关注的是"这个产品是否能满足自己的需求，而且是这类需求的首选产品"。这就是我们提到的"需求首选"概念。

这个概念包括两个含义：需求，首选。

首先，我们要清楚客户的需求是什么，有哪些需求。

其次，我们要让客户建立产品的首选位置。

这两个含义就非常类似"定位理论"的原理了。

所以，我们经常要求销售人员把选择产品的需求都罗列出来，其实并不多。

再次，我们把产品可以满足这些需求的条件罗列出来，这个也不难。

最后，我们必须思考，如何建立"首选"的理由，注意是首选啊！

这就需要大家思考了。

我们并不想举太多的例子来说明问题，但是，大家可以把自己选其他产品时的"需求"列出来，再考虑自己为什么总是会"首选"某个产品的理由列出来，就能理解这个思考过程了。

企业品牌的关键词：比较优越

只要涉及"企业品牌宣传"的事情，大家最常见的就是"历史""文化""理念""贡献""口碑""伟大"……估计任何一个销售人员进入新的企业，都会接受到很多这样的信息。至少，很多人认为这就是企业品牌。

是的。的确是企业品牌，但是，这和销售工作的品牌完全没有关系，至少没有太大的关系。很简单，因为客户不是你企业的人，他不需要"忍受"这些信息轰炸，也没有必须要认真思考企业的伟大，这和他没有关系。

企业品牌在销售工作中可以带来"自然销量"的一定是对客户有意义的东西，是客户可以作为选择依据的内容。

我们把客户在选择产品时所依靠的"企业品牌"定义为"比较优越"。

为什么叫"比较优越"呢？

首先，企业品牌只有在比较的环境下才能发挥作用。如果你的产品是唯一的，是独家的，是最好的，是最领先的，是最适合的……那么，就没有企业品牌的事情了。

因此，在我们的生活中，就有很多类似情况：我们都习惯使用某个产品，却很少关注这个产品是哪个企业生产的。这就是没有比较造成的。

其次，这种比较一定是要给客户带来明确的"优越感"。优越感是一种很奇特的心态。说难听了是"虚荣"，说好听了是"优越感"。当产品的同质化很严重的时候，一个企业品牌带给客户的优越感将是最主要的选择依据。

在我们的生活中，也常见这样的情况：我们根本说不出这些产品的特点和优势，但是，只要一提到牌子，企业的名字，就觉得一定是最好的选择，是不是很多呢？

这就是"企业品牌"的影响力了。

销售工作中，应该要考虑如何建造"企业品牌"，要让客户形成"优越感"。

具体做起来比较难，因为大多数的人都会更关注产品。不过，如果你的产品很难建立产品品牌时，或者是这个行业都很难建立产品品牌时，就必须考虑如何做好企业品牌的工作了。

大家可以再想想，自己的企业如何给客户带来优越感呢？

个人品牌的关键词：必需信任

一旦说到"个人品牌"的内容，销售人员的意见和观点就会很多了。不像另外两个内容需要思考和理解。

大家会提到自己的"个人品牌"，例如勤奋、诚信、努力、专业、认真……偶尔也会提及更具体的，例如漂亮、帅、阳光……

当然，我的任务是"泼冷水"。我只会问一个问题：

怎么利用这些内容来实现自然销量？

估计大家就很难说清楚了。因为大家很清楚，这些内容对销量的影响是辅助的，但是绝对不是主导的。

于是，我们关于个人品牌的观点也是一个新词"必需信任"。

注意啊，不是必"须"信任，而是必"需"信任。

在刚才提到的词语中，有一个点是可以满足的，就是"诚信"。这是客户购买产品，实现合作中一个"必需点"。客户相信销售人员所说的、所做的、所承诺的一定可以做到，那么，这种信任就会让客户愿意在"没有销售人员干预的情况下"实现购买，因为他知道他所做的事情一定会有回报，所以他"相信"。

在客户购买产品中，还需要其他的"必需点"，例如对专业性的信任，对售后服务的信任，对产品真假的信任……而这些往往是由客户对销售人员的信任才能建立的。

所以，在"客情篇"里就提到"认可客情"，就是要考虑对销售人员的认可。

我们总是在服务客户，总是让客户满意，但是，我们却忽视了让客户建立对自己的品牌认知，更忽视了这些品牌如何让客户实现"自然销量"。所以，你开朗、活跃、智慧、美丽、真诚……都是好的，这只能是帮助你做好客情，但是，不算是有效的"个人品牌"。

请大家思考一下，哪些是"必需点"呢？你该怎么做呢？

品牌带动业绩

再次强调，以上三个销售品牌是最常规的，并不只有这三条，还有很多内容是大家可以考虑的。

此外，销售工作过程中，销售品牌越强大，一定是效益最好的；同时，销售品牌越多也是更好的。这有点类似"客情"的特点。

不要再盲目地做销售工作了，不要再说自己多么劳累了，不要再羡慕别人的"自然销量"了。

你的销售品牌工作没有做好，这是你必须承受的结果；你的销售品牌做好了，你也一定会成为更优秀的销售人员。

让品牌为自己带来销售业绩吧。

突破销售思维的新观点

品牌建设和塑造过程，坚持几个关键原则：

要让客户看到；

宁愿专不要全；

你打你的，我打我的。

三个原则

当我们了解了"销售品牌"的概念，就可以考虑如何在具体工作中实现这样的目标了。当然，这个事情不容易做。

一方面我们一直鼓励销售人员应该学习一些这方面的知识和一些基本的技能。知识还比较容易获得，有不少的书籍会对大家有帮助；至于技能方面的就比较少了，涉及这个领域的课程也比较罕见，可能就需要销售人员自己来摸索和总结了。

另一方面我们需要对现实的工作情况进行必要的评估。评估的方式并不难，主要是根据"自然销量"的情况。当然，一般情况下，总会有一些这样的销量存在。所以，我们就有条件去了解是什么样的原因导致了这样的结果。或者，从我们的调研和客户的反馈，会给我们更多的启发。

为了帮助大家做好这方面的工作，我们重点提出以下三个比较重要的原则。

要让客户看到

大家一定要知道，最终形成的"销售品牌"一定是在客户的"心智"中，绝对不是由销售人员来决定的。千万不要以为自己做到了就够了。并不是说，我们自己是好人，别人就一定也认为你是好人。这样的想法太主观了。

我们一定要让客户看到自己的好。要让客户能得到你想要的结论。

这个"看到"包括很多含义，可以是眼睛看到，可以是耳朵听到，可以是心理感受到……只有让客户接受到这些信息，他才能得到应有的结论。

关于这个问题，我们也曾经特别强调"刻意原则"。

刻意，包括我们的目标，就是故意让客户看到；刻意，也包括我们自己的约束，要避免造成不好的结果。

能让客户看到，还需要我们对客户有更多的了解，要根据客户的特点来考虑如何让他看到。有时可以含蓄一点，有时可以直白一点，有时可以故意一点……

这样，我们的品牌才能更快被客户"三认"：认知，认可，认同。

在这里稍微有一个小难题：产品品牌怎么让客户看到呢？看到什么呢？企业品牌呢？个人品牌呢？请大家好好思考一下吧。

宁愿专不要全

在品牌建设的理论中，有一个观点很重要：多就是少，少就是多。也是这样的含义。

很多销售人员在推广产品、介绍企业、展示自我的时候，总会犯一个常见的错误，就是恨不得一下子把所有的"好"都告诉客户，都传递给客户。他们以为只要都是好的东西，就一定会在客户的心智中产生更多的好的结果。

这是一个原则性的错误。

当信息量多的时候，客户在接收方面就会吃力，"消化能力"也就会弱化；当信息类型非常多，客户就很难形成比较清晰的认识。这样的方式不仅对销售品牌没有帮助，甚至会"稀释"本来已经形成的看法。

我们应该对各种信息进行区分和选择，应该根据自己希望建立的"销售品牌"来选择内容，或者根据客户目前已经具有的"销售品牌"选择可以强化的内容。

我们不反对在客户的心智中建立更多的"销售品牌"，但是绝对不是希望在建议"销售品牌"的时候，出现更多混淆和稀释"销售品牌"的内容。

你打你的，我打我的

这本来是游击战里非常重要的原则之一。简单说，就是不要被别人的做法干扰自己的策略和行为。

因为不只是你在建造"销售品牌"，其他销售人员也在做这个事情。

有时是别人做得比自己好，有时是别人选择的方向比自己有优势，有时是别人的成果比自己突出……总之，我们经常会被别人做的事情干扰，而且，经常觉得别人做得比自己好，所以，难免对自己的目标和工作方法产生怀疑。

这是正常的。不过，千万不要被干扰太多。有句话说：当你塞车的时候，总会发现另外一个车道更快一些。其实，这都是错觉。

因此，我们需要坚持"你打你的，我打我的"。

一来，我们选择的是根据我们的条件来决定的，这是自己能想到的，能做到的最好的方案了。

二来，我们要做的不是否定自己，而是从别人的经验中吸取自己可以利用的信息，来帮助自己的工作。

三来，销售工作是一个没有尽头的工作，仅仅依靠暂时的优劣评价工作的对错，肯定是片面的。坚持自己的方向，努力做好自己该做的，才是最正确的态度。

先机

"销售品牌"概念是新的内容，也是销售工作中比较"前卫"的内容，具体的研究和案例还不算是丰富的，还需要销售人员去理解和思考。

我们可以明确的是，谁能最先把这个概念融入你的销售工作中，就有可能在销售团队中赢得一个"先机"。

"先到的，就会拿走所有奖励"。

销售品牌一定会，或者说，已经在过去很多的实际案例中成为了胜利的关键因素。

问题是销售工作的组成部分。
处理问题是销售工作的必需过程

问题篇

突破销售思维的新观点

34 — 37 +

突破销售思维的新观点

正确识别销售工作中的"问题"。

杜绝"无解问题""立场问题""高端问题";

小心"万能答案""原罪答案""完美推导答案"。

问题是销售工作的一部分

销售工作一定会出问题的!

虽然,每个销售人员都很清楚这是必然的事情。但是,一旦出现一些问题,还是总会"让人烦躁"。

对此,我们需要先要调整自己的心态。否则,就很难清醒地处理问题。

首先,"问题是销售工作的组成部分!"只要你去做事情,只要你去努力,就一定会遭遇各种问题,这是你在工作,是你进步的必然。只有那些"吃老本"的人才不会出问题。

其次,"处理问题本就是销售工作的必需过程!"销售工作不可能全是顺利的,销售工作本就包括处理问题的事情。或者说,你所挣得的收入里本就包括了面对问题的部分。一个完全没有问题的销售工作,大约只有神仙才能做到吧。

此外，"销售工作问题是我们发现不足，发现空间的机会"。没有问题就没有反馈，没有反馈就没有改善，没有改善就没有进步。

最后，也是很多"变态"销售人员的观点：处理问题才有乐趣啊。当你把问题处理好了，那种成就感是"爆棚的"。天天沉闷的状态是最无聊的，根本没有机会展示自己的水平和才华啊！

或者你做不到"爱问题"，但是，至少可以做到"不怕问题"。

可怕的问题

那么，你到底遇到什么问题呢？

这不是一个简单的事情。因为，很多时候销售人员只知道出了问题，但是，却不知道出了什么问题。

真的是这样的。因为我们在试图帮助销售人员解决问题的时候，发现他们根本没有办法把问题问出来，即使是问出来的问题，也是很让我们"崩溃的"，他们对问题的理解出现了"更大的问题"。

第一种问题，我们称为"无解问题"。

"老师啊，您看，问题是这样，人家的产品比我们要更好一些，人家的政策费用价格也比我们有优势，他们的人员也都是老业务员，他们的公司还舍得投入，他们的客户关系比我们扎实……我现在业绩一直停滞不前，我很困惑，您说，我该怎么办啊？"

这种问题的特点是，他们把所有的可能性都堵死了，然后来问我们怎么办？

第二种问题，我们称为"立场问题"。

"老师啊，客户说我们的产品效果不好，质量也不稳定，不如使用其他公司的产品，您说，我该怎么解决这个问题呢？"

我们总会反问他：你是替客户问我，还是在替你来问我？

第三种问题，我们称为"高端问题"。

"老师啊，您的建议我很认可，所以，我决定要尽快考虑提升客户的整体认知，或者，我考虑尽快完善销售品牌的构建问题，或者，我要提升自己对市场整体把握的能力……您说我该怎么做呢?"

天啊。好像你应该是老师,我应该先向你请教一下,你说的每个概念到底是什么东西啊?

问对问题

问对问题,是一个非常厉害的能力!

如果大家问出了以上的问题,我们是没有办法给出建议的。因为,你自己根本不知道哪里出了问题,或者说,你只是"烦躁"而已,这都是一种"抱怨"和"表态"而已。或者说,你自己都不知道你需要什么答案。

问题是工作中的困惑,是工作中的缺陷,是工作中的阻碍,是工作效果的不理解,是工作方向的判断,是……

一般来说,面对以上的问题,我们常用的方式是:请你再问一次。

比较好的问题也有很多,我们只列举一部分,或者能给大家一个启发:

"判断类问题":关于销售人员一些计划、想法、设想等内容的征求意见;

"评价类问题":关于工作结果与具体工作是否正确,是否需要改善的问题;

"指导类问题":关于具体的一些做法该如何做得更好的咨询问题;

"分析类问题":关于各种信息如何进行分析,如何得到有效结论的请教;

"经验类问题":关于未曾遇到的新障碍,如何处理的经验借鉴;

……

针对性强的问题,说明你将很大可能获得你想要的答案;

好的问题,可以最大程度激发别人的热情,也可以最大程度帮助你;

理清问题,可以帮助自己整理思路,甚至可以看到答案。

答案也有套路

我们也做过销售,也曾经问过很多问题,我们也曾经"问错问题"。

同时，我们和销售人员一样，也经常遭遇到"令人崩溃"的各种解答。销售人员应该具备必要的识别能力，千万不要让一些"美而无用"的答案误导。

在这里我们重点介绍三种常见的"美而无用"的答案，相信大家也经常会遇到吧。

第一种答案大家是非常熟悉的，就是"万能答案"。

这种答案一说出来，就感觉很"正确"很"震撼"，对大家的触动很大，可是，等到这种情绪没有了，再想想，好像什么也没有说。这些答案类型很多。总体来说，这样的答案几乎放到任何问题都可以作为答案。

例如，是人出了问题；是机制出了问题；是管理出了问题；是思想出了问题；是态度出了问题；是激励出了问题……

第二种答案大家也非常熟悉，就是"原罪答案"。

这种答案的特点就是"把问题归于一个点"。最常见的表达是"只要……就……"。只要这个点解决了，问题就解决了。让人感觉这样的答案真的是"一针见血"啊。可是，如果销售问题都这么简单了，还需要专家干什么呢？

第三种答案大家也不陌生，就是"完美推导答案"。

很多人喜欢这种答案。一些"专家"会告诉你，先这么做，然后这么做，之后这么做，最终就可以取得好的结果了。初步一听，真的是好答案。可是，这些专家完全不考虑各种可能性，各种操作的难度，各种因素的限制，好像一切都是按照他的设计在发展。关键是，如果你没有做到，他的理由一定是"你的问题"，或者再回到"万能答案"的逻辑中。

天啊。原来答案也有这么多"套路"啊。

多问"怎么看"

那么，我们就不问问题了么？我们就不寻找答案么？

关于问问题的方式，我给大家一个小建议：多问"怎么看"，少问"怎么办"。

其实，这也是问自己的方式，也可以作为问别人的方式。

"怎么看"决定了"怎么办"。调整思路，调整看法，调整态度，才是解决问题的基础。直接问怎么办，是很难有好答案的。何况，别人是很难体会你的"怎么办"的。

至于答案的事情，在这里也给大家一个小建议：认真听，但是，不照做！

所谓"认真听"，就是要敞开胸怀，谦虚地去听，去学习，特别是其中的思路，想法，建议，都有哪些亮点；

但是，不照做。一定要结合自己的实际进行区分，千万不要指望别人给了你最佳的答案。他不是你，如果你不结合自己的实际情况进行结合、调整，那就一定会陷入被动。

当然，以上只是一个小建议而已，还是要看具体的问题。

所以，接受我的意见依旧是坚持"认真听，但是，不照做"。

突破销售思维的新观点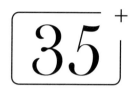

正确识别客户提出的"问题"：直白类，隐晦类，诱导类。

解决客户问题的基本分析四部曲：分析问题，解读动机，应对方案，销售推动。

客户的问题要识别

客户问问题的频率比销售工作中遇到问题的频率更高。解决客户问题就直接考验销售人员的水平能力了。因为客户也是人——也有普通人的思维方式，情感因素，利益纠葛——客户的问题也反映了他的想法，和他所需要的应对——注意啊，不是答案，是应对。

有经验的销售人员都会对客户的问题进行必要的区分，这是非常必要的。这直接决定采取什么样的策略来应对客户的问题。

最常见的问题类型主要有三种，我们来分别给大家介绍：

第一种类型就是"直白类"。

这种问题问的是很具体的内容，例如使用方面，技术方面，利益方面，合作方面。有时是因为客户不熟悉，有时是因为忘记了，有时是因为刚刚遇到了……总之，这类问题非常容易识别，一个明确的解答就可以解决问题了。

第二种类型就是"隐晦类"。

所谓隐晦，就是说客户问的和他希望得到的并不一定相关。这样的问题，往往体现出"抱怨""质疑""拒绝"等。这个时候，客户并不在乎这个问题本身的答案，而是在表达另外的诉求。如果销售人员错误地判断为"直白类"，估计很快就会出现更多的问题。一般情况下，这样的问题都反映了客户对销售人员、销售工作、销售产品、合作方案的不满意，只是他间接通过问题的方式来表达而已。

第三种类型就是"诱导类"。

问出这种问题的客户，往往是有明确的目的性，不过他的目的和问题本身不一定有关系。这个时候，他可能想对销售人员某些特点进行判断，这需要一些问题来验证；他可能想了解一些更深层的信息，这需要一些问题来佐证；他可能想争取合作的主动性，这需要一些问题来寻找……其实并不难判断，最大的特点有"顾左右而言他"或者"客户肯定会知道答案的问题"或者"以聊天的方式问问题"……

从问题的分类，我们就大约知道应该怎么应对了。当然，这样的过程往往是需要比较多经验来保证的。

所以，只要从几个问题的应对，就大约知道这个销售人员的年限、工作能力等信息了。

应对客户问题的四个步骤

应对客户的问题是一个很重要的能力。

一开始需要了解基本的思维过程，然后经过长时间的积累，会慢慢形成"习惯"，这样应对的速度和正确性就比较高。

所以，我们所介绍的思维过程，看上去有点麻烦，实际上，这是早期我们给销售人员所做的基础训练。最终，都会以"比较快"的方式呈现出来。这就像我们学一些技能一样。一开始很不熟练，操作也很慢，一旦掌握了，就是"瞬间"的反应了。

总体来说，应对客户的问题，需要分四个步骤，我们称之为"3+1"，因为其中前三个步骤是基本要求，最后一个步骤就需要看销售人员的水平了。

第一个步骤：分析问题。

当你接收到客户的一个问题时，首先要完成的就是"迅速对这个问题进行分析"，重点是判断这个问题的内容重点、具体类型。

事实上，除了以上提到的三种类型以外，还存在"问题本身就是有问题的"，就像我们经常听到的"这个产品怎么没有效果啊"。这样的问题本身就问错了。还有的时候，是客户的某种误解形成的问题，或者是客户对产品不理解形成的错误认识。

所以，不同的问题将有不同的应对方式，这个分析过程非常重要。

第二个步骤：动机分析。

客户不会平白无故地问你问题，一定是有他的"动机"的。这是需要尽快完成基本分析的。也就是为什么他要问这个问题。

要知道，几乎所有的问题解答都是围绕"动机"展开的，只要动机还存在，客户就会永远不满意。所以，对客户动机的分析可以知道"到底应该应对什么"。

动机分析比较难。我们建议新人在分析的时候按照常规分析就可以了。对于有经验的人员，可以考虑更深层的内容。

第三个步骤：应对方案。

我们给出的一定不是简单的"答案"而是"方案"。什么方案呢？是一个"可以消除客户动机的方案"。有时候这是个简单的内容，可能就是一两句话就可以了；有时候，可能就很复杂了，甚至需要很多资料来配合。

关于这个内容很难展开讲解，需要结合实际的情况来考虑了。

第四个步骤：销售推动。

这个很高端。对于大多数销售人员来说，能解决问题就不错了，还要考虑动机；稍微好的销售人员会想，能消除动机，让客户不再"折磨"我就很开心了，还要考虑销售推动；最棒的销售人员会想：可以利用问题把客情、销量再推一推了。

是的，客户的问题是一个挑战，但是，也是一个机会。相对于问题来说，估计大家更害怕的是"冷漠""笑面虎"吧。

怎么利用问题的应对，来提升客户对产品、人员、企业的认知，来找到更多的机会，来强化销售品牌……这是优秀销售人员思考的内容。

问题不是问题

问题不是问题，怎么看待问题，怎么处理问题，怎么利用问题，这才是大问题。

虽然，在这本书里，这个"问题篇"只是一个小部分，却可能是销售人员最常见的事情，最需要解决的事情。

所以，需要大家多体会，多实践。

当然，关于销售问题和客户问题，我们还总结了一些更具体的思路，将在随后的内容中做一些介绍。

突破销售思维的新观点

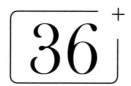

"人无远虑，必有近忧"是处理各种销售问题的重要思路。

远虑和近忧

"人无远虑，必有近忧"这是大家非常熟悉的话，那么，这句话该怎么解释呢？估计很多人都不大说得清楚吧。

这句话里有两个关键词：远虑和近忧。到底他们的因果关系是什么呢？

以我的理解，这两个词的因果关系恰恰反映了这句话不同的含义，而且，也应该说是有相关性的不同含义。

第一个因果关系：因为近忧而无远虑。也就是说，人之所以没有远虑，是因为近忧的原因。这是很容易理解的含义。也就是说，当一个人或者团体，只是在处理眼前的事物，而且都是一些非常"忧愁"的事情，于是，就没有精力或者是没有能力去考虑远虑的事情。

这样的情况是非常多的。于是，就有人说了，远虑的事情当然重要，但是眼下是生存的问题，不解决眼前的问题，总是想远的事情，太不切实际了。当然，这样的人很有意思的是，总是会找到眼前的事情，也总是会非常成功地回避了远虑的事情。

第二个因果关系：因为没有远虑，所以才会有近忧。这样的解释，可能就要让大家仔细想一想了。因为这样的因果关系好像和我们一般的理解不大一样。难道，现在的所有问题都是因为没有远虑么？或者说，一个远虑对眼前的事情有什么帮助呢？

所以，很多人都会忽略这样的因果关系，至少会认为这样的因果关系不是很合理。

其实，这样的关系一点也不奇怪，而且，很多时候，恰恰就是这样的情况造就了眼前大量的问题。

没有远虑就没有正确

因为，我们知道，任何问题的解决都是需要一个结果的，而且，还不只是一个结果，可能是无数种可能的结果。例如我们为了提高业绩，就可以想出几十种可能和方式，如果我们是找一份工作，就会发现有几十个工作都可以选择……那么，我们到底应该选择哪个答案呢？或者说，我们如何做出正确的决定呢？

这时就非常需要一个标准，也可以是方向。否则，我们根本就没有标准确定自己的决定是有价值的。

遗憾的是，很多人都凭借的是"所谓的正确"，就是看上去很正确的标准，也就是眼前看，这是正确的。

就像在战场上，几乎所有的人都会说，要争取胜利，避免失败。可是，你的统帅却告诉你，你必须失败，因为我们要取得更大的胜利。

那么，在我们的工作中也是一样的情况，每当我们做一个决定的时候，判断的标准往往来自过去的经验和标准，也就是说现在的决定对过去来说是正确的，但是，如果考虑未来呢？那就不一定了。

而且，如果没有未来的标准，没有远虑，现实的问题往往会出现很多新情况，越来越复杂，一个问题解决又产生新的问题，同样的问题不断地出现……这些情况都是因为没有远虑造成的。

是的，从现实的情况看，我们可能还不需要远虑，因为眼前的事情总是最大的。但是，如果考虑第二种因果关系，可能就需要重新审视现在我们所做的到底是为了什么呢？

这就像我刚刚给一个朋友发的信息所说的：我关心的不是现在该怎么办，而是关心，将来你想要什么？如果没有将来的目标，现在的所有选择都是随意的。如果有了将来的目标，就会发现，现在这个问题可能就不是问题了。

我们需要远虑

一个人是需要远虑的，这决定了自己进步和发展的方向，才会让自己可以忍受所有的过程，否则，就是浑浑噩噩地自生自灭。

一个团体是需要远虑的，这决定了团体存在和发展的意义，才能知道应该怎么做出正确的决定，否则，就是没有活力的机器。

当然，一项销售工作也是需要远虑的。这样我们才能正视现在所有的问题，才能在众多的答案中找到最符合远虑的一个。

反之，当我们清楚自己最终要得到什么样结果，无论是持续的业绩还是扎实的客情，或者是强大的销售品牌……那么，眼前的所有问题都将是必然的过程，我们还会害怕这些问题吗？

你还有问题吗？

以上的内容有一些是我们在公众号上写的内容，虽然不是直接来考虑"如何解决销售工作的思路"，但是，我们相信我们已经很好地解释了这个问题。

至少，我们一直在利用这样的思路来帮助销售人员处理各种问题。

当我们面对大家的问题时，一定会首先了解销售人员的"远虑"，或者会考虑帮助销售人员来梳理他的"远虑"。

很多时候，当我们把销售人员的"远虑"梳理清楚的时候，销售人员的问题就已经有了很明确的答案了。

突破销售思维的新观点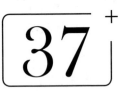

解决客户问题也是销售工作的一部分，一定要推动销售工作。"总有利原则"是以销售目的为核心的处理问题思路。

坏的事情可能没有那么坏

就像我们之前所说的"没有完美的产品"，各种问题也不一定是糟糕的事情。任何一个被客户认为是"问题"的事情，从销售人员的角度看，都可能是一个"有利的"事情。关于这个观点，说起来容易，但是，理解起来，并在销售工作中应用就不容易了。

我们习惯"客观地认为"某些事情是不好的。所以，当我们遭遇了这样的问题时，大多数情况下都是考虑如何"弥补"或如何"解释"，可是，很少会去考虑："这个事情是否可以是一个好的事情呢?"

例如一个产品是更贵的，一个产品使用起来更麻烦，一个产品的设置不方便，一个产品维护花时间，一个产品……

我相信，很多销售人员都有一定的能力可以让这些看似不好的事情变成好的事情；同时，还可以让这些事情推动销售工作的进展。

这就要销售人员具备"某种思维方式"。

注意，不是把坏事变成好事的思维方式，而是发现"坏的事情"也没有那么坏！

经典案例

下面我们可以看一个切身经历的案例。虽然这本书我们不希望使用太多的案例，怕对大家造成误导，但是，在这个问题上，大约案例会更有说服力吧。

我买了一辆车，但是胎噪很厉害，就去车行去投诉。然后，我们可以听到两种不同的解释。

第一个给我做解释的是一个小姑娘："先生，这个情况我们知道，但是我们也没有办法，因为汽车出厂的时候就是配的这种轮胎，我们也没有办法啊。要不您再买个别的轮胎。您别生气，我们只是卖车的，要不我们多送您一个保养……"

第二个是他们的销售经理，看到我在生气，就马上过来跟我解释："先生，您别着急。小姑娘新来的，不是很懂。我跟您说吧。这个轮胎的胎噪确实是比较厉害，这是因为这个轮胎比较硬造成的。如果换成比较软的轮胎，就没有问题了。但是，硬轮胎和软轮胎各有利弊。硬轮胎的胎噪确实大一些，但是，耐磨，而且遇到普通的钉子都可以崩开，甚至不会扎破轮胎，比较安全。这款车的设计方向就是家庭日常用车，主要在市区走，所以选择了更符合需要的硬轮胎。当然，如果你确实很在乎胎噪，也可以换成软的，我们可以免费给您更换，但是，可能就不是很耐磨，也容易在市区道路上有风险。您考虑呢？"

反正，我没有换轮胎，也感觉胎噪也没有那么厉害了。

我总在想，如果反过来呢？我就是要换轮胎，他会怎么说呢？

一定可以变成好事

这样的解决方式，不仅消除了顾客的"动机"，也促进了销售工作。

我们把这样的思维方式和应对方式，称之为"总有利原则"。

总有利，指的是对销售工作总有利。

我们不是科学家，不是研究者，不是生产者。我们不是对一件事情进行客观和科学的论证，我们是销售人员，我们要想到的是怎么对销售工作有利。

不可否认，确实存在一些问题是没有办法变成"有利"的。但是，如果我们通过应对方式，应对态度，甚至比较合理应对流程，让客户产生放心的体验，也一样是可以做到这样的结果。有人说，一个产品好不好，最好的评价标准就是出了问题以后的情况。就是这样的道理。

解决客户的问题也是销售工作的一个部分。它也应该是可以为销售工作的目标提供帮助和支持的。

总有利

好像已经说清楚了。但是，我们还是要再次重申一个重要观点：

总有利原则不是把"坏事情"变成好事情。而是把现有问题的处理推向对销售更有利的方向。

所以，这个原则不是为了"狡辩"，而是利用处理问题的过程，发现新的机会，利用新的机会，努力维护好客户，努力让客户建立更好的销售品牌。

这个原则在实际的工作中，很多销售人员会盲目陷入"狡辩"的状况，这让客户非常反感，甚至造成无法弥补的损失。

不好就是不好，这是客户真实的体验。

但是，不好未必是坏事情，不好还有其他的好处，不好也是产品的一个考虑……

在实际的培训工作中，我们经常会拿出一些具体的事例，让销售人员来分析，来考虑如何进行应对，以此来提升大家处理问题的能力，也可以更好地应用"总有利原则"。

认真体会"总有利原则"，一定可以成为一个"处理问题的高手"。

专业是专业的事，

销售是销售的事，

学术是专业和销售的事

学术篇

突破销售思维的新观点

38 — 40 +

突破销售思维的新观点

学术工作的现状存在大量"形似"的工作形式。

学术是销售发展与专业领域建立的"必需，必要，必然"的桥梁。

学术工作是"以专业方式满足销售品牌建设的需要而展开的工作"。

学术的异变

只要是专业产品，只要是专业领域，就一定会存在学术工作的身影；反之，只要是有市场价值的研究，只要是有销售价值的研究成果，就一定无法摆脱销售工作的利用。所以，大到高精尖产品，小到日常的吃喝拉撒；从熟悉的手机、电器，到陌生的医药、机械，都需要学术工作与销售工作的共存。

无论是我们所熟悉的行业，还是比较陌生的领域，学术工作始终是一个比较"模糊"的状态存在。有的方式甚至已经触及了国家管理的底线，有的方式已经"异变"成某些"利益诉求"的"道具"。这也让很多人对学术工作的作用以及方式"心存疑惑"。

在这些方式中，最常见的有"彼岸型"，就是完全模仿先进企业的方式，完全是"东施效颦""邯郸学步"，最终是劳民伤财，没有任何效果；还有的是"寻租型"，就是通过学术活动来转嫁各种利益诉求，把学术工作搞得"乌烟瘴气"；还有"推销型"，想尽办法在学术工作中"做宣传""打广告""做赞助"……我们相信，在很多行业都会有更多的"异变类型"。

究其原因，目前并没有针对学术工作进行的研究和成型的原理。很多企业、个人都是"摸着石头过河"。所以，也可以理解这些"异变"。

所以，我们觉得有必要对学术工作，提出我们的观点。

简单地说，就是我们之前的话"专业是专业的事，销售是销售的事，学术是专业和销售的事"。

完全围绕着专业搞学术，估计销售工作无法承受；完全围绕着销售搞学术，更会变得十分"畸形"。真正的学术，应该是专业和销售的结合，其中最大的特点就是"彼此妥协"和"彼此融合"。

专业的产业化需要销售的辅助；销售的专业化需要专业的支撑。正是这样的彼此关系，才衍生出"学术工作"这个产物。

学术的必需，必要，必然

对于学术的定性，我们提出的观点是：

"学术是销售发展与专业领域建立的，必需，必要，必然的桥梁"。

这样的内容不能算是定义，应该是一个理解层面的观点。

首先，从直观上看，是销售对专业的"需要"。当然，其实也存在专业对销售的"需要"。但是，对于销售人员来说，对专业的"需要"好像更为突出。

其次，销售工作的发展，除了在销售领域的竞争以外，已经出现了在"专业领域"的竞争，这是一个无法回避的现实。随着产品的同质化越来越严重，新产品、新技术都可以带来巨大的竞争优势。而实现这样的方向，就必须依靠专业领域。

因此，我们特别提出了三个词"必需""必要""必然"，都很好地解释了这个方向的重要性。

一来，从技术上讲，必需有专业的介入才能让产品更新换代；二来，从市场上讲，没有专业的认可和支持，无论客户还是顾客，都无法真正认可和接受；三来，从专业领域看，仅仅靠销售人员是无法实现全面发展要求的，专业人员是我们必然的选择。

这是我们对学术的理解观点。

当然，这些是相对"空泛"的观点，不过，如果我们想把学术做好，还是很需要建立比较正确的认识。

学术工作是销售品牌的需要

学术，是一个比较大的方向，而学术工作就非常具体了。到底应该怎么来做学术呢？怎么才能把学术工作做好呢？

我们给学术工作也做了一个定义：

"学术工作就是以专业方式来满足销售品牌建设的需要而展开的工作"。

这个定义中最重要的关键内容就是"品牌建设的需要"。

关于品牌建设，我们已经讲过了。它是为了实现"自然销量"的一个重要条件，主要包括"产品品牌""企业品牌""个人品牌"三个大内容。具体细节就不再展开了。

我们为了建立和强化这些销售品牌，可以选择很多的方式，各种方式的效益也是有差异的。那么，我们也可以选择"以专业的方式"来实现这样的目标。

所谓的专业方式，就是从专业研究、专业观点、专业认可、专业宣传等具体的方式。利用专业的方式，不仅可以让销售品牌在专业领域获得认可，也可以延伸到更大范围的市场。

我们很清楚，在专业上有突出优势的产品，在专业领域有深度造诣的企业，在专业服务方面有强大能力的人员，更容易获得客户的认可。当然，也就可能更容易赢得"自然销量"的回报。

因此，我们在做学术工作的时候，必须要清楚我们希望构建的"销售品牌"是什么。同时，还要考虑这样的诉求是否可以通过专业方式来实现，更要提前评估这样的结果是否能带来实际的效益。

只有综合考虑了这些因素，学术工作才能避免盲目，才算是有效的学术工作。

对学术工作的认识是一切的开始

我们对学术做了一个简单的定性，对学术工作做了一个简单的定义。不知道大家是否从中领悟到另外的一种"倾向"。

做学术，首先是我们是否有专业化发展的要求，是否有专业化发展的条件，是否有专业化发展的资源。如果没有，可能需要做的事情并不是马上开始从事学术工作，而是先要去建立这样的"必需、必要、必然"，然后才考虑如何踏上这座"桥梁"。

做学术工作，首先要考虑的是我们要建立的"销售品牌"是什么。是产品，还是企业，还是个人；具体的品牌诉求是什么，我们希望建立一个什么样的品牌结果；这样的品牌结果对于我们期望的"自然销量"是否有价值。

如果我们还没有理清这样的想法，最好还是先别急着做什么，怕是做了也必然是"费力不讨好"的浪费时间和资源吧。

或者，我们就能理解为什么现实有那么多"形似""异化"的学术活动了。同时，我们也大约可以预期这样的学术和学术活动不会产生什么实际影响，而且，估计也难以维持吧。

突破销售思维的新观点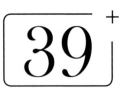

销售战略是指引，学术工作是手段，专业竞争力是内容，销售品牌效益是目标。

先有战略，才有学术工作

这里所列出来的是关于学术的一个整体设计，这四个内容是最基本的条件。

首先，学术和学术工作一定是建立在"销售战略"基础上的。

对于学术工作来说，至少要对未来的发展是有价值的，是可以获得应有的收益的，而且是销售业绩。当然，我们也非常希望能在更短的时间内获得收益。

这就意味着，在设计学术和学术工作的开始，就要有相关的构思。应该先确定学术的整体方向和要求，才能开始启动学术工作。而不应该用"先去做，慢慢看"的方式。

事实上，我们所遇到的，很多在学术工作上出现问题的情况，大都是在战略上缺少"顶层设计"造成的。这个战略设计，关乎学术工作的必要性和方向性，是不能马虎的，更不能是缺失的部分。

学术工作四个含义

其次，学术工作是一个手段，是以实现销售战略为目的的。

这样的表述包括几个含义：

一是在选择具体方式的时候，必须评估这个方式能实现目标的程度；

二是在从事学术工作的时候，时刻要保证最大程度为销售战略服务；

三是不能只依靠学术一个手段，需要利用更多的工作手段，包括销售工作的支持；

四是从事学术工作的人员，应该以实施学术工作方法的能力作为重点标准。

专业竞争力

学术工作一定有自己需要推广的内容。

总体来说，这些内容根据战略的需要，在不同的销售品牌领域，会有不同的重点。但是，无论是什么样的重点，都需要符合一个条件，就是"专业竞争力"。

这些重点必须体现出"专业"的特性，不应该是选择其他方面的内容，特别是避免像"服务""细致""档次"这种非常模糊或者"不专业"的内容。

此外，这些专业内容，必须能体现产品、企业、个人的"竞争力"。或者是"领先型"或者是"差异化"或者是"全面化"或者是"使用性"，这些内容都能强化不同销售品牌的建立。

最后，这些内容可以是明确的目标，也可以是以此为目标的具体分解内容。

也就是说，如果一个"竞争力"过于复杂，可以考虑建立逐步推动的思路，将这个内容进行合理的分解，对分解内容进行推广或者强化，并最终构成一个整体的结果。

学术工作的效益

再次强调学术和学术工作的目标，就是"销售品牌的效益"。

这是评估学术方向的正确性，评价学术工作的有效性，最主要的指标。

一般来说，可以通过客户的反馈情况来进行评估，也可以通过销售人员的利用程度来进行评估。有条件的情况下，甚至可以直接按照"自然销量"的变化来进行评估。

或者，学术和学术工作并不能直接量化，但是，并不是不能进行考核。因为，这个工作最终也是销售系统的一个组成部分，总是可以与销售工作建立连接的。

当然，作为一个战略层面的工作，也可以根据学术和学术工作的阶段性成果进行评估。主要的方式是评价工作进展与战略要求的进度是否符合。

学术与销售很近

可能对于很多销售人员来说，学术和学术工作与自己的距离有点远。

这是一种误解。

第一个方面，很多学术工作是需要销售工作来进行配合和支持的，特别是具体的实施和跟进，都需要销售人员参与；

第二个方面，所有的学术工作成果都是可以被销售人员利用的，可以成为销售品牌建设的重要的资源；

第三个方面，销售人员如果也能掌握一定的学术知识，学术工作技能，也可以更好地帮助自己提升销售工作的效率。

学术不简单

关于学术的内容，大约是所有篇章中最少的内容了。

不是因为它不重要。而是大家觉得不重要。所以，相关的案例和研究都比较少。

　　很多行业都已经出现了在学术工作领域的竞争态势，学术工作的水平逐渐成为市场竞争的重要战场。

　　或者，现实的一些"异化"和"混乱"只是真正的"战役"开始前的摸索阶段，未来，我们可以预见到专业的、与销售结合充分的学术工作将成为企业、产品、个人最强大的武器，将带来巨大的销售品牌效益。

　　希望大家关注学术和学术工作，更多地参与和利用学术和学术工作。这样，我们也才会有更多的研究成果与大家分享。

突破销售思维的新观点

在销售系统中的学术职能或学术部门，需要重点做的工作主要包括：销售人员的学术意识，客户的学术认同，管理和决策学术优先，销售业绩的学术评估。

学术工作与学术职能

在一些专业性比较强的销售行业，或者是比较完善的销售系统中，总会有学术相关的职能或者专设的部门来负责学术工作。

可是，由于之前并没有特别针对销售行业的学术职能进行相关的研究，所以，在我们看到的学术职能或者学术部门，往往是沦落成制作课件、编写资料、组织会议、解决问题的"事务性工作"，并没有真正体现学术工作应有的价值。

关于这个问题，也确实有不少从事这样工作的人员，以及希望学术工作能更好发挥作用的管理者，向我们咨询建议。

根据我们对学术工作的价值以及学术工作发展所做的研究，主要建议有以下几个内容，分别是针对销售人员的、客户的、管理和决策的、销售业绩的内容。

销售人员的"学术意识"

首先是针对销售人员的内容。学术职能和工作应该发挥的最重要的价值，就是帮助销售人员建立"学术意识"。

所谓的学术意识，就是对专业的认同和尊重。这些认同和尊重，不仅是对专业人员的尊重，还包括对专业产品、专业推广、专业知识、专业思维的认同和尊重。

因为大部分销售人员比较关注销售业绩，往往对于其他这些内容都是以产出业绩的多少来表现应有的"认可和尊重"，一般都会忽略专业上的差异。这样的态度对于销售的长远发展是不利的。

这就像我们对社会上一些人、事的态度一样。如果完全根据对自己的价值，完全根据经济效益，那么，这个社会和国家都会陷入"唯利是图"的氛围。在社会上建立尊重法律、尊重价值观、坚守道德就像是一种"学术意识"。

所以，作为学术职能和工作，就需要帮助销售人员建立学术意识。

常用的方法包括：员工教育、科普教育等方式。

注意，我们所说的是"教育"而不是培训。所以，应该是一个相对脱离销售业绩的工作，而且需要长期持续地进行。

客户的"学术认同"

其次，是针对客户的内容，就是争取客户的学术认同。

应为专业化的要求，客户在选择产品和合作的时候，一定会关注这个企业的学术水平。否则就不能保证购买和合作会得到持续的回报。

但是，这种学术认同绝对不是说，我们的专业性比客户还高。这一定是错误的。关于这内容，我们已经提到过了"专业一致化"和"专业差异化"的观点。

作为学术认同来说，更重要的是让客户认识到企业对专业尊重，并不是完全根据销售业绩来做事情，会尊重专业的工作方式，专业的思维方式。这样才算是让客户得到学术认同的结果。

一般情况下，我们可以通过参与或组织专业会议来体现这样的目的。

所以，我们总是说，参加会议不是为了参加会议，而是有明确目的的。这就需要学术职能和工作通过设计和展示或者宣传来努力实现这样的结果。

战略的"学术优先"

此外，就是针对管理和决策的内容，应该努力形成"学术优先"的结果。

所谓学术优先，就是管理者和决策者在做相关决策的时候，专业的意见应该拥有优先的地位。这种优先，有时是体现在首先考虑的重点，有时是体现在专业否定的权利上，有时是体现在尊重专业的意见和分析上。

做好这件事，往往需要学术职能和工作人员本身的能力有提升，因为能做到这些结果的，都是需要比较强的研究、分析、陈述能力的。

这样的价值也是体现"学术认同"的一个方式。

当然，不只是学术职能和工作人员自身能力的保证，还需要销售系统建立必要的机制，以及管理者和决策者对专业的尊重。

业绩的"学术评估"

最后一点是针对销售业绩的，就是要实现对销售业绩的"学术评估"。

对销售人员来说，业绩越高越好。但是，对于专业的发展，则要考虑业绩的"专业正确性"问题。

这就需要学术职能和工作人员对销售业绩进行必要的专业评估，重点分析这些业绩中，哪些是符合专业要求，哪些推广是专业正确的。

这样的评估可以及时发现销售工作中的偏差，也可以帮助管理者和决策者意识到这些偏差的危害。

所以，学术职能和工作人员一定是要下市场的，一定是要去终端的。如果只是在办公室里完成的分析和评估，那一定是一个错误的结论。

学术职能正在发展中……

关于学术职能和工作的建议，我们只能提到以上这五点，也是我们在调研和研究中发现的一些情况。

由于目前并没有特别完善的，或者说，学术还没有成为大多数销售系统的关键工作，所以，可能以上建议仅仅是一些参考意见。

但是，如果我们的学术职能和工作连以上的内容都做不到，估计，也只能继续做那些"事务工作"的"打杂人员"了。当然，既然已经是这样的工作了，销售系统也不要指望学术能给自己带来什么有意义的价值了。

不是你的结果没有出现，
是你的工作没有让结果出现

工作篇

突破销售思维的新观点

41 — 43⁺

突破销售思维的新观点

销售工作是由两个元素共同组成的整体：目的，手段。

在对销售工作进行指导和评价的时候必须从两个元素展开。

管理销售工作的时候，应增加人员、时间、限制条件三个元素。

无效工作太多了

"我这周的工作计划是拜访几个重要客户。"

"我们这个月要努力把这个市场开发成功。"

"我的工作计划很清晰，就是如何让更多顾客接受这个产品。"

"明天，我要想方设法让客户接受我们的价格。"

……

是不是很熟悉的表达呢？那么，大家怎么看这些工作呢？

很难找到问题，因为这是我们经常使用的表达方式。

事实上，这些工作都是"无效工作"。

什么是"无效工作"呢？

说得简单些，这些工作都是无法实现的，或者是完全在不可控的情况下去实现，无论是销售人员自己还是管理者，都无法确定他们的工作结果会是什么样子的。

我们已经说到过了：销售业绩是通过销售工作来实现的。

如果销售工作都是一个比较模糊的状态，甚至是一些无效的工作，我们怎么可能真正可以获得业绩呢？更不要说什么提高效率和效力的问题了。

工作的两个元素

工作是需要一些基本组成条件的。一般来说，主要涉及工作基本元素和工作管理元素两个角度。

工作基本元素是指，工作应该是一项真正的工作。

一项工作至少要包括两个部分：工作手段和工作目标。

如果只是说要做什么，而不提工作目标，这就根本不是工作，更像是一个梦游的人一样。如果只是说要得到什么，而不提工作手段，这也不是工作，而更像是一个口号而已。

所以，当我们在识别一项工作的时候，首先要识别的就是，这项工作里是否存在这两个部分。如果缺少任何一个部分，都不是工作，更不要谈其他的内容。

当两个部分都存在的时候，还要进一步来分析这项工作的价值，就是工作手段和工作目标是否有关，是否合理。

所以，先不要说自己的业绩怎么不好，要先看自己的工作做好没有；

不要说自己"没有功劳还有苦劳"，先看看自己做的事情，到底是否真的算是工作；

不要说自己努力怎么没有效果呢，最好先看看，自己的工作手段和目标是真的有关系么？

管理工作也会无效

以上是针对销售人员个体的要求，如果是管理者的要求还会增加另外三个部分：具体人和时间跨度以及限制条件。

看这么一句话：

"大家要尽快把市场调研的情况发给我。"

这简直就是一句超级废话！

没有具体人、没有明确时间跨度、没有明确手段、没有明确目标、没有限制条件。这是一个什么都没有的话，更不要说是什么工作了。

可惜的是，这样的表达在我们的日常工作中非常多见。

具体人，可以是某个人，也可以是某几个人，或者是某个团体，总之要指明具体是谁做。这样在管理的时候才知道该找谁要结果。

时间跨度，可以是马上，可以是多久以后，总之有明确的结束点，才存在跨度，当然，也就可以知道做得是否符合管理者的要求了。

限制条件，是要对销售人员做这件事情的一些要求，不可能是随意发挥。应该有"不能做"的事情。

真正的工作！

事实上，我们的销售工作中，销售管理工作中，充斥着大量的类似的"无效的工作"，这样的情况不仅是消耗资源，更模糊了我们的发展方向。

业绩还如何通过有效的工作来提升呢？

或者，我们至少先从解决"无效的工作"开始吧。

从销售人员角度看，做工作之前需要了解自己工作的目标是什么，这是需要思考和分析的过程。没有目标，就没有结果，自然也就只能靠运气了。

此外，还要看自己准备怎么做，用什么方法做。自己有没有这样的条件，有没有这样的能力，有没有这样的机会，都是需要提前思考的。

然后，才会考虑去开始做工作。

当然，按照这样的思路，我们就可以很好地向其他人员学习，特别是有经验的销售人员，我们可以按照这两个元素来分析别人的工作，也可以从中获得自己的启发。

当销售人员的思路更清晰了，工作手段更多了，能力更强了，这样的销售工作才能真正带来效益，才算是真正做好了"销售工作"。

真正的管理工作！

作为管理者，则需要按照这样的思路来指导销售人员，避免大家做"无效的工作"，更应该从大家的工作中看到问题，及时进行纠正或者培训。

同时，在管理的过程中，在下达任务的时候，在考核工作情况的时候，不能完全看结果，也要从这些元素中找到销售人员的问题，看到管理工作中的不足，这样就可以为随后的改善提供信息。

没有销售人员一下子就成了优秀的，管理者也不可能一下子就把团队带成精英团队的。只有建立非常清晰的工作方式、管理方式、培训指导方式，才能让大家在实践中提升自己。

大家都知道"过程管理"的重要性，那么，销售工作的过程管理在哪里呢？就是利用以上提到的各个元素对工作进行管理。

好吧，你是否要考虑一下重新调整这个月的工作计划了吧。管理者是否要考虑重新调整一下这个月工作考核的方式吧。

突破销售思维的新观点

销售工作与"销售人员的工作"有着本质的差异。

销售工作计划是保证销售业绩合理实现的基础。

销售工作计划主要分成以下部分：条件工作、进度工作、辅助工作、积累工作、客情工作、建设工作。

区分"非销售工作"

销售工作与"销售人员的工作"，这是有区别的。相信大家还是理解的。

销售人员的工作是很多的，有的是为了销售业绩而开展的部分，有的是为了管理需要而做的事情，还有的是为了公司、企业、行业等管理要求而做的事情。

所以，销售工作是属于销售人员的工作中的一部分。当然，是最重要的一部分。

这样的区分对于销售工作有什么意义呢？

当然有意义了。

在我们看到的，很多销售人员的工作计划中，经常会把"非销售工作"

内容也列进去。更让人哭笑不得的是，管理者居然还会把这个部分纳入销售工作的考核中。

可能从销售人员的角度看，一个月里还是很忙的，还是很辛苦的，所以，"没有功劳也有苦劳吧"。这样的想法一定是有问题的。

非销售工作内容制造的成果，对于销售工作来说基本上是没有直接价值的。销售人员应该把主要的精力放到"销售工作"中。而管理者也应该区分考核的方式，对于销售工作可以作为业绩考核的部分，但是，非销售工作，可能就需要按照其他标准来进行考核了。

被弱化的"工作计划"

这部分的内容，并不是想解释不同工作的价值，而是重点要谈一谈"销售工作计划"这个内容。包括销售人员做销售工作计划的思路，以及管理者评价和指导销售工作计划的方式。之所以先要把工作类型进行区分，是因为有很多人员，确实把一些"非销售工作"也纳入销售工作计划中了。

我们已经提到过两个观点：销售业绩是通过销售工作来实现的；业绩管理就是管理产生业绩的工作。

那么，到底应该如何通过工作的管理来实现业绩的管理呢？

其中，最主要的方式之一就是通过工作计划来实现。

在实际的情况中，我们看到很多销售团队对于工作计划是比较忽视的，或者是"走个过场"而已，并没有真正发挥工作计划的作用。更无法理解的是，很多工作计划就只是一个"数值"而已。很多销售人员认为，只要完成了这个数值，其他都是"虚的"；管理者也会觉得，只要数值完成了，所有的管理都是"有效的"。

一方面，说明很多销售人员和管理者对于销售工作的误解，对销售业绩产出的过程的误解；另一方面，他们确实不知道，如何从工作计划的制定就能提高实现销售业绩的可能性。更多时候，他们把工作计划的制定归类为"纸上谈兵"。

可能你会觉得自己不是这样的人吧。好吧，我只问，你还能找到你半年前的工作计划内容么？好吧，你还能记得这个月初你的工作计划内容？

大多数人都是模糊的吧。

工作计划是所有工作的前提条件

很多人跟我们说：销售就是看结果的。过程再完美，结果不好也是没有用的。

说得很好，但是，"过程不完美"又如何保证结果的完美呢？如果你没有计划做基础，你怎么知道自己做好了什么，做错了什么，欠缺了什么呢？

至于管理者，也有很多人非常忽视工作计划的作用。他们总是说：销售工作变化很大，怎么可能都按照计划呢？好吧，关于这样的认识，我们都懒得反驳了。

从管理的角度看，所有的考核都应该基于计划来进行的。也就是说，没有计划就没有考核。所以，但凡脱离计划而完成的评价都是有缺陷的，甚至会造成严重的"误导"。

因此，做好有效的，可以被执行，可以被考核的工作计划非常重要。

工作计划的两大类，六项工作

关于销售工作计划的制定，大家一定都有不同的模板，甚至有比较严格的格式要求。对此，我们并不想否定大家的做法，也未必需要进行改变。

现在，我们主要是提供一种建议，至少，是大家可以参考的方式。当然，这个方式，也是我们发现是很多优秀销售人员采取的方式。

这种方式的主要思考过程就是：把业绩分解成不同类型的销售工作，然后，把所有的工作罗列出来，按照工作条件的需要，有步骤、有先后地完成。

从我们了解到的情况看，业绩分解成销售工作的过程，主要是依据业绩产出的特点来进行的。主要包括以下两大类，六项工作：

第一类：现实业绩实现的工作内容。

条件工作：实现业绩的直接条件，通过工作保证这些条件实现，业绩就可以产出，例如：成交、合作、使用、购买等必须做的事情；

进程工作：需要完成一系列的工作，或者必须完成的步骤，才能保证业绩产出，例如：针对相关人的拜访、重复的流程、基本的要求等工作内容；

辅助工作：督促或配合非销售工作的实现，才能保证业绩产出没有障碍，例如：货物配送，资金到位，人员到位，资料到位等相关辅助工作的落实；

第二类：现实和长远都需要的工作内容。

积累工作：需要持续做，并随着工作质量和数量的增长，业绩也会发生变化，例如：持续的教育、宣传、服务等工作；

客情工作：按照策略，持续做好的工作内容，也会逐渐促进业绩的增长，例如：客情纽带的建立、强化、丰富工作（参照前面的内容）；

建设工作：自我学习、提升，各种尝试、摸索，对于未来业绩的储备，例如：产品学习，经验借鉴，能力训练等工作内容。

从计划看结果，从结果看计划

我们这本书的受众都不是新人了，所以，只要有了以上的简单介绍，大家就能想到这些工作都包括哪些了。

我们可以把这些工作全部都罗列出来。这就意味着，我们必须完成这些工作，才有可能获得预期的销售业绩。这样的工作计划，才是真正在为了销售业绩而做的销售工作啊。

有了这样的计划，销售人员就可以按照时间、精力、体力、支持等资源的条件来进行调配自己的工作情况。

当然，有几种情况会出现：

一是工作都做完了，但是，业绩没有达到要求。

二是工作没有做完，业绩也没有达到要求。

三、四都是相对乐观的，一个是工作做完了，业绩也达到了；另一个是工作没有做完，业绩也达到了。

这样的结果出现，都可以帮助销售人员根据这个计划的执行情况结合业绩的实现情况，进行必要的反思、调整，保证以后的工作更有效率。当然，必要的时候，还需要学习更多的知识和技能，才能保证工作的效率。

没有计划，考核也没有意义

有效的工作计划，也就构成了有效的工作考核。

管理者既可以指导和帮助销售人员做好工作计划，也可以通过工作计划的执行情况进行考核和评估，关键是通过计划的执行情况，可以了解销售人员和销售团队的整体情况。这就为管理者改善管理工作，特别是在工作配合上，能力培训上，资源调配上有了非常明确的指标。

我们可以预想，随着工作计划的执行效率提升，销售业绩的可控性也会增加，整体的销售业绩发展，才能真正实现高效率。

熟能生巧

"磨刀不误砍柴工"很有道理的。

一开始的时候，很多销售人员和管理者会发现，制定一个好的工作计划很花时间，甚至认为，与其把时间浪费到计划上，还不如去多做点业绩呢。

实际上，这只是一开始的感觉，随着计划制定的熟练，更多信息资源的积累，人员能力的提升，这样的过程会越来越短，越来越清晰。

所以，我们一直认为，即使做这样的事情需要大家忍受一段时间的辛苦，也是非常值得的，因为这样的工作一定会带来巨大的效益。

突破销售思维的新观点

销售工作并不是庞杂的。

可以利用"手段+目的"的方式进行梳理。

可以根据这样的结果建立销售人员工作模式。

销售工作很多么？

按照之前讲解的"销售工作的元素组成"以及"销售工作的六种类型"，可能会给大家带来一个错觉：销售工作真得非常多啊。而且，当我们问销售人员都有哪些工作的时候，他们都会告诉我们"非常多的工作啊"。

那么，销售工作真得非常多么？难道我们说不清楚吗？

好吧，我们的第一个观点就列出来了"销售工作并不庞杂"。

之所以大家觉得多，其实是在没有学习"销售工作的元素组成"之前的感觉而已，既然我们知道了"销售工作是由手段和目的"组成的，那么，我们是否可以先考虑两个问题：一共有多少手段呢？一共有多少目的呢？

其实，对于大多数的销售工作来说，所能使用的手段是比较有限的。比较常见的包括拜访、活动、会议等。即使是非常复杂的销售工作，能使用的手段也不是很多。而且，很多看似不同的手段，其实，性质也都是比较一致的。

同时,我们销售工作中需要实现的目的也不是非常多的。常见的包括:传递信息、客情相关、问题处理、业绩相关等。在我们的研究中,大约最多的目的,也就 7 ~ 8 个。

这是比较正常的。如果手段和目的太多了,估计销售工作也会变得异常得复杂。

销售工作没有多少啊

只要我们能整理出所有的手段,所有的目的,根据数学的方式,大约就能知道"从理论上讲"有多少种工作,就是手段数量与目的数量的乘积。如果我们利用表格的方式进行排列,就能形成各种手段与各种目的的所有组合情况。

但是,这个是"理论上"的工作数量。因为其中有很多组合是不合理的,是不存在的,也是不可能做到的。这些"工作"都应该排除掉了。那么还剩下的是什么呢?

就是销售工作的全部工作内容了。

目前,我们已经为很多销售工作类型和行业做了这样的工作,并帮他们建立了工作类型汇总。大约最复杂的情况是"8×8"的情况,也就是一共有 64 个工作。即使是这么复杂的情况,销售人员在平时会遇到的,会去做的,每个月大约不超过 10 种,因为大多数的工作都是在比较特殊情况下才会使用到的。

应该整理自己的工作

可能很多人看到这里都会奇怪:为什么要做这样的事情呢?为什么要统计和整理这些工作呢?这对销售人员和销售管理者有什么意义呢?

其实,只要你真的操作过这样的过程,只要你是一个管理者,只要你希望把工作可以做得更好,都会对这个内容十分"敏感"。因为,一旦有了这样的成果，随后的事情就会发挥巨大的作用了。

首先，我们可以重新梳理所有工作内容。从目的和手段，可以重新审视平时做这些工作的思考。

其次，我们就有条件来建立这些工作的"模式化"了，例如工作流程，工作方式，工作技能要求，需要的知识，信息，条件等内容。这样就可以更好地进行"复制""借鉴经验""工作管控"。

最后，我们一旦有了这些模式化，就具备了建立"有限创新"的空间。我们可以在模式的范围内，充分结合自己的特点，结合实际的特点，创造出各种具体的方式和内容。

开始整理工作吧

这是一个非常有意义的事情。真的是这样的。

你能说出你一共需要用到多少种工作呢？如果说不清，请问，你怎么提升自己呢？你怎么知道还有多少种工作你还没有使用过呢？

同时，如果你是一个新人，你知道自己应该学习什么呢？难道就是"放养"一样地自己摸索么？为什么不能有一个范围，一个标准可以让自己更快地成长呢？

作为管理者，不仅可以建立比较完善的工作管理制度，也可以建立比较针对的人员培养方案，更可以从各种手段和目的中发现新的发展思路。

这个工作真的非常有意义，我们做过了，希望大家也关注。

当然，这个观点到底是否符合你的想法，我不知道，或者你对工作的整理方法更好。

你对销售的所有理解，都可以在拜访中表现出来；

你对拜访的掌握程度，也是你在销售行业中生存最大的资本

拜访篇

突破销售思维的新观点

44 — 47 +

突破销售思维的新观点

拜访是由销售人员主导的，通过与工作对象进行交流，获得预期销售工作成果的过程。

拜访被小看了

关于拜访在销售工作中的作用和地位，相信给出任何的评价都不为过。

可惜的是，现在存在一些错误的倾向，就是越来越不重视拜访。

一方面，很多销售人员认为，拜访太简单了，只要敢于和别人交流就算是学会了，根本不需要花更多的时间去研究和练习。

另一方面，很多人被一些案例或者是一些宣传，甚至是一些影视剧内容误导，认为销售成功的关键不再是销售能力，而是"灵感""机遇"，还有人会归结于"资本""背景""人脉"等。

在真正的销售工作中，那些优秀的销售人员是非常清楚的，拜访对于自己的重要性。同样，作为销售工作摸爬滚打多年的销售人员，我们已经习惯从销售人员拜访能力水平中来识别销售人员的差异了。

很多时候，我们只要和销售人员进行一些交流，或者观摩他的拜访情况，就大约可以了解他对销售的理解，以及所处的水平。因为，拜访是

"唯一可以把你对销售所有的理解表现出来的方式";反之,无论你胸中有多少"雄才伟略",缺少了拜访这个途径,都只能算是"孤芳自赏"而已。

我们也告诫销售人员,在所有的能力水平中,大约只有拜访才是自己在销售行业中可以生存和发展的最大资本。你可能因为任何外部因素的影响导致你的成功失败。当你所有的外部因素都失去或者发生变化以后,只有拜访这样的能力,才可以让你重新开始,重新适应,重新进入状态,并重新发展起来。

这些观点,不是危言耸听。所以,我们专门开辟了"拜访篇"就是希望大家不要忽视这个内容。

当然,如果要把拜访说清楚,几段文字是不够的,而且,这也是给相对比较有经验的人员写的内容。如果大家确实希望从头学起,建议大家找一些专门的书。我们推荐自己写的一本书《从99%到∞的拜访》。

以下内容也是从这本书里整理的要点。

拜访的定义

很多销售人员会说:拜访啊,我都懂,我可以给你讲很多关于拜访的案例。

那么,什么叫拜访呢?当然,我们问的不是语文上的拜访,而是销售拜访。你会怎么来告诉我呢?

我们每次和销售人员交流工作想法的时候,都会注重一个事情"清词",就是把一些重要的词语进行必要的定义,至少,我们必须清楚,我们谈的内容,说的词的含义是一样的。否则,就成了"风马牛不相及""驴唇不对马嘴"。

那么,既然我们谈拜访,我们总要考虑:我们所说的拜访是一回事么?

所以,请问,销售拜访是什么?

我相信,很多人阅读到这里都会很快反应出来:你之前的那句话就是定义吧。

是的。这句话就是我们给拜访做的一个定义。

虽然，我们的表达未必是最全面的，但是，确实是我们能想到的，最吻合的观点了。

"销售拜访是指，由销售人员主导的，通过与工作对象进行交流的方式，而获得预期销售工作成果的过程。"

大家先仔细看看这个定义，特别关注其中的几个关键词。

主导才是拜访

首先，第一个关键词应该是"销售人员主导"。

不是说我们和客户有了交流就算是拜访了，也不是和客户谈得很开心就算是拜访了，更不是和客户见了面就算是拜访了……

拜访是一个工作手段，是一个工作过程，因此，我们是为了一个目的去拜访的，所以，只有我们主导了整个的交流过程，是在按照我们的想法，按照我们预期目的来完成的交流过程才能算是拜访。否则，还不如说见面、聊天、碰面、客套更适合。

的确，有一些时候，是客户主动找了我们，我们好像是被动的。其实，这样的交流过程是否可以成为拜访，当然，还要看我们是否可以主导这个全过程。

如果销售人员没有成为主导，或者没有成为"真正的"主导，这就不是拜访。

拜访是职业习惯

第二个关键的词是"工作对象"。

这就不仅仅包括客户。我们在做工作的时候，为了达到预期的销售目标，不仅仅要和客户进行交流，还包括其他人员。有的是我们的同事，有的是辅助我们的其他团队的人员，有的是其他行业来配合我们的人员。

在和他们"为了销售工作"而完成的交流过程，都需要按照拜访的思路来完成。因为我们不是在增进感情，不是在彼此熟悉，而是为了销售工作的目标。这样的目的决定了我们的交流过程必须是拜访。

需要注意的是，有一些习惯了拜访的销售人员，也会出现"无法跳出的职业习惯"，就是面对非工作人员也会按照拜访的方式完成。例如家人，朋友。这就需要努力控制了。或者无法完全区分开来，但是，还是应该尽量把工作状态调整回来，以"感情，亲情，友情"的方式进行交流。

当然，我们掌握了拜访的精髓，也是很有裨益的。至少在我们与外部进行各种交流的时候，都可以按照拜访的思路来完成。这就涉及很多层面了，包括行政事务、家庭购买、日常生活、银行、旅游……擅长拜访，会把这些交流都做好。

只是这些不是工作对象，只能算是一种能力的延伸吧。

交流不是沟通，交流不只是面对面

第三个关键词是"交流的方式"。

首先，我们特别提到的是交流，而不是"沟通"。关于这个问题，我们曾经多次提到，沟通是一个相互的过程，一般是双方都有意愿，才能完成沟通；而交流的范围更大一些，更符合拜访的情况，因为，有的时候是我们愿意，客户不愿意；有的时候是反着的；当然，也存在双方都愿意的情况。

因此，我们很慎重地用了"交流"而不是"沟通"。

其次，交流的方式是一个非常庞大的范围，不只是"面对面"的过程，还有很多，例如打电话，发微信，视频交流等，还包括一起活动、一起用餐、一起开会等，甚至还有一些比较罕见的方式，例如"朋友圈""文章分享"等。

只要能产生彼此信息交流的过程，都会被纳入拜访的范畴中。

所以，在学习拜访的时候，大多数情况我们都会以"面对面"作为研究对象，但是，其他方式的拜访也是需要学习的，这样才是一个比较完整的拜访能力。而且，其他方式的交流方式，往往会带来很多特殊的效果。

有成果才是拜访

第四个关键词是"预期的销售工作成果"。

拜访是为销售服务的，是实现销售业绩的一个手段。但是，并不是每次拜访都是直接产出业绩，很多时候是要为销售业绩做铺垫。我们之前讲过了"条件工作""进程工作""积累工作""客情工作""辅助工作""建设工作"。拜访的目的不一定是业绩。

那么，每次拜访都是有目的的，而且都是我们去拜访之前就考虑清楚的，这就是"预期的销售工作成果"。所以，没有明确目的的拜访，就仅仅算是一个"手段"了，而不是一项"工作"了。

这就是我们之前提到的工作的两个关键元素。

定义只是开始

我们给大家提供了一个我们对拜访的定义。目前来看，这个定义大约是行业里第一个，也是比较全面的。值得大家仔细理解。

一方面是为了理清大家对拜访的认识，可以从中思考自己的拜访工作；另一方面，我们需要统一认识，避免涉及拜访的内容，大家和我们的理解是有偏差的。

销售人员需要时时关注拜访，更应该努力把拜访能力不断提升。

因为，拜访不简单。

突破销售思维的新观点

拜访是保证销售资源最大化的工作手段；

拜访几乎可以实现所有的结果；

拜访是销售人员最基本、最综合的能力；

拜访是优秀销售人员最主要的指标；

……

拜访能力是优秀的必要条件

我们给销售人员提出一些销售工作上的问题时，会发现销售人员选择的方式会有明显的区分，主要可以分成三类：

第一类是新人，他们主要想到的方式是"先干着，逐渐调整"；

第二类是有经验的人员，他们主要想到的方式是"要条件，要资源，要支持"；

第三类是比较优秀的人员，他们主要想到的方式就是"通过拜访""解决问题"。

这样的差异是可以理解的。

对于新人，他们并没有太多的经验和想法，最好的策略就是先干着，根据遇到的问题再进行处理。对于有经验的人员来说，看到的问题比较多，处理的经验比较丰富，特别是对自我能力的识别比较清晰，所以，会更关注自己可以使用的资源条件支持的情况，来判断自己应该怎么做，大约能做到什么程度。

但是，对于优秀的销售人员，他们会更看重利用简单的方式解决问题。而且几乎都会考虑通过拜访来实施。在他们看来，任何困难都是可以交流的，可以谈的。他们很清楚如果真的希望解决问题，建立良好的销售业绩，就一定要通过自身的工作来达成。

我们经常劝诫销售人员，一定要把拜访能力搞好，这是一件非常有意义的事情。

以下内容是我们选取的一些关于拜访的观点。分享给大家。

拜访是保证销售资源最大化的工作手段

销售工作一定是要消耗资源的，这在我们开篇第一条内容就讲过了。那么，在所有的资源中，"最珍贵"也是"最便宜"的资源是什么呢？大约就是"个人的能力和知识"了。这些资源是丰富的，也是"能量"最大的；同时，也是"无形"的，还是可以"源源不断"的。所以，利用自己的能力和知识来获得销售业绩是"值得"的。

利用知识和能力最直接的方式就是通过拜访来实现的。因为，几乎所有的拜访都是在利用这些资源来和客户进行交流，或者是处理问题，或者是建立客情，也可能是为了销售业绩。虽然，很多时候，这样的工作还是要消耗一些其他资源的。但是，我们可以预见，能力和知识越高，其他资源消耗的程度越低，包括时间、体力、精力、资金、物品等这些比较有限的资源。

我们在之前就已经提到过：销售人员的工作，从"资源论"的角度看，就是两个，一个是建设资源，一个是利用资源。

努力提升自己的拜访能力就是一个建设资源的过程；充分利用拜访来

实现销售目的，就是一个很好地利用资源的过程。

当你的资源有限的时候，或者应该考虑怎么提升自己的能力，特别是拜访能力，大约这是最好的选择了。

善于拜访者，节约了大量无形和有形的资源，就可以保证这些资源发挥更大的效益。

拜访几乎可以实现所有的结果

我们知道，这样的说法的确有点过分了。终归拜访不是销售工作的全部，也不可能只依靠拜访就能得到所有的业绩。

我们这么说的目的有两个，一个是让大家遇到什么问题的时候，希望得到什么结果的时候最好"习惯"先考虑利用拜访来实现目的；另一个目的是，拜访真的还可以解决更多的问题，值得大家更深入地思考。

我们已经说过了，销售工作由两个元素组成：手段+目的。这样的组合中，最有意义的一个组合就是用拜访来配合任何的目的。

我记得曾经有一位老师说过，如果你还不善于用拜访来做好销售，并不是拜访没有效果，是你的拜访能力还没有达到而已。

拜访是销售人员最基本、最综合的能力

对于一个新人来说，无论先接受什么样的培训和教育，无论经过什么样的训练和准备，当他开始工作的时候，一定首先要做的事就是拜访。作为销售工作的起点，拜访是销售人员最基本的工作能力。

应该说，很多针对新员工的培训，往往会忽视拜访的重要性，更注重其他信息的灌输。这样的思路说明他们存在一个误区：只要掌握了基本信息就可以工作了，完全忽视了拜访本身就是一个基本的能力。

此外，对于其他销售人员来说，无论掌握了什么样的知识信息，了解了多么丰富的产品信息，对客户多么熟悉，都需要通过拜访来体现出来。而且，在拜访的过程中，需要利用各种知识，各种技能，各种信息。可以

说，拜访是一个最综合的能力。

关于这个问题，我们也发现很多销售培训工作，销售指导工作，往往忽略了这样的认识。并没有把各种信息与拜访进行结合。于是才会出现，销售人员学习时可以得高分，但是，在实际应用中就不能灵活使用。

所以，我们才会说，拜访是销售人员最基本的能力，也是销售人员最综合的能力。没有拜访的培训，销售人员不能算是合格，没有拜访作为"场景"，任何培训和教育都会是"空中楼阁"。

拜访是优秀销售人员最主要的指标

我们经常会面临一个问题：什么样的销售人员才是优秀的。这个问题很重要。知道什么是好，就会给销售人员一个努力的方向；知道什么是好，就可以合理地安排销售人员的工作。

可是，从我们看到的各种指标中，越来越少，或者，越来越弱化拜访的价值。

出现这样的情况，我们也做了了解。一方面是管理者和销售人员更注重资源的使用，对拜访的重视程度比较低；另一方面是评估人员自己的拜访能力都是有限的；只有比较少的情况是，很多人不知道如何来评价拜访水平。

我们必须结合行业特点来制定这样的指标。因为，正如之前所说的，拜访是反映销售人员综合水平的能力。也可以理解成，一旦拜访能力是优秀的，其他方面的能力都可以得到很好的验证；甚至可以利用拜访来检验其他的学习和训练。

同时，我们也一直鼓励销售人员在拜访能力上下功夫。这样才有可能在综合能力上有更好的提升，才有可能应付更多的销售工作。

当然，我们也要特别提出，拜访是"最主要"的指标，但是并不是全部的指标。在我们的实际工作中，就经常遇到一些销售人员对拜访的理解有缺陷，拜访的能力也不足，但是，其他方面的素质能力非常突出，甚至可以弥补拜访上的问题。

你呢？

关于拜访的观点，相信大家都会有不少切身的经验。

希望大家关注拜访，提升拜访能力……这样的话说了很多。

突破销售思维的新观点

拜访作为独立的工作手段，具体的表现方式就是"拜访循环"。

目前主要存在三种拜访循环：正向拜访，逆向拜访，互动拜访。

拜访循环

拜访是一种综合能力的体现方式。这样的观点也会让一些销售人员产生困惑：拜访是否脱离实际情况，脱离其他综合能力，就没有办法独立进行训练了。

在大部分针对拜访进行的训练中，都会结合产品、客户等特点进行。因此，只要我们和销售人员谈及拜访的事情，他们都习惯"例如""比如说"，因为他们实在不知道，脱离了实际情况应该怎么描述自己的工作内容。

此外，在我们参与的拜访培训中，很多老师和有经验的销售人员在评价其他人的拜访工作时，也主要是看拜访与实际情况的吻合程度，或者是看各种信息的应用情况。他们认为，既然拜访是为销售服务的，就应该按照实际的结果来评判。

同时，正如我们之前提到的情况。很多销售人员也认为"拜访就是从实践中来的能力""只要多做，多失败，多总结，自然就会了""别管怎么做，最终能达到效果就是最好的拜访"……这都说明大家对拜访的理解依旧是落后的。

其实，不需要我们给大家做什么纠正，我们只要想想：没有战争的时候，部队怎么训练士兵呢？没有开始做手术之前，医生怎么练习呢？运动员不比赛的时候，怎么训练呢？

的确，很多能力都需要在实践中摸索，进步。但是，如果没有一个"套路"或者"标准"，完全靠实践，那么代价一定是巨大的。

而且，如果没有一个基本的套路，没有基本的标准，人员也就没有了创新的基础，完全靠自己去撞，自己去摸索，这样的效率也是很低的。

因此，很早以前就已经有很多企业和专业研究人员在为拜访设计套路和标准了。而且，还是不断结合实际情况进行调整。

这样的研究成果很多，其中公认比较好的成果就是"拜访循环"。

我们也围绕这个主题写了一本书，之前已经提到了，应该说是目前最全面讲解销售拜访研究成果的书——《从99%到∞的拜访》。

拜访循环的建立

所谓拜访循环，并不难理解。

首先，销售人员的拜访实际上是有明显的重复痕迹，虽然具体情况存在差异，但是具体的思考方式，行为方式，都是比较固定的。而且每次都这样地重复。销售工作的成果和业绩也是在这种不断地重复中实现的。

于是，我们就可以对优秀销售人员的拜访过程进行研究，分解成不同的"模块"，建立一个相对来说，最大程度适应各种拜访的一个模式。

这样，我们可以让更多的销售人员按照这个模式来学习、模仿；也可以根据具体的拜访情况进行"模块化"的分析，找到问题，进行调整；还可以在这样的基础上，发挥销售人员的聪明才智，把不同的模块做出更多的想法和创意。

当然，有了这样的模式，我们在评价销售人员拜访工作的时候，就有了一个基本的参照标准；当我们学习别人的经验的时候，就有了一个针对性强的参照；我们在学习和训练的时候，也可以做成不同模块的套路，可以分解来学，联合来用。

这就是拜访循环非常重要的价值。

因为销售工作的变化越来越快，很多种拜访循环的模式都不能适应发展需要，所以，各种拜访循环的成果，都有一定的时效性。

经过我们的研究和实践，结合各种收集到的研究成果，我们做出了目前相对还算稳定的一个拜访循环，至少，还是有比较强的适应性的，而且，短时间内还可以保证符合各种销售工作的需要。

三种拜访循环

在我们推出新的拜访循环的时候，已经考虑到销售工作变化的情况，特别制作了三种不同销售工作的拜访循环，分别为正向拜访循环、逆向拜访循环、互动拜访循环。而且，也明确了不同拜访循环的适用范围和特点。

因为本书并不是针对拜访的专项内容研究，也考虑到多数销售人员的整体水平是可以的，所以，我们只做一些简单的介绍。

第一个拜访循环是正向拜访循环，具体的模式化成果如图1所示：

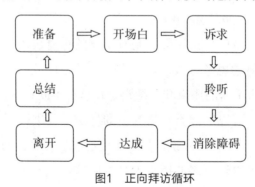

图1　正向拜访循环

正向拜访循环的含义是指，这个拜访是由销售人员主动发起的拜访，是大多数销售人员最常见的情况。当我们有需要，有想法，有目的，有"企图"的时候，我们会主动与客户进行联系，并启动这样的拜访。

第二个拜访循环是逆向拜访循环，具体模式化成果如图2所示：

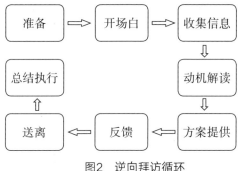

图2　逆向拜访循环

从这种拜访循环的名字就知道，这个拜访并不是由销售人员启动的，而是由客户首先启动的过程。例如客户的问题、客户的投诉、客户的要求、客户的想法等因素由客户主动联系了销售人员，并启动了这样的一个拜访工作过程。

当然，对于大多数销售人员来说，这样的情况总体来说是少的。不过也有一定的比例。当然，对于这样的情况，很多销售人员是比较害怕的，很怕客户找自己，总怕出问题，也不是很善于应对这样的情况。这个拜访循环就给大家提供了一个基本的模式。

此外，由于售后和客服工作逐渐发展成销售工作的范畴，这个拜访循环就很有意义了，因为他们的所有工作几乎都是被动的。这样的拜访循环可以帮助他们做好销售工作。

第三个拜访循环就是互动拜访循环，具体模式化成果如图3所示：

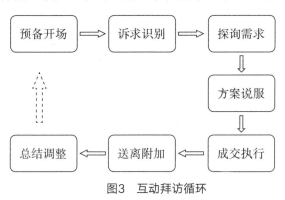

图3　互动拜访循环

这种拜访对于一般的销售人员来说，比例就更低了。只有涉及谈判、协商的时候才会遇到。所以，使用的机会也非常少。

但是，对于一些销售行业却几乎是全部内容，这就是我们经常提及的店面销售，当然，现在也包括网络销售和电话销售。

因为这些也算是拜访范畴，是双方都希望，而且几乎是同时启动的拜访过程。所以称之为互动拜访。

以前，这样的过程被划到"卖货""售货"范畴，并不是按照拜访来研究的，所以，其中的销售成分也很低，甚至不被大家认为是销售工作。现在，我们把这样的过程整理成了拜访过程，还建立了比较有效和稳定的拜访循环，就可以真正发挥这些行业的效益了。

要不要买本书看看啊？

在这里，我们只是把一个研究成果展示给大家看。相信一直在思考这个问题的销售人员是可以直接从这些图表中找到自己想要的内容的。

当然，这个循环并不简单，每个环节都有不同的内涵，还有很大的发挥空间。这是很值得销售人员仔细体会的。而且，这个循环不是"死的"，还存在根据实际情况进行调整的方式。就像各种套路是基础，实际应用肯定不能"教条"。

有了循环。我们就可以根据销售人员实际的拜访情况，选择自己不擅长的做重点学习和训练，也可以根据这个循环的实际情况，设计各种必要的知识、信息、能力的训练，让自己的拜访更有效益。

拜访，拜访循环充满了各种变化的魅力，也体现着销售人员的魅力。

再次推荐《从99%到∞的拜访》。

突破销售思维的新观点

拜访能力是可以训练和提升的。

目前我们推荐的方式是"单练，两演，三述"。

拜访能力可以训练

对于拜访的误解，还包括一种情况，就是很多人认为拜访能力更多来自于"天然"，认为一个人的性格特点是决定拜访水平的关键，认为"能说会道""善于沟通"就是拜访的基础。如果一个人缺乏这样的素质，不仅拜访做不好，甚至销售都做不好。

我们不否认，很多销售人员如果具备这样的素质，的确是对销售工作有帮助。但是，这些因素绝对不是销售人员必需条件，更不是优秀销售人员的必需条件。因为，销售能力是可以训练的，同样，拜访能力也是可以训练的。

销售工作不是一个"吃老本"的过程，并非只是"利用自己的优势来做销售"的。这是一个专业的领域，既然是专业，就一定存在学习、训练、进步的过程。

性格内向的人员一样可以做好销售，也一样可以具备优秀的拜访能力；

反正，即使条件优越的销售人员，如果不保持学习的态度，如果不坚持学习和训练，最终也不过是"原地踏步"而已，不会有更大的进步。

事实上，各种类型的销售人员，我们都遇到过，大家也一定遇到过很多性格差异很大的优秀销售人员。

我们经常说"开始不重要，速度才重要"。销售能力的"比赛"，从来不看起点的差异，只看你进步的速度，以及最终的结果。

以拜访循环为基础的训练

我们也很清楚，之所以造成这样的误解是"有情可原"的。因为大多数的销售人员并没有"拜访是一种技能"的认识，所以，大都是靠"实践积累""不断尝试""经验教训"等方式来完成个人能力的提升。

这样，确实需要一些特殊的条件才能做好。也就形成了我们普遍对销售人员的"脸谱化""条件化"的情况。

所以，很多销售系统中，都会努力寻求各种方式来解决这个问题，特别是对拜访训练的方式。大家都知道这样的误区，也都在努力想办法解决。其中，最常见的思路就是通过对拜访模式化的方式。

我们见过很多类型的拜访模式。有按照拜访进度设计的，例如首次拜访、二次拜访、持续拜访；有按照客户特点进行设计的，例如客户拜访、顾客拜访等；还有按照目的进行设计的，例如客情拜访、销售拜访、业绩拜访等。

目前来看，我们所提出的"拜访循环模式"是很多销售系统比较认可的。一方面适用面比较广，另一方面更容易学习和训练。

这大约就是拜访循环最重要的意义吧。

单练

那么，基于拜访循环模式的能力训练该怎么做呢？

我们见过很多种方式，也各有特色。我们特别把其中比较有效的方式提供给大家参考。我们把这种方式称之为"单练，两演，三述方式"。

所谓"单练"，就是针对每一个模块，进行单独的学习和训练。

我们提出的拜访循环都是由不同模块组成的，每个模块都有非常多的内涵，也包含了很多的技能。

我们可以把这些模块单独拉出来，对销售人员进行详细的讲解，让大家对这些模块的内涵、意义、作用有充分的理解。

然后，就可以围绕单独的模块进行专项的训练，让他们可以比较熟练掌握这个模块的运作能力。必要的时候，还可以结合实际情况、各种拜访目的进行"实战练习"。

拜访过程恰恰就是这些模块的灵活运用。当大家能掌握这些"套路"，也就具备了"上战场"的基本条件。虽然不能确定他一定可以做好，至少他已具备了做好的条件了。

两演

所谓"两演"，就是两种有针对性的演练方式。

第一种演练，我们称之为"全案演练"。就是让销售人员按照拜访全过程来完成演练。也就是说，必须在演练过程中，把所有环节都要展示出来，包括"准备"和"总结"环节都要展示出来。

这种演练方式最好的地方是让大家可以对各个环节的应用有更直接的体会。而且，很多时候都是需要至少两个人来完成演练，也可以从客户角度来发现自己拜访中的问题。

第二种演练，我们称为"特殊演练"。就是让销售人员面对各种特殊情况的"演习"。这些特殊情况包括常见的内容。重点让销售人员了解这些特殊情况，也可以比较好地应对这些特殊情况。

对于全案演练，我们一般支持演练人员提前进行必要的设计，应该说，更大程度是"演"；对于特殊演练，我们一般不会让销售人员提前知道会有什么特殊情况，这样的方式更多体现在"练"。

三述

所谓"三述"，就是销售人员在提升拜访能力时的三种"陈述"。

这些方式也是很多管理者在对销售人员进行指导时的方式，也可以是培训人员经常使用的方式。

第一个是陈述。即要求销售人员在拜访之前，就自己对拜访各个环节的考虑、准备、应对等内容进行陈述。这种方式是很有效果的。一般，销售人员提前陈述以后，就可以马上给他们进行纠正指导，对于销售人员这次拜访的效果以及整体能力的提升很有帮助。

第二个是复述。即要求销售人员在完成拜访之后，对拜访的全过程进行复述。这个过程并不容易，尤其是新人。我们可以通过他们的复述，发现工作中的缺陷和漏洞，及时提出改善的意见。这种方式可以让销售人员对于拜访非常认真，也会努力观察更多的细节，是销售人员快速成长的"捷径"。

第三个是口述。这就比较容易理解了，就是把一些问题，一些情况，一些场景提出来，让销售人员马上口述具体的想法和做法。这有点像是考试一样。但是，确实是很有效的。不仅可以让销售人员对知识点有掌握，也可以帮助他们丰富思考的范围。

开始训练吧

关于拜访能力的提升和训练，很多销售人员都有自己的方式，涉及的内容也很丰富，包括知识、信息、表达、礼仪、爱好、娱乐……都是为了可以充分发挥个人的才华，可以取得更好的销售成果和业绩。

基于拜访循环模式的训练方法是目前比较公认较好的方式，大家可以参考。当然，我们也希望大家有更多有效的方式来提升自己和销售人员的拜访能力。

总之，拜访是可以训练的，销售也是可以做得更好的。

你可能有，但是自己不知道；

你可能没有，自己也不知道

能力篇

突破销售思维的新观点

48 — 51 ⁺

突破销售思维的新观点

任何销售工作能力都必须可以通过销售工作表现出来。

能力与工作存在双向的促进和制约关系。

你能证明么？

我们可以设想一个场景，假如你正在参加一场销售人员的招聘，如果你是参加面试的人员，你如何向面试官来证明自己具备优秀的能力呢？如果你是面试官，你将如何才能了解到面试人员的实际能力水平呢？

是不是觉得有点难呢？

当然，可能对于一部分人员来说，这个题目还不是最难的。因为很多销售人员居然不能说清楚自己到底有什么能力，更不要说怎么让别人看到或者识别到了。

我们都曾经通过网络了解到一些"某某公司面试题"这样的文章。其中很多测试题就是希望能通过测试结果来判断人员的能力水平。当然，这些文章中所说的内容，大部分都属于"奇葩"范畴，并不具备什么样的价值，不过是笑笑就算了。

销售人员的能力是客观存在的，但是，我们居然不能证明自己的能力，也无法证明自己的水平。这是一个非常重要的问题了！

我能，也见到很多人能

大约是十几年前，当我第一次换工作，去参加面试的时候。我可以很好地陈述自己过往的成绩和工作的内容。可惜的是，面试官明确告诉我：第一无法验证这些内容；第二现在产品和市场都变化了，他们无法保证我可以应付新的挑战。于是，我突然想到一个方式，就是完成一个现场的拜访演练。当我完成了这个演练之后，他们就决定聘用我了。因为，在他们看来，这样的方式已经很好地证明了我是一个优秀的销售人员，是符合他们招聘要求的。

大约十年前，当我第一次当面试官来招聘人员的时候，也会面临同样的问题。记得我要招聘一个销售主管。当时，这个应聘者采取了一个方式来证明自己的能力。就是现场结合我们随机提供的销售数据，完成了一个非常漂亮的数据与销售工作分析报告。这就让我们马上被他征服，决定聘用他了。

是的，无论你如何把自己的能力说得非常漂亮，都是基于自己的角度。你必须考虑如何来证明自己具备这样的能力。而最好的方式，就是通过销售工作来进行表现。

能力一定要让人看到

从理论上讲，任何能力都是可以通过销售工作来表现出来的。

这个理由非常清楚，各种能力都要为销售工作服务才有意义，否则就只能算是个人爱好而已了。既然能为销售工作服务，就一定可以通过销售工作表现出来。这是一个比较合理的逻辑。

那么，大家到底有什么样的能力，你会如何通过销售工作来表现出来呢？

不仅是为了应聘，更多时候，我们也需要让客户识别出来我们的能力，我们的优势，我们的特点。那么，同样需要考虑如何证明，如何让客户看到。

我们经常听到销售人员提及自己的特点、能力、优势时会说到类似于"勤奋""努力""诚信"等词语。可是，这些词语该如何在销售工作中表现出来呢？

因此，我们看到，有的销售人员很幸运，由于一些特定的环境和场景，让销售人员展示了自己的能力特点；更多的销售人员则只能抱着这些东西"孤芳自赏"了；但是，还有一些很聪明的销售人员会制造一些机会展示自己的"魅力"。

大家可以学学这些聪明的销售人员啊。

能力和工作的关系

能力从来不是孤立存在的。一定需要一个"输出方式"来发挥效益。

一方面，我们要为自己的能力找到这样的"输出方式"，真正让这样的能力成为自己销售工作的优势。

另一方面，我们还要根据销售工作的需要来补充必要的能力。

这就是能力与销售工作之间互相促进和制约的关系。

优秀的销售人员，每当掌握了新的信息、新的技能、新的想法，甚至是一个新的笑话、新的段子，都会考虑如何利用这些内容，并通过销售工作来把这些内容展示给客户，更好地强化客情关系。

同样是优秀的销售人员，每当发现销售工作出现了问题，都会考虑自己在能力方面的欠缺，会去考虑如何弥补自己的不足，会去学习和训练，然后来完善自己的销售工作。而不会首先去抱怨客户，抱怨工作，甚至抱怨公司和产品。

请问！

那么问题来了。

你现在有什么能力呢？如何来表现呢？

你现在的工作有什么问题？需要什么能力来完善呢？

不怕大家能力不够，就怕大家不知道、不清楚。

或者，这才是大家最需要的"能力"吧。

突破销售思维的新观点

能力评估、提升、培训都需要建立销售人员的能力模型。

"三维能力模型"：素质，能力，思想。

应该有个"能力模型"

如果让销售人员提出自己认为销售人员应该具备什么能力？估计会是一个非常庞大的内容吧。大家会发现，几乎没有什么能力是没有用的。

如果让销售人员提升自己的能力，估计更会感觉需要学的内容很多吧。最终，都会选择自己有精力做的内容，其他内容就算了吧。

如果在一场培训会上，你听到前辈或者专家讲的每个关于能力的内容，是否觉得很吸引人，是否觉得他们讲得很有道理。好像自己真的需要这些能力。

首先，必须清楚，学海无涯。是的。当你看到各种新东西，都会萌生学习和掌握的愿望。这是很正常的。但是，一定要注意，我们的进步是围绕销售考虑的。并不是所有好的东西，都是我们应该学的。

其次，必须结合自己的实际条件，根据自己实际的需要来选择内容，而不是听别人的意见，更不能被那些从未做过销售的人来帮你决定。

因此，你必须要有一个自己"关于能力"的"框架"。符合需要的就好好学，不符合需要的就要适当放弃。

这个关于能力的框架，就是"能力模型"。

从理论上讲，每个人都应该有自己的能力模型。但是，这并不实际。

不过，如果有一个比较完善的能力模型，作为参考，再结合自己的想法进行增减或者调整，就会相对容易了。

基于这样的考虑，我们很早就开始研究这个课题，并结合我们了解的销售工作类型，先后设计了多个模板。也在不断地进行调整。

当然，即使现在我们把这个模型展示出来，仍然不是最完美的结果。

一来，还有很多销售工作类型是我们不了解，不熟悉的。二来，还有很多销售人员的特点并没有被纳入我们的研究范围中。

所以，非常希望大家不要认为这个就是"肯定"对的。应该说，这是我们抛出来的"砖"，大家结合自己的想法整理出来的，才是最好的"玉"。

三维能力模型

我们设计的销售人员能力模型主要包括以下内容。

我们把销售人员的能力分成三大类：素质类，能力类，思想类。也可以称之为"三维能力模型"。

素质类，是指销售人员需要具备的基本素质，这是做销售的基础。也可以说，如果没有这些素质，其他的能力都无从谈起。

素质类，分为以下更细致的内容：

个人素质：包括市场知识、产品知识、商业知识等内容；

工作素质：包括管理制度、工作政策、产品应用等内容；

企业素质：包括企业文化、企业优势、企业理念等内容。

至于每个方面更具体、更细致的内容就要根据行业和企业特点来拆分了。

能力类，是指销售人员为了做好销售工作需要掌握的一些基本技能。这是开展工作的基础条件，也是各种素质被"表现出来"的途径。

能力类，分为以下更细致的内容：

交流能力：包括拜访技能、客户工作、表达能力、问题处理等内容；

推广能力：包括开发工作、上量工作、推广手段、工作效率等内容；

市场能力：包括客户管理、市场调研、业绩发展、推广方案等内容；

管理能力：包括管理手段、团队建设、绩效考核、管理策略等内容。

当然，每个部分也需要结合自己的行业和个人特点进行更细致的拆分。

思想类，就是作为销售人员应该具备的思维模式，以及思想意识方面的内容。这个应该是保证素质、能力更好发挥作用的基础。

思想类，也可以分成更具体的内容：

职业思想：营销理论、职业规划、心理调节等内容；

专业思想：行业市场，行业市场，政策法规等内容；

创新思想：工作方法、哲学杂家、创新思维等内容。

这些内容并不是"必须有的"，具体内容就要看自己的理解和需要了。

能力模型的意义

很多人认为能力模型就是一个研究成果而已，具体使用起来，意义不大。

这是错误的观点。

一方面，我们可以"有限地"看到销售工作需要的内容，根据这些内容可以有针对性地提升自己，保证自己更全面地发展。

另一方面，我们可以利用这些模型中更细致的内容来审视自己的销售工作，以及别人的销售工作，更容易看到自己的弱点和不足，以及别人的优点，这样自己的进步更准确。

如果你是做管理的，或者是做销售培训的，这个模型的意义就更大了。可以更全面地评估销售人员的现状，更清晰地明确提升和管理的重点。

有观点说：没有能力模型，就不要谈培训；没有能力模型，就不要谈进步；没有能力模型，就不要谈管理。

也许有点极端。但是，确实有道理。

突破销售思维的新观点

非销售能力与销售工作结合，主要通过"辅助""融合"来实现。

辅助：识别并强化能力的价值。

融合：通过属性链接实现结合。

非销售能力

作为销售人员，肯定不可能完全是为了工作，也会有自己的生活，自己的爱好。于是，很多销售人员必然会具备某些特殊的能力。例如擅长音乐、喜欢体育、爱好下棋、热衷读书、厨艺精湛……甚至，还有一些特殊的，完全是先天的能力，例如漂亮、帅、身材好等特质。

于是，在涉及能力方面的问题，必然会有这样的考虑：这些能力虽然不是销售能力，但是，是否有可能为销售工作发挥更有力的促进作用呢？

一般来说，如果我们运气好，客户可能也同样具备类似的爱好和特质，那么，我们就可以直接利用这些能力与客户在建立客情的过程中发挥特殊的作用。这也是很多销售人员首先想到的方式。

但是，我们似乎没有理由，也没有权力去选择客户，客户也不会按照我们的期望来出现或者改变。更重要的是，这种方式具备非常强的"独特性"，不具备良好的"可复制性"，最多只能算是一个"传奇故事"。这不仅对其他客户没有意义，甚至对自己的其他工作帮助也是很有限的。

那么，我们这些能力和特质，就不能为销售工作发挥促进作用了么？

当然不是。

如何让客户看到呢？

关于非销售能力的问题，我们首先要提出两个问题，也可以是一个思考方向。

"你如何让客户识别到你的这种能力。"

"你如何让客户认为你的这种能力是被认可的。"

因为非销售能力与销售工作的交集机会非常少，甚至是罕见的。那么，你首先要考虑的是，如何让客户识别到你有这样的能力和特质呢？

当然，有些特质是直观的，像你的形象，你的气质。这时，你要考虑的是如何保证做到好就可以了。同时，还建议最好有一些专业的指导，使得这些特质可以被客户直接识别和认可。

所以，我们经常说，你的外在是优势，关键是如何用好它。

可是，更多的非销售能力和特质就很难做到"直观"了。你喜欢下棋，总不能抱着棋盘直接在客户办公室摆一盘吧。

这就需要销售人员的"设计"了。

要知道，或者客户对这些能力不一定感兴趣，但是，一定具备一定的识别能力，他们对于相关领域的人才还是比较认可的。至少，如果他能知道你具备这样的能力，总是会"佩服"的。

那么，怎么设计呢？这就是个难题了。

场景设计

我们经常会提到一个概念："场景设计"。

是的。我们要为自己展示这样的能力来设计一个场景。

不要排斥设计这样的场景，也不需要因为"刻意"而觉得"功利"。努力展示自己的能力，本就是一个非常重要的工作内容。

不可否认，如果你的场景设计不是很好，估计你的展示也会带来不好的结果。

怎么说呢？

忍不住说几个小案例，算是给大家一个启发吧。

你在一家酒店等客户一起去工作。当客户下来的时候，你正在酒店大堂，弹着钢琴，音乐很美。客户会怎么看呢？

你听说客户生病了，把自己做得非常地道的家乡菜拿给客户品尝，客户赞不绝口，这样的效果如何呢？

你与客户谈合作，选择了一个非常精致的小茶馆，你关于茶叶的知识得到了展示，更可以泡出有品质的好茶，估计客户一定非常喜欢的。

就说这些，大家可以举一反三了。

不过，还是要提醒大家，如果你只是爱好，水平很烂，最好还是慎重吧。否则，搞不好，会变成一个笑话了。

销售需要更多的能力

关于非销售能力与销售工作的结合，最好的方式大约就是"融合"了。

我们所掌握的一些技能、知识、能力，都不是一个简单的内容，一般都是包含很多"属性"的。

简单举个例子，像我们学习下棋，除了胜负、技巧以外，还包括全局观，"零和思维"，换位思考等属性。当我们在学习和练习下棋的过程中，这样的能力也是会被训练出来的。这些就是一个技能的属性。当然，作为一个外行，大约只能说这么多了。相信真正爱好这个项目的人一定会有更多的想法。

而这些属性，都可以在销售工作中被利用，也会有很好的发挥空间。

当我们可以把这些属性与销售工作融合起来，将有可能形成很有特色的销售工作。长此以往，甚至可以形成自己的销售风格。

就像我们之前提到过，销售是一个专业，但是，行业也是一个专业。我们不能说在行业专业的人一定可以做好销售。但是，我们必须考虑到，如果在行业中有一定的专业基础，一定会对销售更有帮助。前提是，你是否真正把专业与销售进行了融合。

在我们研究的案例中，很多被市场认可的优秀销售人员，往往都会有一些特殊的非销售能力作为支撑。

而且，我们从一些资料里可以看到，但凡在专业上有所造诣的人，往往都会在其他领域也有非常好的水平。这大约就是互相促进，互相融合的结果吧。

一个只会销售的人，肯定是很局限的。一个掌握很多技能的销售人员，销售工作的发展空间一定是更大的。

融合！

所以，销售的确是一个专业，但是，绝对不是一个封闭的专业。

销售是一个非常开放的专业，是一个可以融合任何其他东西的空间。

当然，关键是你如何实现这样的融合。

突破销售思维的新观点

能力评价的量化方法：表现因素实现打分法。

根据可识别因素分解，针对可识别结果，通过打分方式进行评价。

怎么知道你好呢？

关于能力的量化评定问题，一直是销售人员、管理者、培训人员一个非常关注的课题。也出现了很多种评定的方式。

其中，比较常见的方式就是"评委打分法"，就是让一些能力比较强的，或者是管理者，或者是培训人员来做评委，根据销售人员在能力上的表现，进行打分。然后，根据大家打分的情况，或者综合，或者累加，或者加权，最终得到一个评定结果。

这种方式的基本原理是清晰的，就是以相对优秀的、先进的人员或者是管理者的要求作为标准，根据销售人员实际表现与这些人员的差距来进行评定。对于销售人员来说，可以首先考虑如何满足这些优秀和先进人员的标准，通过这样的方式，可以让销售人员参照这些"榜样"来实现个人的进步。

这种方式也是存在一些问题的。第一个问题是无法体现持续性。因为每次不同的人员打分就会有差异，即使是同样的一群人，在不同的情绪下，也会造成差异。所以，这样的结果不具备可持续的价值。第二个问题是无法体现进步性。因为最终销售人员得到的是一个总分，即使有一些分数的分解或者评委的点评，往往都是比较散乱的，每个人的意见都会有差异，这样就无法通过评定来达到提升个人能力的目的。

在我们看来，如果仅仅是对一个结果的评价，并不需要考虑提升的问题，这样的打分法是完全可取的，就像唱歌、跳舞、演讲等。就是为了比较出一个结果而已。完全根据个人的喜好程度评定就可以了。

但是，对于销售人员的能力来说，这样的评定就很重要了。因为评定方式，直接决定销售人员能力的水平，关键是要让销售人员意识到差距，有明确的继续进步的方向。

裁判方式

此外，我们还关注了体育比赛的"裁判"方式，像体操、跳水等项目。因为这些项目都需要通过裁判来进行打分。相对来说，这样的方式会更合理、更公平一些了。因此，有一些销售团队会采取这样的方式。我们自己也这么做过的。

裁判方式主要的方法就是把打分内容进行分解，例如动作分、完成分、同步分等。然后，由不同的裁判负责不同的分数评定，最终把所有类型的分数进行整理、加权形成最终的总分。

这样的方式就有了一定的先进性，至少会关注不同的要点。无论是体现公平性，还是对"运动员"训练的引导性，都会有明显的提升。

可是，在我们实际的操作中，会发现这样的方式也是有一些问题的。因为大部分裁判都是专业的裁判，他们会在打分的时候有比较一致的标准。例如动作做到什么程度得多少分，完成到什么程度得多少分。一般他们都会经过必要的学习和训练。所以，最终他们打的分数都比较一致，不会出现太大的偏差。

而很多销售团队所选的"裁判"往往还是优秀人员的身份、管理者的身份，他们肯定没有经历过类似的学习和训练。应该说是一群"不专业"的裁判。于是，打分的方式、跨度、标准更是差异很大。最终，从结果上看，好像和之前的评委方式没有太大区别。

表现因素实现打分法

在最近这些年里，我们一直在尝试另外一种评定的方式，就是"表现因素实现打分法"。我们可以先了解一下具体的方法设计，再去探讨这种方式的优劣。

第一步，我们要针对需要评定的能力进行一个分解过程。这就有点像体育裁判的分解方式。例如拜访能力，我们可以分解成"拜访流程""拜访表达""拜访内容""拜访互动""拜访结果"等几个内容。

第二步，我们要为这些分解的内容确定评定的量化标准，而且是可以识别到的。例如拜访表达，我们可以确定"出现结巴停顿，每次扣1分""出现口头禅，每两次扣1分""出现错误，每次扣2分"，以此类推。

第三步，我们会安排负责打分的人员进行必要的、相对简单的"小培训"，重点是让他们习惯只关注自己负责的内容，也会让他们知道应该怎么去识别，怎么去打分。

第四步，就是设定不同分解内容的权重了。这是很必要的，因为同样是一个能力的评定，由于不同阶段，不同提升的要求，一般都会调整权重。例如这段时间重点是提升销售人员的拜访表达，那么，就可以给这个项目更高的权重。

好了，基本就是这样的方式了。很简单，但是却很有意义。

一来，这样的打分过程，完全不需要选择特定的人员来做，几乎任何人员都可以胜任，即使是外行也不影响最终的结果。

二来，通过打分标准的确定，也让销售人员可以在表现各种能力的时候，非常清楚应该关注什么，应该注意什么。在他们努力得到高分的同时，也可以强化一些能力的要点。

三来，也是最有意义的事情，就是这样的标准一旦设计出来，往往可以很好地复制。各个团队都可以直接照搬，不仅方便相关工作的开展，也可以形成比较一致的标准。

唯一的难点在于这样的标准不是谁都可以设计出来的。这是这个方式的一个限制。因为这样的方案设计是需要一些专业人员做的。最常见的就是由培训人员进行设计。但是，考虑到这个方式的可复制性，我们觉得这样的工作还是必要的。

无评价，无提升

能力，从广义上看是一个比较空泛的内容。但是，如果完全停留在空泛的范畴，就无法评定，无法提升了。

因此，建立可量化、可促进、可执行的评定标准是一个非常有意义的事情。大家可以参照我们所提出来的"表现因素实现打分法"，也把一些能力内容进行必要的设计。

如果是团队级别的，管理系统级别的，就更有价值了。

我是销售人员，我骄傲

人员篇

突破销售思维的新观点

$$52 - 56^{+}$$

突破销售思维的新观点

"销售人员的自我修养"在于对"心理特质"的修炼。

销售人员的心理特质包括：积极正面，敢于突破，坚韧适应，广泛包容，自信自我。

优秀销售人员的炼成

在销售行业是有一种观点存在的：但凡是顶级的销售人员，一定是在人品层面和精神层面都会比较优秀的。

这个观点是比较正确的。因为销售工作几乎就是和人打交道，或者可以在一次和少量的交往中使用一些"伎俩"或者"技巧"。但是，销售人员和客户是一个持续的交流过程，客户也会慢慢熟悉销售人员，销售人员也不可能总是"装"，最终一定会被客户识别到销售人员的本质特点。

所以，销售人员可以成为优秀的，而且可以长期获得客户认可的，可以持续获得销售业绩的，一定在人品方面获得足够的认可。

此外，销售工作不是一个容易的过程，各种困难，各种挑战，甚至各种折磨都会不停地出现。销售人员可以面对这些，还能够一个个地跨过去，所需要的精神层面的力量一定是要强大的。

就像我们曾经从影视剧里看到，当我们的士兵被敌人俘虏了，敌人如果了解到这个士兵是参与过战争的，特别是一些残酷的战役，一般都不使用严刑，理由很简单：一个从死人堆中爬出来的人，是不可能因为刑罚而投降的。这也像那些经过常年折磨的销售人员，他们经历了那么多困难，一定是在意志力方面具备强大的力量。

当然，在我们描述这些优秀的销售人员中，是指那些真正通过销售工作锻炼出来的，并不包括某些特殊情况。例如人情原因、背景原因、关系原因。这些人员或者业绩优秀，或者职位很高。在销售人员的眼里，都是"不屑"的。

销售人员的自我修养

但凡涉及这个层面的内容，真的就不是通过培训、学习就可以做到的。至少，我们只能通过培训和学习了解到一些要点。但是，真正要做到，就需要一个必然的"自我修养"过程。

估计大家对这个词的了解是通过电影上周星驰拿的一本书《演员的自我修养》。的确，这种素质的建立和强化，真的需要自我修养。千万不要指望别人可以帮你做到。最多只能是引导和指导。涉及修养层面的，就是需要自己来对自己进行"修习"和"养成"的过程了。

这个过程并不容易。往往需要先通过"自我约束""自我克制""自我习惯""自我升华"等几个步骤。一般先会按照这样的要求来约束自己的想法和行为，然后会面对各种挑战和各种动摇，通过克制来对抗自身的情绪，之后会慢慢习惯，并逐渐渗透到自己的想法和行为中，最终，随着自己更深入地体会，逐渐升华，逐渐融合到自己的全面思想和行为中，这样才能真正达到修炼的目的。

这个过程是必需的。或者说也是一个必然的过程。如果没有自我修养的过程，可能自己的成熟会慢一些，会出现偏差。如果能够完成自我修养过程，自己的成熟会更快一些。

作为一个销售人员，大多数希望自己可以更好一些。那么，就很有必要关注"自我修养"的事情了。

心理特质是最主要的修养内容

我们从以上的描述中，大约就了解了，涉及自我修养的内容，主要是针对"心理特质"来进行的。也就是说，需要建立一个强大的"内心"，而这种内心对于销售来说是一种特殊的状态，是可以对销售有更大促进的状态。我们可以看到，不同的工作，都会有不同的心理特质。我们也可以通过不同人员的心理特质，大约了解到这个人从事的工作。

当然，能建立"心理特质"已经不容易，何况能有强大的"心理特质"。

关于销售人员的心理特质，我们还是做了一些研究。一方面需要从自身进行挖掘，终归我们自己也是做了多年销售工作的；另一方面就需要和优秀的销售人员进行交流，这样就可以从他们身上看到不同的特质。其实，还有一个内容对我们很重要，就是通过对"还不是很优秀的销售人员"进行研究，会看到在他们的工作中，有很多缺陷并不是我们常说的"认识，思考，技能，表现"这四个方面出了问题，而是他们的内心出了问题。这就可以让我们对某些"心理特质"更关注。

经过比较长的时间的总结，我们还是提出了自己的观点。在这里展示出来，算是给销售人员在"自我修养"中的参考意见吧。

五个词，五个心理特质

我们一共提到了五个"四字词"，分别是"积极正面，敢于突破，坚韧适应，广泛包容，自信自我"。那么，我们就简单介绍一下这五个词具体的含义。

"积极正面"。

销售工作有一个非常重要的特点：任何销售工作都是从"拒绝和冷漠"开始的。其实，不仅仅是开始。可以说，我们的销售工作就是在这些困难中展开的。所以，一个积极正面的心态非常重要。

如果销售人员长期"浸润"于抱怨和畏难的情绪中，一定会慢慢"融化"自己的斗志和决心。最终，会消磨自己的热情，销售工作也就不可能真正做得好。

所以，在销售工作中有这样的戒条：抱怨就是癌症。不断从困难中看到机会，不断从折磨中重新站起来，这种心态是销售人员强大的内心基础。

"敢于突破"。

关于这个词就不需要说太多了。销售业绩还要增长，而且是"没完没了"地增长。可能还要面临新的市场，新的客户，新的产品，新的模式。也就是说，自己曾经努力的过去都会逐渐失去意义。你不得不"否定过去"，不断地重新开始。这就是"敢于突破"。

但凡习惯抱着过去的"功劳簿"活着的人，但凡张口必提"老子当年"，但凡主张"当初有效"等这样的销售人员，估计他的成就也只能停留在过去了。

"坚韧适应"。

从字面上看好像是两个内容，一个是"坚韧"，另一个是"适应"。需要大家注意的是，我写的不是"坚忍"而是"坚韧"。这个是有区别的。"忍"更多的是无奈地忍受，而"韧"是不屈不挠的含义。我们要说的不是忍耐，而是为了目的的一种努力，既包括忍耐的成分，更多的是不屈从的状态。

这个词好像和"适应"不大相关。其实，我们要知道，不断根据现实进行调整，不断根据变化进行改变，就是适应。而这个过程，往往需要的就是"坚韧"的态度。

坚韧不是为了对抗，而是为了适应。这种感觉就像是一颗小种子一样，无论是泥土、石头、缝隙，都一样可以"坚韧地"长出来，成为一棵大树。

这是销售人员最需要的一种精神。

"广泛包容"。

销售工作从来都是一个开放性的工作。我们之前就说过了：没有什么是对销售没有用的。

所以销售人员对于信息的接受是很广泛的，也是很包容的。无论是时尚的，流行的，专业的；无论是国家的，世界的，宇宙的；无论是工作内，工作外的……他们都会很乐于去了解，去接受。当然，最终他们要做的是"利用"。

销售人员必须要好学，必须要包容。这还是现实工作要求的。

各种客户，各种市场，各种竞争……如果没有广泛和包容的内心，估计很难维持自己的工作了。

"自信自我"。

最后这个词是一个比较纠结的观点。看上去有点矛盾。事实上，真的是有点矛盾。

只要是优秀的销售人员总会体现出这两个词的纠结。虽然我们并不知道这样的纠结是好事情还是坏事情。反正，我们确实在很多优秀销售人员身上可以解读到这样的特点。

一方面，他们的自信是"爆棚"的。对于自己的想法、做法、结果都充满了信心，这也是保持斗志的精神基础。

另一方面，他们又非常的自我。对于自己的判断非常依赖。喜欢的就真诚地喜欢，不喜欢就没有保留地不喜欢。当然，我说的喜欢和不喜欢都不是表现出来的，他们还是很有策略的。不过，他们内心是非常尊重自己的判断的。

这也许是必要的。

至少他们以这种方式可以适当保护自己，也可以对各种信息，各种人有一定的筛选。他们轻易不认可，需要自信和自我来保证不会被轻易影响；但是，一旦接受，一旦认可，又会全情地投入。

看来，这样的纠结也是他们生存和发展的必然结果吧。

有些特质不属于销售人员

在我们做这个课题研究的时候，确实接收到很多其他的词语，很多人认为还有一些"心理特质"是必要的。例如：勤奋好学，遵守纪律，能言善辩等。还有一些涉及道德层面的，例如：诚信、真诚、善良等。

但是，在我们实际的研究中，发现这些内容并不是优秀销售人员的特质，更多的是大家"臆想"或者"猜想"出来的内容。

事实上，很多优秀的销售人员总会与这些看似正确的词有所不同，甚至完全相反，有时又会"刻意表现"。其实，这都不是他们真正的"心理特质"。相对来说，很多优秀的销售人员会表现出一些类似于"小坏""狡猾""懒散""无所谓"的样子。这都和我们所说的词语并不是一致的。

相对来说，我们所列出来的五个词语，更符合他们的实际内心状况。至少，与这五个词违背的例子非常罕见。

心理特质是销售人员自我修养的关键。

当我们希望成为一个优秀的销售人员，不仅仅是外在的学习、训练，更需要内在的修行和养成。

有言道：不知父母恩不知孝，不懂慈悲心莫说佛。

真正阻碍你成为优秀销售人员的最大障碍不是你不会，而是你内心的壁垒。

突破销售思维的新观点

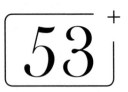

在销售系统中，销售人员应该清楚自己的价值，更应该尊重其他工作的价值。

销售人员在销售系统中的价值主要体现在（三实）：实惠、实现、实话。

尊重销售系统的所有工作

所有的销售人员都存在于一个销售系统中。没有销售人员的工作，肯定不能算是一个销售系统，但是，只有销售人员也一定不会是一个可持续、可发展的系统。

在销售系统中，还有很多工作共同来实现最终的目标"发展"和"业绩"。其中比较常见的工作包括：财务工作、生产工作、物流储运工作、行政工作、人力资源工作、市场工作、研究工作……

所以，我们在研究销售工作的时候，千万不能忽略其他工作。这些不同工作之间存在着互相促进、互相制约的关系。当我们需要给销售工作更中肯的意见时，必须考虑到其他工作的实际运行情况，否则就只能是"纸上谈兵"了。

销售人员的确是销售系统中最重要的成员。因此，在很多销售系统中，销售人员的地位和影响力都被推到了最高。甚至出现其他工作对销售工作的"妥协"和"屈从"。这肯定是有问题的，也不是正确的态度。

作为销售人员，我们应该保持正确的态度。一方面应该努力发挥自己在销售系统中的价值，同时，也应该尊重不同工作的价值。任何一个工作都不是多余的，只有互相配合、互相理解，才能保证整个销售系统的运作和发展。

我们一直希望销售人员应该花费一些时间，去了解其他工作的特点。至少，应该做到尊重其他工作的运作和提出的意见。因为他们的"视角"不同，他们关注的"利益"不同。

当然，比较优秀的企业，会在设计和运行销售系统的时候，建立必要的机制，不仅可以发挥不同工作的价值，还可以让各种工作都能协调统一。

销售人员的价值

在我们研究销售系统的时候，也会发现一些客观存在的情况。

我们经常会遇到一些困局：公说公有理，婆说婆有理。

我们还会遇到一些严重的错位：不同工作都超出了自己的工作范畴。

我们还会遇到一些销售人员的抱怨：自己的观点没有被重视，销售业绩会被影响。

作为研究销售的内容，我们不可能有太多内容去关注其他工作的价值分析。至少，不应该是重点。在我们对销售系统的研究中，更关注的是销售工作应该在系统中发挥什么样的价值。

关于这个内容是我们在帮助企业建立销售系统中提出了一些观点。在此做一个分享。我们也可以反思一下，我们是否真的在销售系统中发挥了这样的价值。

我们把销售工作在销售系统中的价值总结为"三个实"，分别是实惠、实现、实话。如果在销售系统中，销售人员和销售工作以及销售管理者没有真正发挥这些价值，对销售系统来说，一定是有问题的，甚至可能会成为"灾难性"的。

事实上，我们看到很多销售系统中，要么没有重视销售工作的这些价值，要么是销售工作无法发挥这样的价值。最终，这样的销售系统一定会出现非常不好的发展趋势。

是的，我们应该尊重销售人员，我们也不能完全听销售人员的，更不能忽视销售人员的意见。如果销售人员能从这三个方面发挥价值，同时，作为决策者能从这几个价值去尊重销售工作的意见，一定是更好的结果。

销售人员的"三实"价值

"实惠"。

销售工作对销售系统带来的最大价值就是"实惠"。什么是实惠呢？当然是"真金白银"啊。销售的业绩就是销售系统最直接的收益。这就意味着，销售工作必须是为业绩服务的，同样，他们接收的任务也应该是这样的。如果给销售下达任务或者销售工作给系统提供的回报太多"虚的"内容，就有问题了。虽然不反对必要的"务虚"，但是，应该尽量通过"实惠"的方式来定量。

这个实惠也应该包括销售系统给予销售的利益。销售工作付出和获得的应该尽量是"实惠"的。当然，这种涉及利益的实惠，不一定都是实打实的内容，但是，绝对不能是"虚幻"和"美而无用"的东西。

"实现"。

销售工作是将各种决策、设计变成现实的关键环节。所以，涉及具体实现的内容，应该尊重销售人员的意见，更应该考虑到销售工作的实际条件。因为销售人员最清楚一线的情况，最清楚操作的过程，更明白哪些可行，哪些不可行。

同时，在具体实现决策和设计的过程中，销售系统应该为销售工作提供必要的支持，保证销售工作可以达到预期的目的。

"实话"。

销售工作的特点就已经决定了他们"说实话"的必然。因为他们隐瞒了实际情况，最终都会让自己的工作出现问题。所以，销售人员总是销售系统中考虑其他因素最少的人群。他们会更倾向于说出实际的情况。

当然，作为决策者，作为其他工作类型，一方面要接受这些实话内容，同时，也要根据自己的专业特点来"消化"这些实话。如果完全不考虑，一定会出问题；但是完全遵照销售人员的实话，也一定会有问题的。

所以，从销售系统来说，必须建立接收销售人员各种实话的途径，更要建立处理和利用这些实话的机制。

如果销售人员开始不说话了，开始不说实话了，估计这个销售系统也已经没有什么活力了。

销售人员谨记

为什么我们要特别提出这个观点，好像并不应该是销售人员来学习的吧。不是的。我们发现在一些销售系统中，销售人员已经忽略了自己的价值。要么出现某些价值没有充分体现出来，要么出现超出销售工作价值的表现。

例如在一些销售系统中，涉及一些工作内容的安排中，不能充分与销售人员进行必要的沟通，这样就是忽略了销售人员的价值，很可能最终的决定对销售工作产生负面影响。

例如在更多的销售系统中，销售人员完全是主角了，任何工作，任何部门都要为销售工作让步，都要迁就销售工作。这样的表现也是过分的。

例如一些销售人员成长为高级管理者甚至决策者，这时最常见的情况就是过度强化销售人员的价值，而忽略了其他工作的价值。或者是自己的心态还保留在销售人员的状态，就很难把工作做得完善了。

突破销售思维的新观点

没有绝对的人才，只有适合的人才。

对内追求绝对，对外追求适合。

怀才不遇？

在很多销售人员的心里，总会有一个"怀才不遇"的"情结"。这是很正常的。我们在之前提到销售人员的"心理特质"时就提到"自信自我"的特点。所以，我们并不会太在意这样的想法。

但是，我们仍然会利用各种机会和销售人员表达这样的观点：没有绝对的人才，只有适合的人才。

很多时候，我们并不是"怀才不遇"而是"生不逢时"。当然，我们所说的"生不逢时"并不是说这个世道不好，更不是说这个公司不好。恰恰是销售人员的思想出了问题：是销售人员没有"审时度势"。

销售人员告诉我们，他们已经很努力了，也提出了很多的建议，也尝试了很多的方法，可是，管理者、公司、产品、市场部……反正他们没有尊重自己的意见，导致现在的业绩没有做得更好。

其实，我们必须清楚，我们自己所掌握的信息是有限的，我们个人的能力也是有限的，所以，我们在考虑事情的时候，一定也是片面的。并不是说，我们的观点就一定是正确的，其实，对于这些"我们指责的对象"，他们的选择可能也是"不得已"。

所以，自己的才华和能力，必须和现实进行结合，否则就是没有意义的抱怨了。

我们经常看到一些情况：优秀的销售人员总是在更换工作，更换公司。因为他们的才华一直没有找到施展的空间，所以需要采取这样的方式来寻找。但是，可能会很难。

还有一种情况：总有一些销售人员会提出各种要求和条件，否则就难以做好工作，同时，在同样的条件下，却出现了很多优秀业绩的销售人员。我们不能说其他销售人员比他好，但是，一定是比他更快找到了适合的方式。

因此，我们必须再次强调：没有绝对的人才，只有适合的人才。

适合与绝对

同样的一句话，总会有人理解成另外的样子。关于人才的这句话，也总有人会产生偏差的解释。所以，我们很有必要再强调另外的"补充说明"。

对外来说，的确要强调适合的问题。

这就要求销售人员审视产品、企业、客户、市场，也要考察自己的能力条件，然后从中找到相对更好的选择来做好自己的工作。

但是，绝对不是鼓励大家"钻空子""找捷径"。那样，可真的没有机会成为人才了。事实上，我们看到这样的人并不算少数。钻营、推诿、拈轻怕重……最终肯定和销售工作越来越远了。

对内来说，我们要强调绝对的问题。

外部是什么样子，是我们无法左右的，我们需要了解、适应。但是，作为一个个体，必须不断提升自己的能力水平，而且要不断向"绝对"的方向努力。

自己的能力更强，适合的空间就更大，适合的范围就更大。这就意味着发挥自己才能的机会更多，成为一个人才的可能性更高了。

所以，对自己总要"狠一点"。

成为人才是由很多因素决定的，其中不乏很多"不可控因素"，甚至是"运气"。但是，我们只有真正是一个"人才"了，才有可能在"伯乐"的眼中被识别。

关于人才的观点，说到这样的程度，就接近"鸡汤"了。估计再继续展开，写个几万字也没有问题。所以，就此结束，请大家牢记两个词"绝对"和"适合"。

突破销售思维的新观点

销售人员离职和应聘的基本分析要点：是不适还是逃跑；是卖还是买；客观看自己、主观看企业。

你准备离职了么

找工作是一个比较常见的事情，尤其是销售人员。

这么说，不是指销售人员不稳定。因为销售工作是一个竞争比较激烈的状态，每天的压力也是比较大的。有时是自己需要调整自己的压力，有时是为了获得更多的机会。所以，经常会面临"离职"和"应聘"的情况。

而且，销售行业也是非常重视人才利用的。这些人才都是企业发展的人才，能够吸引更多人才的加入，对于自己的发展也是非常有利的。所以，这也造就了销售行业对各种人才的强烈需求。

此外，对于好的销售企业，随着发展的需要，往往也需要更多的人员加入。虽然，新人有新人的价值，但是，如果能有优秀的人员加入，一定可以带来更好的效益。

关键是，销售行业从"基本层面"上看，是比较相似的，尤其是同样的行业中，销售工作的差异性并不会很大。作为销售人员个体，相对来说，适应起来比较容易，也会更容易施展自己的能力。所以，这种变化也就可以理解了。

事实上，从销售人员的角度看，利用工作的转变也是寻找自己适合的空间、提升自己的水平、实现个人的价值等这些"职业规划"的一个重要部分。

当然，从企业的角度，一方面会重视人员的培养和"留住"，另一方面也会利用这样的"多变"来调整自己的发展思路。

这样看来，人员流动对销售行业和销售人员都不算"坏事"了。

因此，我们经常会遇到类似的问题。有时是咨询我们"是否离职"的问题，有时是咨询我们"选哪个更好"。所以，我们还是会把我们的一些建议提供给他们。在这里也作为一个内容给大家做个分享。

变动的前提是什么？

关于离职的问题，我们问销售人员最多的就是：是不适还是逃跑？

这当然不是一个简单的问题，我们经常会和销售人员一起完成必要的分析。

第一种情况是很多销售人员不承认的情况，就是"逃跑"。

我们了解到的销售人员准备离职的原因和理由是有很多的。当他的理由和原因都是基于现有企业的各种问题，各种不足，各种不公正，各种缺点等内容的时候。我们会初步认定，他的离开是一种"逃跑"。

在这样的情况下，我们并不是完全反对他离职。但是，一定要告诉他这样的状态不发生改变，更换再多的企业，也不会是一个好结果。甚至会出现持续的跳槽状态。因为，根源在于自己，一旦有了"逃避"的心，总是期待新的企业更完美，就一定会不断地失望。

"这世界上是没有完美的企业的。"也可以说"天下乌鸦一般黑"。

第二种情况相对来说不算很多，但是，确实存在这样的理由，就是"不适"。

这里所说的不适，包括不同的类型。

一种是自己无法适应企业的要求。有时是因为自己的性格特点，有时是个人的能力特点，甚至是因为一些无法克服的原因。对于这样的情况，离职是一个无奈的选择，但是，并不算是逃避。应该说是不得已的选择。

第二种是比较罕见的，就是"企业无法适应自己的要求"。当自己的想法无法实现，当自己的成绩无法获得认可，当自己的能力无法得到施展。离职成了寻找新机会的选择。对此，我们甚至会鼓励销售人员离职。

"人挪活，树挪死。"这话没有错，但是一定是想清楚，到底是什么样的原因让自己挪。否则，就可能完全是"人挪还是不能活"。

卖还是买？

关于跳槽的情况，我们也问得不多，主要就是一句：是卖还是买？

销售人员经常会面对被人"挖"的情况，尤其是比较优秀的人员，更容易成为别的企业"盯着的目标"。

在这个时候，销售人员应该如何做好评估，做出正确的选择呢？最主要的分析重点就是关于"买"和"卖"了。

所谓买，就是通过跳槽自己可以获得更多的空间，更多的机会，更多的锻炼。这其中，最大的条件就是职位和权利了。

所谓卖，就是通过跳槽，实际是在利用现有的资源，现有的能力，现有的空间来换取更高的待遇，或者更好的职位。

一般情况下，这两种情况会同时存在。所以，要仔细地分析，然后要权衡两者的利弊，才能做出最适合自己"职业发展规划"的选择。

要注意的是，千万不要太执着其中的一个点，一定是两个方面都要完成评估才行。如果过分执着于一个点，可能会错过好机会，也可能做出让自己后悔的决定。

看清自己，看清企业

关于离职或者跳槽，这都需要做好两个内容的评估：一个是针对自己的评估，一个是针对企业的评估。

我们在和销售人员谈及这个内容的时候，都会花很多时间来帮助他们做这两个评估。

我们提出的观点是：对自己的评估应该尽量客观，对企业的评估应该尽量主观。

对自己客观。这是说，在评估自己的能力水平的时候，一定要尽量选择比较准确的标准。例如自己的能力有多少，能做的事情有多少，善于处理的问题有多少，可以承受的压力有多少，能付出的代价有多少，拥有的资源有多少……

最怕销售人员自己觉得自己很厉害，实际上，真正面临各种工作问题，都无法应付。更不能迷信别人"赞誉"自己的话。必要的时候，应该听取那些"可信"或"可靠"的人的观点。

对企业主观。不是说自己要主观判断，而是应该关注这个企业内部人员在"主观"方面的评价。主要涉及他们对企业的看法、态度。这是非常重要的方式。

只有身在其中的人才能有最真实的感受，他们的意见才是可以帮助你做决定的内容。如果我们只看到客观的标准，往往会陷入"看上去很美"的陷阱。通过这些人的感受，才能更好地评估自己是否可以适应，是否可以发展的结论。

你真的想好了吗？

我们见过很多通过离职，通过跳槽改变了个人发展轨迹，获得了更好的发展。同时，我们也见过很多由于"糊涂"的选择导致职业发展停滞甚至失败。我们的建议或者不能保证你可以作出正确的决定，但是，如果连这些评估都不做，那一定是一场"豪赌"了。

我们经常会说：好的结果，可能是需要一些运气的。但是不好的结果，最大的原因是因为自己做得还不够。

希望销售人员都找到适合自己发展，能够展示自己才能，能够获得更大进步的职业发展路径。

突破销售思维的新观点

胸怀：对外部差异化信息接收的"愉悦程度"。

胸怀！销售人员的胸怀

为什么要在涉及"人员"的内容谈及"胸怀"的内容呢？

很多人认为，只要一谈到"胸怀"一定会是鸡汤类的内容了。

我们也想过，好像真的是这样。但是，即使是鸡汤，我们也认为有必要谈谈这个问题。因为，这个内容在销售人员发展中，实在是一个非常重要的事情。无论大家是从鸡汤层面来理解，还是可以从实际工作中来理解，都是非常必要的。

一方面，"人与人的智力差异是很小的"。虽然不否认存在天才和天赋的情况，但是，大多数销售人员的智商和情商差异都不大。那么，为什么这些差异不大的人员，在未来的发展中会出现巨大的不同呢？一定是有很多原因的。其中，胸怀的差异是非常重要的一个点。

另一方面，"销售的本质就是利用资源"。这些资源包括的内容是很多的。除了我们在开篇提到的销售资源以外，还包括很多销售工作之外的资源。我们发现，优秀的销售人员都具备一个特质，就是很会"利用别人的智慧"。

利用别人的智慧，并不是容易的事情。当这些智慧是和自己的想法相悖的，或者是自己认为不如自己的人员智慧，或者是主观上排斥的内容，都会让我们从"主观上"失去了利用这些资源的机会，因为，我们缺少了这样的"胸怀"。

我们有理由相信，一个"胸怀狭隘"的销售人员，无论是在客户的认知中，还是在自我的发展中，都不会有更好的结果。

那么，到底什么才是销售人员的胸怀呢？我们应该怎么来"练就"这样的胸怀呢？

"愉悦程度"决定了胸怀的大小

"怎么练就"真得不容易。至少我们真的没有太好的方法。

大家都知道"三人行必有我师""不耻下问""虚心求教"，但是做到这些却很难。所以，真正达到君子的人是少数，真正能做到"明君圣主"的皇帝也很少。

事实上，从我们了解的案例看，所有能达到这样层次的人，往往都会经历常年的磨练和思索，甚至需要一些特殊的体验，有时还会经过"生死""起落"等大事件。

我们不敢从这么高的角度来谈"胸怀"，只能从比较低层次来跟大家交流。我们不希望大家成为圣人，但是，至少为了自己的职业发展，可以让自己成为一个"善于利用资源"的人吧。

在这样的考虑下，我们才能提出关于胸怀的观点。

在我们看来，所谓胸怀，就是"对外部差异化信息接收的愉悦程度"。

既然是"程度"，就意味着有差异，而这种差异主要是"愉悦"的差异，是什么事情的愉悦呢？就是对"外部信息接收"。注意是"差异化"信息，就是指和自己期望的不一样。

从这样的解释，大家大约就可以理解我们所表达的胸怀了。

简单地说，当你看到、听到、学到……总之是"接收到"，别人的、不同的、指责的、批评的等"差异化"内容时，你的心情越愉悦，你的胸怀也就越高；反之，你的痛苦越深，你的胸怀就越狭窄。

这只是我们的观点，欢迎指正。

心有多大，舞台就有多大

胸怀对销售人员很重要。

一开始，销售人员是一个"空白"，这个时候，往往是什么都听得进去，都愿意去学习。这个时候，虽然也算是一种胸怀，但是，并不难做到。

后来，自己有了一些想法，有了一些经验，胸怀反而是开始"狭窄"了。比自己厉害的，就愿意听，感觉不如自己的就不怎么喜欢了，愉悦程度就降低了。

再后来，自己可能有了一些小地位，甚至成了管理者，就几乎难以听到任何差异化的观点了，甚至是抵触的，有时还故意排斥这样的内容，这个时候，胸怀就很小了。

如果持续这样，自己的顽固程度更深了，最终可能完全封闭自己，这个时候，真的就很难挽救了，基本是"病入膏肓"了。

我们展示这样的一个过程，大约也就给大家提出了更具体的建议。

就是在不同阶段，有针对性地进行"强制"和"纠正"。

我们知道，我们也会面临同样的难题，一开始这么做的时候，真的不舒服。但是，如果我们能"真心"去从其中找到亮点，能"努力"相信这是对自己好的事情，就更容易获得更高的"愉悦"程度。如果能经常获得这样的感受，自己的胸怀确实可以逐渐宽广起来。

当这些好的内容，好的观点，好的经验成为自己的资源，那么，自己才能逐渐变得强大。

"心有多大，舞台就有多大。"

这真的不是一句鸡汤了。

个人品牌的最好结果，
从此开始更快速度的进步

风格篇

突破销售思维的新观点

突破销售思维的新观点

销售风格，是指个体对待"广泛"销售工作的"稳定"方式，在客户认知上的映射。

风格是个人品牌的最好结果

如果你足够细致，会发现，我们在之前的内容中已经提到过"个人品牌"这个概念，这是我们关于品牌建设中的内容，但是，我们更多的是围绕产品品牌和企业品牌展开，并没有特别仔细地讲"个人品牌"的建设问题。

现在，我们要重点谈一谈关于个人品牌的内容，而且是已经转换成了另外一个词"风格"。那么个人品牌与风格有什么关系么？

从这个部分的第一句话就已经表明了观点"风格是个人品牌最好的结果"。

之所以这么描述，首先必须清楚什么才是"销售风格"。

估计对于这个词，大家还是能说出一些想法的，但是如果说给出一个定义，估计就很少人能做到了。

因此，我们整本书里，有大量的内容都是围绕一些词语的解释展开的。如果我们对一个概念是模糊的，那就意味着我们在做事情的时候难免混乱。如果按照模糊的认识来做事，就容易出现"偏差"和"动摇"。

如果大家不知道"销售风格"是什么，就很难保证自己做的事情是正确的，也就不能更快建立自己的销售风格了。

从定义来认识销售风格

我们在这一句观点中，就重点把"销售风格"做了一个简单的定义。当然，这只是我们的浅见，不是什么专业的意见。

当我们在解释这个定义的时候，也就把我们更具体的观点展示出来。

这个定义是这么说的

"销售风格，是指个体对待广泛销售工作的稳定方式，在客户认知上的映射。"

这里面有好几个重要的词："个体""广泛""稳定""认知""映射"。我们只有了解这几词的具体含义，才能了解这个定义的全貌，也就清楚我们需要表达的观点是什么了。

第一个要说的是"个体"。

关于销售风格，绝对不只是个人的事情。个体就包括团体、企业、组织、个人。所以，不只是个人，也包括其他这些对象，也是可以做到"风格"的，只是，当它们做到风格层面的时候，往往是另外的名词了。

当然，更容易被识别和判断的，还是个人的风格。

第二个要说的是"广泛"。

能建立风格，风格能被识别，一定不是一两件事情就能做到的。往往都会涉及很多的方面，很多的事情上。

因为很多的工作处理方式上，大多数人都是相似和一样的，所以，不是仅仅凭借少量工作就能识别和判断某个销售人员具备某种销售风格。

风格，客观存在于销售人员的思维中。一定会在很多工作中都有所表现。因此，伴随着各种工作的进行，他的风格会越来越清晰。

风格是通过大量工作来表现的，同时，大量工作的表现也会塑造成一种风格。

第三个要说的是"稳定"。

销售风格是一个相对稳定的存在方式。这里所说的稳定，并不是"固定"，往往会随着个人的经验和知识水平的变化有所变化。这就像我们经常说到的"沙子和沙丘"的关系一样，小变化很多，整体变化则相对稳定，是比较容易识别的。

所以，对于风格比较明显的人员，我们甚至可以预判他对一些事情的态度和做法。虽然不能是绝对准确的，但是，整体方向差异不大。因此，如果自己没有这样的稳定方式，还会对很多事情的处理存在很多变数，可能还不能说具备了销售风格。

第四个要说的是"认知"。

有时候，销售人员会告诉我们，他们已经具备了比较稳定的方式，为什么还是没有在行业内形成比较好的认可。

其中最主要的原因是，我们自己想的和被别人识别的是两回事。我们觉得自己的方式应该得到认可，这是很主观的。

所有的风格，最终是要在客户那里形成认知。也就是说客户才是销售风格的最终评价者。无论我们怎么表现出自己具有风格，只要客户没有稳定的结论，都说明自己的销售风格还没有真正形成。

最后要说的是"映射"。

客户对销售人员的风格形成了认知，然后会怎么样呢？他们一定会有所表现的。

这个时候，销售风格才真正地被"显示"出来。所以，真正的销售风格，是通过客户的表现来体现出来的。所以，我们想知道自己的销售风格，一定要看客户是怎么对待自己，怎么对待产品，怎么对待合作的方式。

有点难以理解吧。

简单举个例子说：你一直认为自己在按照专业的方式做销售工作，一直认为自己是一个具备"专业风格"的销售人员，但是，经过长时间的合作以后，发现客户从来不和自己谈专业，总是谈利益，总是计较合作细节。那么，这就说明自己所认为的销售风格是错的，说明自己平时的工作方式已经让客户得到了"讲利益"或者"在乎利益"的认知，于是，他们"映射"出来的结果，就是和你谈这些内容。这个可能才是你真正的销售风格吧。

客户真的是一面镜子

关于销售风格的理解，其实是挺"烧脑"的。在我们与销售人员讲解这个内容的时候，也会遇到很多问题。

我们还是希望用一些简单的方式来表达：

有句老话说"客户是你的镜子"，你怎么对他做什么，他就怎么回应给你。所以，你的风格都通过客户已经反馈给你了。因此，你现在面临的所有问题，其实，都是自己在过去的工作中逐渐制造出来的。

理解销售风格的概念，可以给销售人员提供一个思路：

当你发现你的客户越来越难对付，一定要首先考虑如何调整自己的工作方式，而不是抱怨客户。同时，当你希望客户可以给你更好的回应时，一定是需要自己通过工作的改变来实现的。

最终，当你的客户都能给你最好的映射时，或者是你最希望出现的映射时，你的销售风格才真正地建立了，而且，才真正开始发挥价值了。

关于销售风格，是否真的明白了呢?

突破销售思维的新观点

销售人员风格的建立有两种主要的渠道：一种是外延型，一种是内延型。

内延型：水和器的关系。

外延型：水和渠的关系。

水和器

关于销售风格的研究是很难的题目，因为可以研究的案例实在是很有限。因此，虽然每个销售人员都希望可以建立自己的风格，但是，我们确实很难给出更多的建议。

相对来说，之前关于销售风格定义的研究，已经算是我们在这个课题上比较领先的研究成果了。

至于如何建立自己的销售风格，我们并不能给出明确的方法，不过，确实通过与一些优秀销售人员的交流，与一些客户的交流，得到一些不算成熟的想法。在这里算是给大家做一个分享了。希望大家可以从中找到一些启发，会对大家建立个人的销售风格有所裨益。

第一种观点是"内延型"的风格建立思路。

也就是我们所说的"水和器"的关系。

其中，水就是客户，器就是自己。

自己是一个"器"，也就是器皿。这往往指的是个人的条件、素质等因素塑造成的自己。水当然是客户了，因为他们是变化的，是不同类型的，也是"流动"的。

因此，作为一个"器"，如果能做到坚持自己的思路，坚持自己的观点，坚持自己的方式，并通过销售工作让客户逐渐接受，逐渐适应，就可以形成一个比较好的销售风格。

当然，这样的做法也是有风险的。一来，自己的风格是否适合客户的接受程度，可能会造成客户的抵触；二来，自己选择的风格是否对销售工作有帮助，不能为了维护自己的稳定，而伤害客户和销售工作。

所以，很多优秀销售人员会建议，如果想通过这种方式建立个人的销售风格，可能首先要做的是建立好自己的这个"器"，让这个"器"是好的，是有意义的，是可以持续的。然后才能考虑如何让客户接受，并适应你。例如专业、诚信、积极、合作等不同的"器"。

水和渠

第二种方式是"外延型"，也就是所说的：水和渠的关系。当然，客户还是水，只是销售人员不是"器"了，而是"渠"。

我们可以想象一下水和渠的关系是什么样的呢？

一定是先有水的流动，形成了一些河流，可是，由于水是不可控的，可能会随意变化，这时就会通过建立渠道，来让水可以疏通，可以按照预想的情况流动。

那么，销售人员的"渠"就是这样的作用。

根据客户的情况，根据客户相对散乱的状态，一方面顺应，一方面引导，这样就可以逐渐形成自己的销售风格。而这样的销售风格的适应性会更好一些。当然，难度也会更大一些。

其实，这样的方式是很多具备销售风格的销售人员最常见的观点。

　　当然，这样的方式也是有风险的。也是我们可以想象的水和渠的关系。一是建立起来慢；二是应对突发情况能力弱；三是最终的风格不容易稳定。

　　关于销售风格，我们能分享的内容是有限的。所以，很多观点还停留在观点层面和思路层面。但是，我们认为，这些内容对于大多数销售人员来说，更多的是一个引导和启发的作用。至少让大家意识到销售风格的建立问题，也可以逐渐考虑通过建立个人的销售风格，真正来实现"个人品牌"在销售工作中的价值。

真心希望你痊愈的，一定有医生；
真心希望你进步的，一定有培训

培训篇

突破销售思维的新观点

59 — 61 ⁺

突破销售思维的新观点

正确识别培训、学习、教育、讲课、表演的区别。

培训的关键词是"效果"。因效果而有培训，因效果而评价培训。

到底应该怪谁呢？

一提到"培训"，估计销售人员都会有很多话要说吧。我们仔细想了一下，估计没有哪种工作人员"遭受"培训的"轰炸"会比销售人员多了吧。我们可以从很多销售人员的工作时间表里发现，除了销售工作以外，"会议"和"培训"都是高频率出现的词语。

之所以会这样，一方面，从销售人员角度看，很多人都认为，更多的培训是自己工作进步的重要过程，甚至很多销售人员在选择公司的时候，都会把培训多少作为一个重要标准；另一方面，从销售管理者和决策者来说，当销售工作面临困境，能想到的突破方式，估计也会高频率选择培训方式，且不说管不管用，至少，这已经是领导能想到的，可能是最有效的方式了；还有一个方面要考虑，就是从做销售培训的人员角度看，涉及销售培训的"生意"确实比较容易做，也形成了巨大产业链，确实也需要更多的销售人员和销售管理者来"照顾生意"。

我们并不想去评判任何一方的态度，也不可能轻易改变现状。我们只是想从培训专业的角度来对销售培训进行一些必要的解析。至少可以让销售人员在面对各种培训的时候，可以更准确把握培训的内容，更容易获得期望的收获。

销售工作是需要培训来支持的，这是必然的。可是，为什么我们沉浸在众多销售培训中，并没有看到进步，而是遭受了更多的"灌输""折磨"甚至出现一些非常另类的"戏弄"。

一方面是培训工作本身出现了问题，另一方面是销售人员在选择、判断培训工作时出现了偏差。所以，我们认为很有必要做一些梳理，帮助大家能更好地利用培训工作。

学习不是培训

首先，我们需要清楚一件事情，培训是一个独立的，专业的领域。它和其他很多工作，有相似的地方，但是，也有着明确的区别。千万不要把"所有的锅"都抛给培训，很多时候，大家接受到的，根本不是培训。

如果问大家，什么才是培训呢？那么，大家遇到的都是什么样的培训呢？

估计大家真正能说出来的，都不是培训，而是另外的东西。

那么，我们先来帮培训"验明正身"吧。

第一种大家以为是培训的工作是"学习"。

学习的核心特点是信息传递。也就是说，一个老师把他知道的知识、信息、方法等内容直接传递给大家，这是一个明确的学习过程，老师完成的是授课过程。

一般属于学习的内容，有几个特点：一是老师讲课前一般是不需要和学员做交流的，更不需要去了解市场，了解工作情况的，只要站到讲台就可以讲了；二是老师授课的内容相对固定，内容比较一致，最常见的情况就是"重复灌输"；三是老师一般都相对专业，讲授的方式一般比较严谨，内容也比较全面。

学习对销售工作是很重要的，包括产品知识、市场信息、工作方法等内容。所以，面对这样的内容，销售人员可能会觉得比较沉闷，也可能被折磨得很苦，但是，还是需要沉下心来好好学习的，终归这些信息都是做好工作的基础。

当然，即使是学习授课，也是有水平差异的。就像我们读书时遇到的不同老师一样。不过，既然是老师，销售人员还是需要虚心学习和请教的，毕竟人家是相对专业的，至少在专业上是比我们强的。

教育不是培训

第二个需要大家识别的是"教育"。

教育是我们熟悉的词，我们从小就接受这样的影响，国家也有相关部门。

在销售工作中，很多所谓的培训课，其实应该算是教育课。因为教育的最大特点体现在它所关注的是更长远的收益，而不会太在意现实的效果。所以，我们平时学习到的一些内容都属于教育范畴。例如涉及知识、思路、态度等内容，或者是与销售工作距离比较远的内容，例如行业发展、销售理论等内容。这些内容往往都很难在现实中马上被利用，但是，对于销售人员的综合素质，整体提升又是必需的，所以，这些内容都应该属于教育。

教育工作就真的不是随便什么人就可以做的了。大部分的教育内容，都是一些在行业或者在销售方面都有丰富经验，而且有一定理论建树的人员可以担当。在具体的销售团队中，可能都是那些资深人员才能做这样的工作。如果你看到一个年纪轻轻的人来给你讲这些内容，要么就是简单地"传递信息""拾人牙慧"，要么就是在骗人了。

第三种情况需要特别提一下，因为虽然有，但是还不算很多，就是比较火的"教练培训"方式。

说实话，看"教练"这个词，真的应该算是培训范畴。因为，教练的作用就是要让你尽快掌握，尽快做到，这是很符合培训核心特点的。

但是，当我们真正参与到这些课程时，才发现，原来是"挂羊头，卖狗肉"。其实，大都是我们要说的第四种情况。因为，作为教练，是要有一些严格的条件的，其中最主要的条件就是：教练本身必须是非常厉害的人。虽然不至于是"当年的顶级销售人员"至少也应该是"优秀销售人员"吧。否则，自己都做不成，做不好的，怎么来教大家呢？

当我询问了这些教练公司的老师工作经历时，就发现，他们不过是按照一些套路，或者是一两本书的观点，就通过广告宣传来给销售人员搞培训了。

我经常想，参加这样课程的学员到底是什么样的感受呢？

很多"培训"是表演

第四种我们以为是培训的事情，就是"表演"。

可能我们要得罪不少人了，但是，我们认为，但凡是外部的培训课程，也就是企业或团体之外的培训课中，不少于七成的课都是表演范畴，而且，越是大腕儿的课，越是老师名头震天响的课，越高比例的是表演。还没有说完，剩下的三成课程中，至少一半是学习和教育内容，和培训基本没有什么关系。大都是挂了一个培训的名头而已。

为什么说是表演呢？

表演是什么样子呢？我们会怎么考虑呢？

表演的最大特点是为了"观众的感受"。表演者为的是让观众可以满意，这样才能"值回票价"，才能保证"持续表演"。于是，采取的方式很多，要么是"一语惊人"，要么是"灵魂追问"，要么是"引经据典"……同时，为了这样的效果，还会有大量配套使用的工具，像灯光啊、舞台啊、背景音乐啊等。

这是目前很多培训课的常态。至于内容么。其实，只要大家能摒弃其他的干扰，只要大家能细心地了解，就会发现，很多内容的逻辑散乱，不严谨，不合理。一般情况下，听完这样的表演之后，最大的感觉是"感动""震撼""有启发"……等到这样的情绪平稳了，就发现，好像除了记住了一些所谓的"名言、观点"以外，对工作是没有什么实质的帮助的。

注意，这是正常的。如果这样的课能让你真正进步。那么他们下次讲什么呢？如果你注重实际的收获，他们拿什么东西给你呢？

所以，表演就是表演，你非要说这是培训，我们也没有什么好说的了。

培训效果是培训的核心

培训和以上的这些方式是不同的。如果我们来谈培训，一定是一个非常复杂的内容，并不适合销售人员来学习，所以，我们选择了培训工作比较重要的"核心要点"。这个核心要点就是：效果。

培训是为效果服务的。没有效果的设定，就没有培训的意义。培训不能达到预期的效果，就是不合格的培训。

我们经常提到一个词"培训需求"，这是对的，但是，需求一定是在培训之前存在，而且，怎么才能满足这样的需求，是要有标准的。否则，根本没有办法来做培训。

培训和需求与效果必须是匹配的，否则就是有问题的。所以，从理论上讲，没有独立对培训进行评价的意义。不看需求，不评估效果，根本不能说培训是不是好的。

让院士给孩子讲科学，一定是听不懂，也做不到的。还不如一个幼儿园老师讲得效果好。当然，我们不能说幼儿园老师比院士厉害，但是，在给孩子讲课，让孩子掌握知识方面，她们肯定比院士更厉害。

如果脱离预期的效果，注意，是预期的效果。如果没有这样的预设，培训就必然成了表演。反之，只凭感觉、感受，甚至凭着老师的表达是否搞笑就来评价培训的好坏，也是不正确的。

擦亮你的眼睛

我们不反对学习、不反对教育、不反对教练、更不反对表演。但是，当我们有明确的需求，希望能解决具体的问题，解决现实的难题，最好的，也是最快的方式就是选择培训方式。既然是为了这样明确的目的，就应该真正选择适合的培训课程和培训老师，而不是"为了培训而培训"的走过场方式。

当我们有了很明确的"预期效果"，也就可以很有底气地评价培训了，但是，不要随便说好或不好，而是应该"适合或不适合"。

至于那些"培训"之前就没有了解过你的需求，也不清楚你想要的效果，就开始给你讲"经天纬地"的内容，教你如何"指点江山"，建议你最好按照看表演的方式来对待吧。

当然，培训是个大课题，也是一个专业的领域，非常建议销售人员可以抽空了解一些相关的知识和内容，因为这样的能力可能也会帮助你的销售工作。在这里就有必要给大家推荐一本专业讲培训的书《平台理论》。大家也一定猜到了，确实也是我们写的一本书。只是，这本书很专业，内容很沉闷。建议大家慎重阅读。

突破销售思维的新观点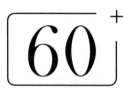

销售培训设计的基本思路：三重相关性分析。

三重相关性指的是：现象与症结的相关性，症结与效果的相关性，效果与培训的相关性。

培训思路与销售思路的结合

这个内容到底算是给谁来讲的呢？有点不大清楚。在我们看来，销售人员也好，管理者也好，培训师也好，都可以考虑参考一下。因为这既是建立准确培训需求的过程，也是管理者分析的一种思路，更是销售培训师需要重点了解的内容。

从销售人员来看，当我们的业绩或者销售工作出现了问题，希望通过外力来解决，就需要进行类似的思考过程；

从管理者来说，当团队或市场出了问题，也需要进行必要的分析，可能确实需要培训工作来支持；

从培训师的角度看，既然希望通过培训达到销售人员预期的效果，就要尽量了解这个效果到底是怎么来的，这样才能保证培训工作的针对性。

当然，我们所提出的是我们研究的观点，是我们在过往工作中经常利用的思路，在此分享给大家，算是给大家提供一个参考吧。

我们按照惯例，还是给这样的思路起了一个名字"三重相关性分析"。具体的情况是什么样的呢？到底什么是三重相关性分析呢？

找到症结

第一重的相关性分析是，找到需要解决的"症结"。

当我们的销售工作出现了两种情况就要考虑着手解决问题了。

第一种情况是业绩出现了问题，工作出现了障碍。这些都会导致我们没有办法完成预期的目标和任务。

第二种情况是我们需要提升业绩，提升销售工作的水平，但是发现现有的条件无法满足新目标的要求。这个时候，我们就必须进行必要的分析。

当然，具体的分析方法大家会有很多。但是，最终必须得到一个很重要的结论：这些问题和障碍的症结是什么？可能是一两个简单的症结，也可能是很多的症结。

这是必须首先得到的结论。不知道症结所在，就没有办法针对性地解决。

关于销售数据分析的问题，之前已经讲过了，就不赘述了。

最终，我们要考虑的是：是否解决了或者改善了这个或这几个"症结"就能解决我们的问题。如果这个结论无法形成，就说明分析的结论是有缺陷的。

当然，可能由于各种原因，包括我们自己的水平限制，找错症结是常有的事，这是后话了。当我们解决了症结还不能解决问题，就可以考虑重新完成这个分析过程。这很正常，也是销售工作不断反复的过程。

但是，至少应该有一个结论存在；否则，后两个分析就没有意义了。

事实上，很多时候，销售培训出现了各种不理想的情况，往往是我们在一开始的这个分析工作忽略了，或者是分析错误了。

确定效果（结果）

第二个分析是在第一个分析结论的基础上完成的。

当我们知道了症结，就要考虑解决这个症结。为了解决这个症结，就必须知道一件事情，就是：解决到什么程度？注意，并不是首先考虑怎么解决，而是先考虑结果。

这个时候，往往可以考虑销售人员或者管理者与培训人员一起来做这件事了。因为，销售人员的表达方式和培训人员的表达方式是有区别的。很多销售人员在确认程度的时候，往往会比较笼统，这时可以让培训人员帮助他们来梳理。

一般情况，培训人员会重点询问以下几个问题：

从对象上讲，为了解决这个症结，需要什么样的人来接受培训？

从内容上讲，为了解决这个症结，需要给他们提供什么样的培训内容？

从效果上讲，当完成培训以后，你认为他们得到什么样的改变才算是满意？

从评价上讲，当完成培训后，你希望怎么来看到大家的改变？

从培训上讲，你希望用多长时间，多大的资源来保证培训的展开？

特别注意的是，千万不能让培训人员给你做决定，他们只能是引导，因为事情是销售人员的事情，培训人员是不了解细节的，也不可能帮你做分析和判断。这是很重要的原则，如果培训人员能做到，那么，还不如直接让培训人员去处理症结。

这个分析过程，往往是培训人员在开始培训前完成的基本沟通，这也是培训工作启动的开始。

确定方案！

培训师可以根据了解的各种信息来设计培训内容了。但是，并不是马上就可以符合销售人员的要求的。还需要一个很重要的分析过程：培训和效果的相关性。这个时候，主角就是培训师了，而进行分析的人就是销售人员。

培训师要把自己的课程设计与之前了解的培训效果进行解释，并努力证明可以实现这样的效果。销售人员则需要结合自己的理解以及具体人员、具体要求的特点，进行分析，重点是评估是否真的符合自己的要求。

在这个过程中，经常会存在一些"不好意思"的情况，特别是一些比较厉害的培训师做的方案，或者是比较厉害的销售人员做分析，都会让对方不好意思提意见。这是完全没有必要担心的，培训工作和销售工作分属不同的领域，各自有自己的思维方式。通过碰撞可以让一个培训课程更有效果，销售工作更能受益。如果双方无法摆正这样的心态，就不要考虑做培训了。

这个分析过程也经常是"火花四射"，双方会有很多的不一致，这也很正常。至少我们就经常面临这样的境况。但是，我们很开心啊。我们能把更多的想法融合起来，可以更符合实际的需要，一定会碰撞出更好的方案。

培训本来就应该这样

三重相关性分析是一个连续的过程，也是逐渐深入的过程。很多时候，还存在返回到前面的环节，重新进行分析的情况。这都是很正常的。

当然，这样的分析方法，初看起来比较复杂，其实，随着培训工作的频率增加，效果越来越好，彼此有了更多的了解，这样的过程会越来越快，效率也越来越高。

至少，对于销售人员或者管理者来说，早期可以按照这样的思路利用培训工作；或者对于培训人员能坚持这样的思路来设计培训工作。这是一个比较"正确"的过程，是可以把培训工作越做越好的基础。

突破销售思维的新观点

销售培训正在成为一个专业领域。

销售培训体系的建立，将影响未来销售模式竞争格局的形式。

销售培训正在发展成专业领域

在很多的企业中，培训工作都是隶属于人力资源的部门。相对来说，涉及销售领域的培训工作是比较少的，也可以说，一般并不会过度深入地介入销售工作的培训内容。这是很正常的，普遍认为，培训是针对人的，是人员提升的方式，所以，当然是属于人力资源范畴的工作了。这样的培训部会涉及员工教育、产品学习、文化宣传等主要内容，相对来说涉及销售工作，主要也是学习类型的内容，例如技能学习、理论学习、思想教育等内容。

同时，我们也看到一些企业，已经逐渐意识到这样的培训工作深度并不能满足销售工作的需要了。销售工作的快速变化，人员能力水平的更高要求，市场和客户更广泛的需求，都对专业的销售培训提出了新的方向。因此，这些企业已经开始拥有专业的销售培训人员，甚至已经建立了这样的队伍、体系。

从培训师的角度看，以前的时候，培训师的工作中，销售培训是所有培训工作中的一个模块。相对来说，培训师并不需要对销售工作有更深入的研究，平时也只要满足销售工作一些比较浅显的培训需求。更多的时候，会涉及其他各个领域的培训工作。

现在，我们发现一些培训师的专注度发生了很大改变。其中，很多培训师已经过渡到纯粹为销售工作进行培训的情况。像涉及汽车销售、保险销售、药品销售、快消品销售等。他们从原来广泛的培训领域，逐渐成为单一行业、单一重点的培训师。

销售培训已经逐渐从原来比较大的培训工作中分离出来，有很多企业，甚至已经完全从人力资源范畴剥离出来，成为一个独立的工作部门。销售培训正在逐渐成为销售工作不可缺少的部分了。

不久之前，我们在一个猎头网站上看到一个企业招聘培训师的条件是这样的：具有对销售工作、销售团队，能利用培训思维发现问题，并能利用培训的手段来解决问题的能力。

那么，有多少企业能想到这样的要求呢？又有多少培训师可以胜任呢？

销售培训体系正在逐渐成为竞争力

销售培训的确已经开始逐渐形成体系。因为它所涉及的层面也越来越深，越来越广泛。从我们了解的情况看，主要表现在以下几个方面。

第一个方面是，销售培训逐渐成为销售工作的一部分。

面对各种问题，各种发展，各种要求，销售人员越来越依靠培训工作来解决问题，促进发展，满足要求。培训工作正在从简单的产品培训、知识学习，逐渐与销售融合，开始注重产品应用、产品推广、销售策略、销售技巧、销售问题的内容。销售的管理者，也开始意识到销售培训的独特价值，可以更多地选择利用培训来解决销售问题，完善销售管理工作。

在一些比较庞大的销售系统中，销售培训已经开始介入销售工作决策、销售策略制定等内容，并利用独特的思维方式来提供建议，根据整体战略建立支持销售的系统工作。

第二个方面是，销售培训正在开拓更广泛的市场竞争格局。

现在的销售培训已经开始走出企业内部，开始针对客户、顾客进行更广泛的培训支持。在很多合作谈判中，培训支持已经成为一个重要的竞争资源。培训合作，也是很多销售合作的"敲门砖""突破口"。销售培训正在链接各种资源的融合。

这样的合作已经不是简单的宣传、教育那么简单了。而是利用培训建立利益的融合。培训不仅是为企业提供支持，还会为客户和市场提供支持。这样的结果，一定是更强大的竞争优势。

第三个方面是，销售培训正在促进销售模式和销售理念的更新。

培训工作本身就有"培训研究"的任务。之前，培训师的研究往往是广泛的，多领域的，虽然有一些见地，但是，都比较浅，或者是比较"空泛"。现在，培训工作已经非常专注销售领域，还会有更深入的研究，会涉及大量销售工作的细节研究。

我们看到，很多新的销售模式，新的销售理念都是从销售培训开始启动的。这也加快了销售工作的发展。特别是竞争激烈的行业，销售培训成为产生新想法，推广新想法，实现新想法的重要推手。

销售培训正在发展，也存在很多不完善。其中，最主要的原因就是很多培训师还停留在过去比较落后的思路中，还在把授课、学习、教育作为主业，还没有办法真正发挥培训的价值，甚至还没有真正会做培训；另外，很多销售人员，销售管理者，销售决策者对培训的认识还局限在过往的粗略认知中，还没有意识到培训工作的价值。

大趋势已经形成了，只有领先的才会拥有所有"奖励"，这就是发展中最残酷的事情。希望更多的销售工作开始关注销售培训，培训师也更愿意投身销售培训领域，这是一个大有可为的天地。

兵熊熊一个，将熊熊一窝

管理篇

突破销售思维的新观点

62 — 66 +

突破销售思维的新观点

称职的管理者首先需要实现的是重大认识转变，而且是贯穿管理工作的认识，主要包括：管理可以带来效益、管理的核心目标是让团队发挥作用、利用管理手段解决问题。

销售管理者的困惑

一部分优秀的销售人员会成为管理者。在我们与这些管理者交流的时候，最关心的问题就是：成为管理者以后，有什么样的变化。或者说，这个问题可以换一种问法：成为管理者以后，应该有什么样的变化。

我们收到的最多的答案是相似的，他们都反映了几个关键描述：从工作内容上差异不大，只是需要做的事情更多了，要承担的责任更多了。

要知道，从销售人员到成为管理者，是一个非常大的转变。最直接的改变就是从"一人吃饱全家不饿"到"不当家不知道柴米贵"。原来是只考虑自己一个人的工作，现在要考虑的是一个团队人员的工作。

面对这样的改变，很多管理者表现出来的应对措施是"更努力工作""承担更多的责任""负责更多的事情"。对于这样的管理者，我们还是要给予"表扬"；但是，绝对不是"鼓励"。

因为，我们发现，很多团队的发展情况都和管理者的工作风格有非常高的相关性。其中，很多销售团队出现的问题，往往都和这样的管理者有很大关系。最常见的情况是"保姆型管理者""救火员型管理者""恶霸型管理者"。

管理者要么成为了团队的小保姆，天天哄着销售人员工作，还替他们做事情，就是希望他们都能完成业绩；管理者要么成为了救火员，哪里出了问题就去哪里，每天忙得不亦乐乎；管理者要么就是一个恶霸型，要求所有销售人员都必须像自己一样工作，天天督促，强力奖罚。

很多管理者也和我们探讨过，难道这样做不对么？他们面临着企业更高的要求，也要考虑销售团队的任务指标。好像不这么做，真的就想不出来该怎么办了。

成为管理者，首先转变认识

从销售人员到管理者，不仅仅是一个工作内容和工作职责的转变。实际上，最需要转变的是思想认识。我们发现，管理工作出现问题的情况中，最主要的症结就是"很多管理者还保持着销售人员的心态"。很多时候，我们觉得他们根本不是管理者，而是一个优秀的销售人员，只是增加了新的工作内容而已。

我们经常会拿"成为父母"这个例子来开导销售人员，就是一些年轻人成为父母以后应该怎么转变的问题。很多年轻的父母在有了孩子以后，生活变得更加忙碌，这是正常的。但是，更多的年轻父母会导致生活变得混乱，甚至导致婚姻家庭的破裂。其中，最主要的原因不是他们不准备做好父母的角色，而是没有考虑过，如何做好父母的角色。

管理者从销售人员的身份发生了改变，不能只保持"努力""勤奋"的工作态度，更重要的是如何尽快把自己的思想从销售人员的角度转变到管理人员的角度。

思想是决定行为的根源，一旦认识上出了偏差，在行为上就一定会出现偏差。虽然，我们也经常看到一些"工作狂型"的管理者，他们通过自己的努力，甚至是"不要命"地工作，确实保证了销售团队的稳定和发展，但是，这样的方式一定不能算是合理的管理方式，更不能仅仅凭着业绩好坏就来评价管理的好坏。

确实有很多管理者认为，只要业绩好了，完成任务了，就说明自己的管理是对的。这样的误解真得很严重。

因此，我们需要重点谈谈管理者认识转变的问题。

必须相信：管理出效益

在我们给管理者进行授课的时候，会问他们一个问题：对于一个团队，如果没有管理者，这个团队会是怎么样的？

可能大家会说出很多问题来。同时，也有一些管理者反映，确实存在一些团队，在没有管理的时间里，销售工作并没有出现问题。我们都会接受大家的答案。

那么，这个问题就可以再问深入一点：如果你成为这个团队的管理者，你会让这个团队发生什么改变呢？

没有管理者的情况下，其实都是会出现很多问题的，只是有时被表现出来，有时没有被表现出来而已。那么，有了管理者是否就应该更好呢？那么，应该和之前比有什么样的好处呢？总不能还是以前的样子吧。

其实，这两个问题，大家也可以思考一下。

这个问题的答案，就很好地涉及了管理者认识的第一个内容：管理者的价值。

如果没有管理者和有管理者之间并没有太大的变化，那就说明管理者的价值是比较低的。如果是出现了更糟糕的变化，那就说明管理者的价值是"负值"了。

从没有管理者到有管理者，到底团队应该发生什么变化呢？其实，就是增加了一个因素"有管理了"。

这就说明，管理是有价值的。

因此，我们需要管理者必须首先转变的认识就是"管理是可以创造效益的"。

这个认识的转变，不仅仅是一句口号，也要让所有管理者清楚，自己的存在是要创造更好的效益，而且是通过建立管理来实现的。

这样的观点，是希望管理者不能再以销售人员的身份来看待管理工作了。如果自己还想做以前的样子和工作，不过是在原来的团队中增加了一个人而已，并不能算是管理者。作为管理者，必须开始建立"管理"，去解决之前所提到的"没有管理存在的问题"以及"如何让团队更好地发展的问题"。

对管理工作价值的坚信，是管理者必须首先具备的认识。而且，也应该仔细考虑应该建立什么价值，应该怎么来建立这样的价值。否则，还不如"回家卖白薯"。

必须明确：团队力量大

第二个需要管理者建立的认识是"管理的核心目标是让团队发挥作用"。这也是管理者最容易忽视的原则。主要表现包括三种：

第一种是自己说了算。一来自己确实能力强，自己就能解决所有问题；二来，在他们看来管理者既然承担团队的所有责任，当然需要自己来做决定。

第二种是各干各的。这些管理还能跟我们说出一些道理"每个人干好自己的本职工作就是对团队最大的贡献"。所以，每个人自己干自己的，出了问题也是自己的责任。

第三种是把人员分成三六九等。业绩好的销售人员，管理者就"惯着""爱着"；业绩不好的，管理者就"批评""责罚"。

以上三种情况，大家应该不会太陌生吧。

很显然，这样的管理方式，完全没有考虑如何实现"团队发挥作用"的想法。或者，我们可以勉强认为这样的工作是一些管理。但是，很显然，并没有发挥管理的价值。

管理者要做的应该是如何通过管理，调动所有人员的力量，建立团队合作的工作模式，形成团队整体发展的结果。

做得好的团队管理，也会有一些表现形式，我们列举几个例子，当然不是让大家都这么做，而是通过这些例子，让大家更好地理解这个重要原则。

"民主决策方式"。当涉及工作计划、工作任务等决策的时候，会让销售人员一起参与，一起出主意。甚至，一些团队让大家共同制定奖罚措施。

"建立合作工作模式"。有一些工作内容一定需要大家共同合作才能完成，而且是对个人和团队都很有效益的工作，通过大家合作，发挥所有人的作用。

"形成帮扶工作方式"。先进的帮助落后的或者新人，新人帮助先进者完成事务性工作。大家互相发挥自己的作用，互相帮助，全面促进。

还有更多的例子值得推荐，希望管理者真正重视这个重要原则。

有观点说，管理者不应该是简单地做到"1+1=2"，应该是大于2，甚至应该是一个"0"，就是在团队人数后面加一个"0"。

必须坚持：管理发挥作用

第三个需要重点介绍的认识是：管理者一定要习惯利用管理手段来解决问题。

作为销售人员，当工作出现了问题，他们总会想到一些具体的方法来解决问题，这些方法往往都是销售手段的内容。

而作为管理者，当工作出现了问题，就不能再用销售工作的手段来解决问题了。必须考虑用管理的手段来解决问题。当然，大部分管理者往往同时承担一些业务工作，对于这些工作是可以用销售工作的手段来解决的。但是，如果涉及团队、人员等问题的时候，还是使用销售工作的手段，就一定是存在大问题的。

所谓管理手段，一般来说主要包括六大手段：计划、组织、实施、监督、指导、评价。也就是说，管理者应该使用这些手段来解决目前的问题。否则，要么成了"替他们干"的情况，要么就成了"头疼医头脚疼医脚"的过程了。

这就像政府管理企业的方式，从来不是告诉企业具体应该怎么做，而是通过政策、法规、指南等方式来引导或者限制；好的老师从来不会直接告诉孩子怎么做眼前这道题，而是通过强化知识点来教会孩子做题。

销售团队出了问题，都是可以用以上六个手段解决的。因为，销售团队出现的问题，往往只会涉及以上六个方面。

因此，管理者很有必要学习和掌握这六个手段的内容和精髓。也可以说，开始习惯用管理的方式来做管理，才算是真正开始做管理了。

改变自己，才能改变管理工作

涉及管理者需要转变的认识，还有很多，我们只是选择了比较常见问题需要明确的内容。

当管理者发现管理工作出现问题，效率低下的时候，应该从认识的层面找到症结，这才是管理者正确的思考方式。

管理者并不容易。真的是这样。这种不容易最大的体现就是如何尽快改变自己。

我们经常会给管理者提到一句话"革命，最难的是革自己的命"。

突破销售思维的新观点

销售管理的三大评价标准：

持续，正确地达成考核要求；

低耗，高效地促进工作发展；

积极，正面地维持团队活力。

如何才是优秀的管理者？

在我们给管理者做销售管理培训的时候，总是会和他们探讨一个重要的课题：如何才算优秀的管理者？

这个内容是非常重要的。管理者知道什么是好的，才能看到自己工作中的差距；他们知道什么是优秀的，才知道应该如何改善自己的管理工作；管理者的领导知道什么是优秀的标准，才能对这些管理者进行更合理的评价和指导。

很多管理者认为，业绩是非常重要的指标。正如我们之前提到的一个观点"业绩不好的，一定不是优秀的销售人员"，这句话放到这里也应该是正确的。对于这样的观点，我们是支持的，一个涉及销售管理的人员，无论他如何有管理才能，无论他如何有管理的能力，最终如果不能带来业绩的增长，肯定不能算是优秀的管理者。

但是……是的，我们用"但是"的频率应该是非常高的。

首先，对管理者的业绩评价方式和销售人员不同。不能完全以一个考核周期的业绩就来评定管理者的不足。因为管理者关注的并不是一次的业绩，而是持续的业绩。

其次，对管理者的业绩来说，不能只看结果，还要关注整体运营的情况，如果业绩做到了，但是，消耗了巨大的资源，甚至是得不偿失，这样的优秀业绩也是不行的。

最后，对管理者的业绩来说，不是他一个人做到的，必然是由他的团队做到的，如果团队不能保证持续获得业绩，甚至团队都无法维持，这样的管理者怕是要处罚的了。

考核要求

关于销售管理者的评价标准问题，是我们一直在努力研究的课题。其中最主要的一个内容就是定义"合格或者优秀的销售管理者标准"。我们承认，因为接触到的销售行业是有限的，对于各种具体的情况还缺少足够的深入研究，所以，我们以下所提出的观点，算是一个参考性质的研究成果。可能还需要大家结合实际情况进行调整。

我们提出的第一个关于销售管理者的评价标准就是：持续、正确地达成考核要求。

作为销售管理者，完成任务是首要的标准，这是不容置疑的。但是，我们并没有用业绩指标作为标准，因为在实际的情况下，管理者承担的任务并不只是销售业绩，一般还会有其他的考核内容。所以，我们提出的标准是"考核要求"。

作为销售管理者必须首先清楚自己的考核要求是什么？就像一个带队的军官，要知道自己如何带兵，其中不只是打胜仗，还包括纪律、要求等很多其他的内容。这对销售管理者来说是比较熟悉的，他们的考核要求还会涉及各种内容，例如产品的、管理的、系统的、市场的、团队的……

实际上，这才是销售管理者真正的"业绩指标"。

需要注意的是，在这个标准之前，我们添加了两个约束性质的词语，一个是"持续"，一个是"正确"。

所谓持续，并不难理解。不能是一次性的，也不能是短暂的，应该是持续的，长期的达成。这并不是容易的要求。因为销售工作是变化很多的，能够做到持续，就要求管理者必须做好很多的预备工作和早期工作，要考虑到风险和变化。所以，这种要求是很高的。甚至，我们也会看到，必要的时候，销售管理者可能需要暂时放弃完全实现考核要求，需要进行必要的调整。虽然这是一种无奈。但是，这也是管理者努力实现"持续"所需要付出的努力。

所谓正确，就非常难控制了。有时候真地会有一些收益无法通过正确的方式实现，有时候真的是一些特殊的好处在诱惑我们；可能是销售人员的动摇，也可能是销售管理者的动摇。于是，可能就会出现一种情况"为了完成考核要求，选择了错误或者灰色的方式来实现"。这是对销售管理者很大的考验，不仅是对识别判断能力的考验，也是对自己把控正确方向的坚定态度的考验。

两个约束性的词语，都不容易做到。

或者，当我们努力去做到这两个词的时候，就已经在逐渐完善自己的管理，提升自己的水平，这个过程也就是管理成熟的过程。

发展要求

如果说之前的"考核要求"以及约束性质的"持续""正确"是比较难的，估计下一个要求会更不容易做到。

我们提出的第二个标准是"低耗、高效地促进工作发展"。

什么是促进工作发展。说得直接一点就是让所有和销售工作以及管理工作有关的因素都要进步和发展。这都包括什么呢？销售人员，销售制度，市场环境，工作水平，人员配备……这就太多了。比较大的销售团队还会涉及商业工作、财务工作、系统管理工作等内容。

要想做好这些事情，是要"花钱"的。也就是说，是要消耗很多资源的。而且，其中有很多工作的发展都不是短时间内可以得到回报的，甚至可能要持续地"亏损"来保证。

这个时候，就不是销售人员可以解决的了，需要销售管理者来做好这件事情。可惜的是，很多销售管理者不能做到这样的标准。为了心目中最重要的业绩，或者是短时间的业绩，只好把各种资源投入到其他的地方，导致这些发展性工作无法得到促进，工作效率无法得到提升，最终的结果一定也是很无奈的。这种销售管理者最常见的表达是"早知道这样，我当初就应该……"。

资源是需要消耗的，这些管理者真的很巧妙地实现了"低耗"，看上去不错，但是问题也很大。可是，只要去做就面临着消耗资源。所以，我们提出了另外一个约束词"高效"，就是提升资源的效率。

这比低耗还要困难！是的。

优秀的管理者会努力寻找更新的技术，更好的方法，更有效的支持，更多人才的培养……这些工作都是在努力实现高效，让自己所有的资源都能争取最大的"回报率"。

因此，对于必须要做的事情，我们应该做好节省，避免浪费。同时，又要考虑怎么提升效率，让资源发挥更大的价值。优秀的销售管理者真地很需要水平啊。

团队要求

第三个标准是大家最容易看懂的内容了："积极，正面地维持团队活力。"

最容易看懂，不一定是最容易做到的。可能都"没有看懂"。

什么是团队活力？大家能说清楚么？

团队活力当然包括大家普遍认可的表现形式，例如热血沸腾、激情四射。同时，也包括一些大家不是很关注的点，例如互相协作、积极思考、认真学习、批评与自我批评等。相对来说，后者更重要一些。

维持这样的团队活力是需要管理者开动脑筋的。最常见的方式是搞一些活动、做一些互动等方式。这些往往只能满足第一个约束词"积极"。因为是大家喜欢的，所以，可能就比较容易接受。因此，我们看到涉及"工作之外"的内容，大家都很喜欢，但是，一旦涉及"工作之内"的内容，就会比较难做到喜欢了。

只有积极是不行的，还需要"正面"。这是需要特别强调的。

在一个团队里，保持正面的"主流态度"是管理者必须坚持的。我们总说：抱怨是肿瘤，如果不及时清除，就会造成大面积的感染。

面对困难，面对挑战，面对压力，此外，面对各种训练、学习，面对严苛的管理，面对各种要求，如何能让团队保持正面的态度非常重要，也非常难得。

这可能需要销售管理者具备比较强大的内心，敢于面对的勇气，更需要通过自己的管理工作让团队成员也能保持这样的状态。

很多人说，管理就是管理人。这是对的。不过这个管理的"人"也是包括管理者自己的。

知道什么是好的，就是一个开始

我们围绕着销售管理者的评价标准，重点介绍了三个主要的内容。

通过我们的简单介绍，大家会了解到这三个内容的必要性。同样，大家可以从我们的介绍中体会到，做好销售管理真得不容易。可能连其中一个约束性词语都需要管理者花费不少的心思。

但是，这是管理者必须接受的现实。

至少，我们已经知道"怎么才是好的"了，就可以按照这三个要求来评估自己的工作，来发现自己的问题，来提升自己的水平。努力成为一个优秀的销售管理者，无论是对自己还是对团队都是意义巨大的。

突破销售思维的新观点

管理工作的群众原则：

发动群众，相信群众，依靠群众。

群众的力量

我们仔细去体会这三句说法，就会发现，这是关于管理工作的"精髓"。如果我们把优秀的管理案例拿出来，也会发现这三句说法的广泛适用范围。所以，我们要说：好的东西从来没有年限。

记得在老电影里，每当那些党员干部、军队指挥员、革命同志需要去陌生的，或者是危险的，或者是重要的地方工作，他的领导总会给出这样的建议：你要发动群众，相信群众，依靠群众。或者是：只要发动群众，依靠群众，就可以解决困难。还有其他的表达方式，或者多说点，反正大约都是类似的意思。

在我们为销售团队进行管理方面的分析时，在我们为他们提供管理改善的建议时，总是会想到这三句说法，总会发现，这三句说法真的是管理工作中重要的原则。随着我们对这些说法更广泛地应用，也对其中的更多内涵有了一些体会。

在此，把我们的一些心得分享给大家。

发动、相信、依靠

群众指的是谁呢？

从小的说，是销售团队的成员；从大的说，是自己的同事、领导，其他部门的人员；从更大的说，还可以包括我们的家人、朋友、师友。

群众具备着非常强大的力量，也拥有着"整体性质"的智慧。无论你做什么事情，如果没有群众的支持，这样的事情一定是艰难的，甚至是错误的。尤其是销售工作本就不是一个绝对正确与否的情况，群众的力量更是可以左右结果。

所以，作为管理者，一定要懂得如何发动群众。无论是对他们的教育、培训，还是通过利益、奖罚，或者是建立"利益共同体"，只有让群众们一起来帮助你，一起来配合你，才能保证所有工作的顺利进展。

同时，我们必须相信群众的智慧和群众的意识。不要动不动就拿那些"乌合之众"的想法回避群众工作。但凡有这样思想的人，一定是狭隘的人，不可能做好自己的管理工作。所以，相信群众的智慧是可以超越自己的，不要认为自己是领导就是万能的。这样的管理者才是最渺小的。

依靠群众的力量，敢于让群众去承担责任，去享有权利，一定是一个正确的方向。把自己投入到"人民群众的大海里"才能获得最大收获。

请问，你做到了吗？

我们不是在写散文，也不是在喊口号。而是真实的想法。

当然，这个看似简单的群众原则，并不是很容易做到的。怎么发动，怎么相信，怎么依靠，这绝对不是一个认识就可以实现的。

在实际的情况下，管理者应该为这样的原则开辟一些渠道、方式、机制，让群众的力量可以释放出来。

此外，充分尊重群众的意见，群众的利益，群众的反馈，这是优秀管理者很重要的信息来源。这也是需要有一些系统来保证的。

　　大家完全可以仔细体会我们国家在管理方面的思路，其中很多做法都是值得我们借鉴的。要知道，我们国家，我们的政党就是以此为立党、立国的基础。其中很多方式都可以用到销售管理中去。

　　当然，这其中最难的是管理者自己的心态。

　　必须清醒认识到群众的价值，更需要清醒认识自己的不足。这不是谦逊和骄傲的事情。而是封闭和开放的事情。也是腐朽和活力的事情。

　　那么，问题来了。

　　请问，你的管理工作中，有哪些体现了"发动群众"呢？

　　请问，你的管理系统中，有哪些是在"相信群众"呢？

　　请问，你的管理成果中，有哪些是"依靠群众"做到的呢？

突破销售思维的新观点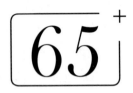

任何规模的团队管理至少需要两个管理文件：制度和绩效考核。

销售团队的制度重点体现"不能做的事情"；

销售团队的绩效考核重点体现"应该做的事情"。

管理者通过这两个文件来表达自己的管理态度。

管理文件很重要

我们提到"任何规模"，其实就是指那些比较"小"的团队。因为在大规模的团队中，绝对不只是这两个文件。如果是一个销售系统，估计相关的管理文件都可以编写成书了。

很多销售管理者管理的都不是一个庞大的团队，少的情况下，可能就三五个人，多的情况下，可能会到十几个，几十个。如果达到更多的人，估计你已经不是简单的销售管理者了，已经具备了"决策者"的身份了。

作为一个"自己是领导，其他都是员工"的小规模团队，在管理文件方面，不需要太复杂的内容；否则，不仅销售人员适应起来非常劳累，估计管理者自己都会搞混乱。这也是很多销售团队不愿意搞管理文件的原因。他们觉得，直接口头表达，或者在会议上作个决定就可以了，没有必要还搞得那么正式，还要搞什么管理文件。

关于这个问题，我们觉得很有必要纠正一下大家的认识。

从人治到"法治"

有个观点说：谁是最了解你的人呢？一个是你的敌人，另一个就是你的下属。

很多管理者总觉得自己比销售人员聪明。实际上，下属对领导的了解是非常深的，无论是习惯、喜好都会随着长时间的交流而逐渐明确。因此，总会有一些下属会让管理者更喜欢，如果管理者再没有这样的意识，可能完全没有想到，是因为下属对自己太了解了。

这样的了解有时是好事情，彼此沟通起来比较顺畅；有的时候，可能就不是好事情了，特别是在工作上。管理者常年的管理方式，管理风格，管理措施，都逐渐被销售人员了解、习惯，就自然会"萌生"很多应对的"策略"。如果这样的策略是针对工作之外的，可能就是一些故事而已，但是如果是针对工作的，可能就是"事故"了。

那么，管理者如何把工作与工作之外进行区分呢？如何让销售人员也能适当地区分呢？最好的方式就是"把工作的事情清晰地列出来"，最好是"写出来"。

这就是我们特别提到的：制度和绩效考核。

一旦有了这样的文件。销售人员在工作上就不必再去考虑领导的喜好了，可以直接按照文件去执行。管理者也可以按照文件的标准来评价员工的工作。无论你是否赢得了管理者的喜欢，只要工作上做不好，都必须按照规定来处理。

这就是管理文件最大的价值。

不能做和应该做

相对小规模的管理团队，确实没有必要搞太多管理文件。但是，至少应该有"明文"的制度和清晰的绩效考核。

制度是什么？可能大家都知道，也都会找到这些制度的文本。但是，作为一个销售团队的制度是什么，大家就有点模糊了。

有人会说，公司有制度了，按照公司制度做就可以了。是的。那是公司的，但是，不是你们团队的。一个团队也应该拟定一些自己的"小制度"，这必须是符合团队特点和需要的内容。

好的管理者会在团队内制定一些制度，明确一些要求。这些要求，就是管理者对下属的明确约束。其中的潜台词就是"无论工作以外如何随意，但是，这些内容不能违背"。

所以，对于小团队来说，我们的建议是：制度重点明确"不能做的事情"；绩效考核重点明确"应该做的事情"。

"不能做的事情"那可太多了吧？不多。

至于公司制度已经明确的内容，其实就没有必要再列出来了。重点是自己团队需要约束的内容。也就是只在自己团队不能违背的"红线"。

我们可以明确告诉管理者，不要以为这个内容可以写出很多来。我们在好多销售团队做了这样的尝试，结果，真正能写出超过七条的就没有几个。

是啊，你们团队有什么事情是不能做的呢？

此外，"应该做的事情"好像也很多。是的，真得很多。

恰恰是很多，才需要制定一些管理文件来进行约束啊。

绩效考核的核心内容就是告诉销售人员哪些事情将会被评价，而这样的评价将直接关系到大家的奖励。

不要以为这些被评价的事情有很多，其实，对于销售人员来说，每个月可以评价的内容是有限的，何况随着工作发展，随着决策战略的需要，这些评价的事情是要经常变化的。

管理者作出这样的绩效考核就是在告诉销售人员，你们如果想得到奖励，就按照这个内容做，这个内容就是对大家，对管理者最好的事情。做到了，就奖励。大家不需要再考虑管理者的喜好了。

制度往往是不会经常改变的，最常见的是不断地增加。

绩效考核则是经常改变的，但是，一定不能随意改变，一定要保证时效内必须严格执行。

制度和绩效考核都反映了管理者对团队的一些要求和希望。通过文字的方式表达出来，一方面可以约束销售人员，另一方面也可以不断提醒管理者。

当然，聪明的管理者也会利用制度和绩效考核把自己的更多工作想法和管理想法加入进去，更好地引导团队的发展。

"断君亡"

管理者应该重视管理文件的作用。

当没有管理文件存在的时候，团队的所有人都会按照自己的想法来做事情，按照自己的判断来处理问题。可能会出现很多不和谐的事情。

管理文件虽然不复杂，但是，却确立了团队的约束，类似于法律的样子。大家都依法办事，自然更容易取得成果。

常言到："断家王，断官强，断君亡。"

靠大家一致的判断来做事，就会"王天下"；靠官员类判别是非对错，就会做到"强国"；如果都是靠"君王"来判断对错，一定会亡国的。

那么，如何才能让大家都可以准确判断对错呢？至少，应该有一个，不，应该有两个文件存在吧，一个是制度，一个是绩效考核。

突破销售思维的新观点

特别提醒管理者几个重要"管理态度"：

尽量写出来；尽量走下去；尽量再想想；尽量多参与……

管理也是一种态度

团队管理不仅仅是一种能力，也是一种思维，当然，我们要强调的是，团队管理也是一种态度。尤其是销售团队的管理。因为很多销售团队的管理者，大部分都是从销售人员的身份转变过来的，大部分都是优秀的销售人员。他们的销售能力是比较出色的，他们对销售工作的认识也是比较优秀的。但是，这些人员大部分都没有经过系统的管理学习，或者是没有丰富的管理经验。所以，当能力和思维都有一些欠缺的时候，如果管理态度再出现问题，就会造成销售管理的各种问题。

我们看到，有的销售管理者更喜欢做销售工作而忽视管理工作；有的销售管理者更愿意替销售人员去完成工作而忽略人员的培养；有的销售管理者更喜欢比较随意的管理氛围而弱化管理的严谨性和纪律性……所以，我们发现很多销售管理者更像是"有管理身份的销售人员"。

因此，我们在一些培训课上，在一些具体指导工作上，总会给销售管理者提出一些建议。其中，最主要的建议是督促他们学习一些必要的管理知识，掌握一些管理方面的能力，至少，我们特别提到，至少要纠正一下自己的管理态度。

在这些关于管理态度的建议中，我们选择了最重要的，也是管理者最容易忽略的内容，在这里分享给大家。

尽量写出来

这个建议是我们提得最多的一条了。

很多销售管理者都是优秀的销售人员，因此他们的经验，他们的灵感，他们的想法都非常多。而且，当他们在管理团队的时候，在指导销售人员工作的时候，都会习惯"说"，都会热衷把自己的想法传递给销售团队的成员。

如果是销售人员，有了想法和灵感，可以马上去做。因为是自己的想法，往往做起来都会比较准确。但是，如果是告诉别人，就很勉强了。终归每个人的思维方式，经验积累都不同，完全通过听是无法变成具体行动的。

此外，在销售管理者实施管理的时候，也会习惯通过"说"来解决问题、传达指令、完成判断，这样也是有问题的。因为说的时候，往往会受到情绪、环境、特定情况的影响，很多说出来的想法都会有偏差。

所以，我们经常建议销售管理者要控制住自己"说"的欲望，而要"尽量写出来"。

例如在会议上的发言，下达的工作指令，管理工作的要求，对人员的一些批评建议……最好在说之前，先在纸上写出来。

我们告诉管理者，如果你发现你没有办法写出来，或者发现很难写清楚，或者很难通过文字把自己的意思写清楚，那么，我们建议你先不要说，也不要传达，因为，最大的可能性就是你的这个想法是有缺陷的，或者是有问题的。

这个并不容易做到。真的很难。很多管理者都觉得这个建议让他们很

"焦虑"，面对很多问题，都忍不住要说。

不要忘记了，你是管理者了，你的态度不再是个人的意见，而是管理意见，是团队的意见。如果自己表达的内容是有缺陷的、有问题的，就是对整体管理团队的伤害。所以，这样的态度是十分必要的。

尽量走下去

销售管理者平时要应付的工作和销售人员完全不同。不得不去花费更多的时间去应付管理方面的事务，可能还包括管理系统各种管理要求。所以，很多管理者再下市场的机会就少了很多。即使下到市场，也总是要处理自己需要做的"业务工作"，因为每个管理者还会承担一些与业务相关的事情。总体来说，管理者真正能下到终端的机会真得很少了。

所以，我们也会建议管理者应该"尽量走下去"，就是希望管理者应该关注终端的情况，而最好的方式就是亲自下去看。

一来，销售终端的发展变化很快，如果管理者很少下去，就会逐渐与终端变化脱节，完全依靠"陈旧的"经验来做管理工作，一定会出现脱离实际的情况。

二来，销售管理者只有真正走下去，才能更好地了解销售人员的情况，客户的各种反馈，才能制定更有效的管理方案，才能更及时处理各种工作问题。

三来，管理者能不断走下市场，也是对销售人员的一种激励，可以促进管理者与销售人员的沟通，可以听到他们的想法和意见，这对于团队管理是非常重要的手段。

相对来说，主管一级的销售管理者还能达到这样的要求，但是，像经理一级或更高级别的管理，往往会被管理事务羁绊，下去的时间会更少。但是，如果这个时候不去"尽量"，那么就更加糟糕了。因此，我们看到一些销售管理者，特别是高级管理者，都已经出现了"官僚状态"，这是危险的。

尽量多想想

对于销售人员来说，他所关注的主要是自己的工作，自己的市场，自己的客户，自己的业绩，所以，我们经常说销售人员就是"一人吃饱，全家不饿"的状态。这样的描述比较极端，但是，销售人员的重点确实主要在自己，考虑其他的事情就相对少了。

但是，对于销售管理者来说，就完全不同了，他要想的事情，要考虑的因素，一下子变多了。这个时候，管理者就要控制自己的情绪，不能再盲目做一个决定，不能再盲目"乱说话"。

一方面，我们提出要争取"写出来"，这就是一种避免冲动的方式；另一方面，我们会建议销售管理者在做工作的时候，在做决定的时候，在做判断的时候，应该"尽量多想想"。

想想销售人员的反应，想想对其他人的影响，想想对整体业绩的利弊，想想对团队管理的干扰……

是的，到底应该想什么，确实很难给出明确的建议。不过，这是一个必需的过程。当一个销售管理者思考得越来越多，他的工作也就会越来越完善。这是必然的。

尽量多参与

这个多参与主要包括以下内容：销售人员的各种工作、销售人员的各种学习、销售人员的各种活动、销售人员的各种娱乐……

很多销售管理者会认为一些事情是不需要参与的，要么觉得对自己的工作意义不大，要么是参加的太多了，要么是觉得不想影响其他人员……

的确，有的事情确实需要做一些判断，考虑是否应该参与，尤其是很忙的时候。但是，我们依旧建议"尽量多参与"。

有时对自己是意义不大的，但是对销售人员却意义重大；有时是自己参加得太多了，没有必要了，但是，对于销售人员来说可能只是唯一一次；

有时觉得自己不想影响其他人员，但是，对于销售人员来说你的影响才是他们最需要的。

有很多时候，你的"缺席"真的是一件遗憾的事情。

态度决定……

我们用了"尽量"这个词。说明这不是强制的建议。

我们只是想告诉销售管理者，记住这个"尽量"，也许做不到，也许会忽略，但是，"尽量"是一种态度，是在能力、思考、工作、成绩之外的一种管理态度。

态度，经常是决定事物发展最主要动力；态度，经常是表现出来的一种影响；态度，经常是内心的一种映照……

态度对了，可能很多事情都会变得正确和积极起来。

真心希望销售管理者能"尽量"。

吃着勺里的，看着碗里的，想着锅里的……

战略篇

突破销售思维的新观点

67 — 70 +

突破销售思维的新观点

战略并不是高大上的概念，战略就是为更持续、更先进、更危险所做的前期准备。

战略至少需要三个条件：全局、判断、措施。

"战略"解析

对于很多人来说，战略，好像是一个和自己没有太大关系的事情，好像都是那些"高层次""高职位"的人应该想的事情。所以，我们从一些现象中看到，如果有人能谈及战略的时候，都会显得自己非常厉害。

其实，战略仅仅是一个词语而已，完全没有必要把它看得有多么高大上。事实上，我们每个人都有战略思维，也都"或多或少"地在做"和战略有关的事情"。只是我们没有意识到这些是战略，或者不是很清楚战略的实际含义。

一来，战略的认识对销售人员是一个很重要的事情；二来，通过对战略的理解，可以更好地帮助我们的销售工作。所以，结合我们的理解，把这个词更简略地给大家做个介绍。

我们觉得中国的文字确实很有巧妙之处，这个"略"字，非常好地描绘了一个场景：

左边一个"田"，右边一个"各"。这是什么样子呢？一个人站在一个可以看到"田的各个地方"的位置在审视这片"田"。所以，这个人能看到的，大约都是比较"粗略"的。当然，他能描述的也都是比较"简略"的。当然，如果为了"战"而在这片"田"里进行一些谋划，就是在做"战略"了。

所以，我们提及战略，一定是一个审视全局的过程。而且，这个"田"越大，你看到的就越宽广，具体的细节也就更"粗略"。当然，这个全局，不一定是空间方面的，也可以是时间方面的，终归"田"是要种地的，是要长粮食，要变化的。全局，也不一定是针对"田"，也包括人、工作、市场。

一旦我们了解了这个"田"的情况，就知道了这些"田"的现实、过去、未来，也可以根据自己的认识，来考虑随后"田"的变化。要么考虑怎么顺应这样的变化，要么考虑怎么避免这样的变化，总之，需要做点什么事情。根据不同的事情，就会出现不同的"战略"。

因此，对战略的理解，大约就可以是这样的了：就是对事物的全局进行的了解和预判。根据这样的了解和预判，结合实际的需要进行"适应"或"干预"而制定的措施。

如果是针对市场的，就是市场战略；如果是针对人的，就是人才战略；如果是针对销售的，就是销售战略……

战略需要三个条件

根据以上我们对战略的简单解释，大约可以知道，如果是一个真正的战略，就至少需要三个很重要的条件。

第一个条件：对全局的了解。当你不能对一个事物有全局的了解，就不能做相关的战略，最多只能算是个人的建议。所以，超出自己了解范畴的"全局"，千万别用战略这个词来描述你的想法。例如国家战略、政府战略、企业战略、市场战略、发展战略等。这个词已经不是你能掌握的了。

第二个条件：对全局现实和未来发展的判断。当了解了全局的情况，一定要有一个判断。这是做战略的前提。当然，这样的判断是要求很高的，不是一个"想当然"的过程。往往都需要非常严谨的理论基础，甚至需要大量的试验数据。所以，如果自己没有这方面的理论和实践，如果没有这方面的才能，最好不要随便说自己的想法是战略，怕是经不起推敲的。

第三个条件：一定形成一些措施。如果战略仅仅是一些想法，就会毫无意义。最多只能算是一个很好的想法而已，还不能是战略。战略一定是要以措施的形式进行表现。一定要有明确的行为。或者是适应，或者是干预。不去做任何事情，就不能算是战略了。不去做相关的事情，更不能和战略扯上关系。

战略的三个考虑

在制定战略的时候，最主要考虑的，往往主要涉及三个方面：更持续、更先进、更危险。所以，战略形成的决策一般都是针对这三个目标来展开的。

更持续。就是考虑如何让现在的发展状况可以持续下去，而且，考虑时间越长，这样的战略价值就越高。当然，范围越广，出现错误的概率也就越大。为了保证持续，就需要考虑根据未来的趋势，进行必要的准备和必要的调整，保证到了将来，都可以继续获得预期的结果。

更先进。就是考虑如何在未来赢得更好的"地位"。为了在将来的竞争中占据先机，就需要提前进行必要的准备，包括研究、培养、积累等措施。

更危险。这是很容易理解的。我们根据预判大约了解可能会出现的风险，就要为了避免或者为了到时可以应对这些风险，需要提前进行必要的准备。其实，危险还有一个含义，就是机会。为什么是危险还是机会呢？很简单，如果抓不住机会，就是危险。

当然，在战略研究中，不仅仅是这三个方面。但是，如果连这三个方面都没有考虑到，估计其他的内容也不会有太大的意义了。

可惜的是，我们看到的很多所谓的战略，往往都是存在严重缺陷的。或者只是个别信息的关注，或者没有清晰的判断，或者没有具体的措施……这些可能被称为战略，实际上，可能连"口号"都算不上啊。

战略竞争

"做战略"是一个很不容易的事情，也是一个"竞争激烈"的事情。因为你在搞，别人也在搞，竞争对手也在搞，客户也在搞。战略竞争是一个非常残酷的环境。有时，这样的竞争，有点像大家一起在下棋：你根据判断在走棋，对方也会根据你的情况在调整。

战略不能太具体，因为总是要变的；战略又不能太模糊，因为是要做事情的。

所以，战略是一个要求比较高的事情。真不是简单几个人，甚至一两个领导就可以做到的，往往需要全员的参与，专业人员保障，领先的理念等很多条件才能保证形成有价值的战略。至于，是否能赢得未来的战略竞争，甚至需要一些运气了。

现在很多企业和团队都越来越重视战略工作了。因为，很多现实的竞争已经不是靠眼前的条件来对抗了，很多对抗条件都需要提前进行准备。同时，随着市场的巨大变化，很多应对措施已经很难再依靠短时间来保证了，必须提前进行储备。甚至，当真的需要高速发展的时候，人才、管理者都不够，这就更无法很快来实现了。

所以，现在的竞争都是在"拼"过去的战略，而未来的竞争，就是要"拼"现在的战略了。

突破销售思维的新观点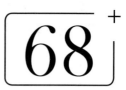

对于销售人员来说，战略思维的最突出体现就是：要为眼前的业绩，也要为将来的业绩。

销售人员的战略思维

销售人员要具备一些"战略思维"。

虽然，更多的时候，销售人员是各种战略的参与者或者执行者。但是，如果把战略的范围局限到自己的销售工作，自己工作的市场，自己的客户，对于销售人员来说，也是需要考虑更持续，更先进，更危险的事情啊。

销售工作不可能是一个短暂的过程，一定是要考虑持续发展的问题，持续出现业绩的问题，销售人员必须为未来的业绩产出，提前考虑一些准备。

销售工作也是一个竞争的过程，最常见的就是和竞争对手的竞争，这个时候，更高水平的能力，更有效率的工作一定是巨大的优势。而这些都不是"一蹴而就"的，都需要提前开始训练和储备了。

销售工作的风险也是巨大的，各种变数也是很多的。我们当然希望不要出现危险，但是，必须考虑到如何应对。此外，我们也要考虑到未来的机会，到时就可以很好地抓住了。

在之前的内容中，我们就说到：销售工作有两大类，一类是为了现实的业绩，一类是为了未来的业绩。销售人员每天的工作，要么是为了马上产生业绩，要么就是为了将来产生业绩做铺垫。这何尝不是战略思维呢？

是的，就是一种战略思维。

在之前的内容中，我们也说过：你看到了就可能实现，你看不到就永远得不到。销售人员如果能对自己的销售工作有全局的了解，对于未来的发展有一定的预判，就会开始考虑自己该怎么做了。于是，你对未来看得越远，判断得越准确，你的措施越有效，将来得到业绩的可能性就更大。

这也是非常明确的战略思维。

五个建议，一个题外话

建立战略思维并不是制定战略。这是要大家必须清楚的事情。战略思维是可以用到日常工作中的想法和思路，但是制定战略就是一个非常专业和复杂的工作了。

怎么建立战略思维呢？有几个小建议。

第一个建议是"多看看"。当我们看到一个事情需要处理，不要简单凭借一些零散的信息来做判断，多了解一些，多问问，多看看，这样才能保证对全局更多地掌握。

第二个建议是"多想想"。当我们决定做一个事情的时候，不要只看到眼前的利益，也要考虑其他的影响，其他的利益，这样就可以尽量避免对未来和其他的干扰了。

第三个建议是"多写写"。"好脑子不如烂笔头"。多写写，多记记。不要太依靠脑子。写出来的东西会更容易符合自己的想法，也更容易梳理出正确的意见。

第四个建议是"多学学"。不仅是对书籍的学习，也要多向别人学习。看到别人优秀的做法，就要向人家请教，关键是请教人家是怎么想的，这才是精髓。

第五个建议很特殊，就是"多配合"。销售人员经常是战略的执行者，在这个过程中，很多销售人员因为个人的想法和观点，会对很多举措表示不满或者不理解。虽然，很多战略是有缺陷的，自己也可以通过正常渠道去表达意见，但是，作为执行者，要么你离开，要么就要积极配合这些措施。这应该是比较正确的态度。

最后说点题外话。

有很多时候，无论是团体、企业，甚至是政府、国家。他们在制订战略的时候，要考虑的因素非常多。所以，难免一些决定，一些措施和个人的想法、利益有冲突。在这个时候，我们应该保持这样的态度：先执行，再反馈。

一方面要先去执行，先去配合，这是大局；另一方面，也不能说是"傻干"，也要把自己的想法和感受进行反馈，这样才能丰富决策者的信息，才能进行更有效的修正。

突破销售思维的新观点

　　现实与战略不应该是冲突的关系，而应该是融合的关系。从来没有绝对现实的工作，也没有绝对战略的工作。

现实和战略的冲突

　　在很多销售人员的工作中，经常会面临一个选择难题：是要眼前的利益还是要长远的利益。或者说是选择眼前的业绩还是未来的业绩。从文字上看，好像这并不是一个艰难的选择，但是，在实际中，确实经常挑战销售人员的思考。

　　一方面，我们会发现一些办法可以很快获得业绩，甚至是非常诱人的业绩；另一方面，我们也会考虑到这些方法可能带来的"不良后果"，甚至可能带来一些新的问题。

　　更多的时候，这样的"诱惑"实在太诱人了，会让我们忽略风险，甚至放弃了对其中利弊的分析。

　　于是，不少销售人员会跟我说他们的理由：长远的确很重要，但是，现实生存更重要。何况，很多时候并不是纠结一个方法的"诱惑问题"，而是面临着自己考核不合格的问题，或者是影响团队的任务，甚至是影响自己职业的发展。

总之，眼前的是"生死选择"，未来是"可能选择"，相对来说，似乎他们的选择是"有情可原"的。

第二种情况也是常见的事情。

当销售人员明确了销售工作的长远发展规划，或者是通过领导的指示，或者是自己对销售工作的期望，或者是其他优秀人员给自己的启发。总之，自己已经决定要把"长远目标"纳入自己的工作规划中。

这个时候。当他离开"会议室""培训教室""办公室""自己的家"，当他重新投入销售工作的现实中的时候，他会发现，他的"远大理想"无法真正展开，所有现实的问题依旧存在，还是要面对客户的刁难，市场的动荡，任务的考核。

于是，他只能暂时把他的远大目标放到一边，先投入现实工作中，至少先要解决眼前的问题，那个"美丽的"远大理想可能要先放一放了。

现实和战略不能区分

很多人总是愿意把现实和长远进行明确的区分，甚至，会在工作计划的内容中，特别区别对待。而管理者们，一方面希望销售人员可以更多地去做好长远工作，另一方面也要求不能降低现实工作的强度。

所以，我们看到，很多销售人员始终在现实的工作中"打转"，因为他们实在没有更多的时间和精力去为远大目标做准备。同时，我们都会很习惯佩服那些想得长远，也做了很多长远工作的销售人员，深深感觉和他们的差距好大啊。

我们听到很多优秀的销售人员在做自己的成长经验分享的时候，总会提到，他们是如何辛苦地做了长远工作的准备，如何一点点地积累，如何面对各种艰难的挑战，如何在辛苦的工作中挤出时间学习……这就更让其他销售人员感觉到：做好长远的事情，真的不是一个简单的事情。

是的。做好长远的事情，的确不是一个简单的事情。但是，也绝对不是一件非常辛苦的事情。这涉及大家对现实工作与长远工作的严重误解。

是的。现实很重要，未来很美丽。不可能为了未来就让现在的自己"饿死"。

再谈"大禹治水"

我们在很多的培训课或者交流中，都会提到我们对一个故事的研究，在我们关于拜访的书中，还把这个内容作为"后记"。现在，我们依旧希望以这个故事作为关于"现实和长远"最好的解释。

这个故事就是"大禹治水"。

在舜帝的时候，黄河泛滥，舜帝就派鲧去治水，因为鲧使用的方式是"堵"，最终无法遏制洪水，舜帝就把鲧杀了。然后派了禹去治水。大家知道，禹通过"疏通"的方式把洪水治住。据说，现在黄河的走势就是当年治水时形成的。

大家要问了，这个故事与现实和长远有什么关系呢？

请问：当禹接到舜帝的指令来到洪水泛滥的现场，他最先做的事情是什么？

你可能会说：当然是疏通了。真的是这样么？我们觉得绝对不可能！

一来洪水泛滥的情况很严重，必须先解决眼前的问题啊，如果不马上控制住，估计就不是眼前的业绩问题了，估计就是砍头的事情了。二来，疏通不是一个马上可以做到的事情，需要人财物的支持，更需要挖出疏通的渠道来。这时来不及啊。

是不是很难抉择啊？虽然，禹知道需要疏通，也知道应该把洪水引到大海去。这就是一个长远的目标，但是，眼前的问题是"砍头的压力"啊。

所以，我们判断，大禹一定是先做了和鲧一样的方式，就是"堵"。不堵的话，估计今天都过不去了；不堵的话，估计明天就砍头了；不堵的话，所有疏通的事都无从谈起。

但是，大禹的"堵"一定是和鲧的"堵"不一样。他的内心是有一个长远目标的，于是，他应该是堵的时候调整方向，堵的时候顺便开始挖渠……看似是一样的堵，但是，因为有一个疏通的长远目标，让他在堵的同时，逐渐实现疏通的目标。

不要说这是个容易的过程，我们看看黄河的走势，九九八十一道弯啊。难道他不知道"线段最短"么？一定是遭遇了很多现实的困难，一定有很多无法克服的现实问题。他也不得不"屈从"，但是，他也利用屈从的现实，在调整自己长远的目标。

你是否通过这个故事了解了如何处理"现实和长远的矛盾"么？

拉磨的驴？

没有绝对的现实工作，也没有绝对的战略工作。

所以，他们是没有矛盾的。真正的矛盾是什么？是我们自己内心对长远工作不清晰，对现实工作不调整。因此才会一直在现实打转，永远无法前进。说得难听一些，这好像就是一个"拉磨的驴"一样吧。

长远，从来不是凭空的想象，更不是幻想，必须是结合现实的考虑；

现实，从来不是无法调整的"壁垒"，必须是长远工作的开始和过程。

当然，我们也会看到，很多战略过于"虚幻"，对现实工作没有实际的指导意义，那本就不是真正的战略；同时，很多销售人员会过度纠结于现实的重要性，其实，更多的时候是一种对困难的屈从或者是对改变的抵触而已。

就问：你知道你的战略，或者你的企业，你的团队的战略么？

就问：你知道明天你应该怎么做自己的现实工作么？

"只要开始走出去了，就离目标近了一点！"

突破销售思维的新观点

战略从来不是一个虚幻的灵感或者想法，而是一个非常具体，又非常专业，也非常细致的过程。

战略不是幻想

我们的工作中有一项很不让大家喜欢的事情，就是"泼冷水"。

经常有销售人员、管理者、决策者找到我们，告诉我们他们有了一个非常好的想法，非常厉害的构思，非常伟大的战略。对于这些让他们热血沸腾的想法，在我们这里"几乎全部"都会遭遇"泼冷水"的待遇。

从以上的内容，大家应该明白，战略从来不是一个简单的想法或者灵感，而是一个非常具体的东西，一定是可以实现的东西，一定是符合现实条件的东西，一定是对现实有所改变的东西。

可惜的是，很多人沉醉于这样的"幻想"。这就像网络上看到的各种关于"如何快速发财的设计""如何快速成功的建议"，当然，还有很多这样的书籍被大家阅读，被大家"膜拜"。我们可以负责地说，但凡"试图告诉你如何成功，如何辉煌的内容"全部都是"胡扯"或者是"忽悠"。

为什么呢？

战略很具体也很专业

因为从想法到现实还有很长的路要走啊。

我们可以这样来推导一下，肯定不是准确的，也不代表所有的情况，只是通过一个计算来让大家了解一个想法如何变成现实。

首先，如果想把一个"灵感"或者"想法"说清楚，大部分都只需要一张A4纸就够了。真的是这样的。或者说，如果一张A4纸都说不清楚，也就没有太大的"爆炸性"了。

其次，如果想把这个想法布置下去，安排人员去准备，去落实，去储备资源，去调研等工作，估计具体的方案，不会少于20张A4纸。这已经算是少的了。

再次，各个分工要保证下达，制定细节方案，设计制度，设计绩效考核，设计监督，安排培训，工作表格。估计这些细节内容不会少于400张A4纸的数量吧。400张，真得不多啊。连一包打印纸都不到。大家都会觉得不算多啊。

最后，就是正式开始执行了。这个过程就非常庞大了。各种数据，各种信息，各种计划，各种汇报，各种总结，各种宣传，各种……我可以再乘上20倍，这样就不会少于8000张A4纸了。

另外，还要考虑到很多其他的事情，例如渠道建设、客户建设、文化建设，还要考虑资金筹措、程序设计、政府工作、财务税收……那就更是庞大的数量了，估计再乘上20倍，一点不为过。这样就有160 000张纸了。

好吧。这一切都是保证这个战略是有效的，是可以一直做下去的。

所以，大家要知道，真正能变成现实的"伟大想法"都是不容易的，也不是随便一个人就能做的。实现的过程需要大量的专业人员、专业工作才能完成的。

吐槽

一些外行人，从小说、影视剧，或者是一些成功学大师的观点，以为销售战略就是一个"充满智慧"的灵感，就是一个"惊天地、泣鬼神"的想法，于是，就可以成功了，就可以成为"霸道总裁"了。拜托。那连"童话"都不算。

可是，居然有很多销售人员，管理者，甚至决策者一直迷信这样的东西。

市场和销售的分工越来越细，各种专业人员越来越深入，各种科学的运作越来越细致，这些都不是靠灵感就可以解决的。

所以，真正的战略从来都是非常复杂的过程，需要大量专业的人士参与，需要大量的调研和分析，需要庞大的系统来支撑；否则，那些看似很美的战略，无非就是"骗自己也骗别人的神像而已"。最糟糕的是，很多人骗到最后，连自己都相信了。哎……

当然，针对这个观点，我们只能说这些了，也算是说清楚了。至于到底如何做好销售工作的战略，如何做好销售团队或者销售系统的战略，那是另外的话题了，而且，我们也只能做到提建议，我们不得不继续"苦口婆心"地去劝那些充满激情的管理者和决策者"你所说的这个战略真的无法变成现实"。

文化是超越任何销售理论、销售方法、管理方法，最强大的力量

文化篇

突破销售思维的新观点

71 — 73 +

突破销售思维的新观点 71⁺

团队文化是团队所有"对象关系"表现形式的总和。

只要存在有人参与的关系，就一定存在文化。

团队文化从存在状态看，包括自然状态、趋势状态、平台状态。

团队文化的定义

我们肯定是没有资格，也没有能力去探讨"文化"这么高深的课题。所以，我们在这里所表达的内容只围绕"团队文化"展开。文字中涉及"文化"二字，也都指的是销售团队的团队文化。

在和销售团队探讨团队文化的课题时，总会面临一个非常高的门槛，这就是对团队文化的认识和理解问题。也可以说是对团队文化的定义问题。我们发现，很多的矛盾和不同的意见，其根源是我们对这个概念的理解有差异，所以，总是很难谈到一起。

因此，我们认为很有必要先把我们对团队文化的简单理解进行阐述。至少，当大家阅读到下面的内容时，就可以更好地理解我们的观点了。

团队文化对于很多人来说是一个比较"虚"的概念。这是事实。但是，团队文化的"虚"主要体现在具体的形式上。实际上，团队文化也是很"实在"的，因为我们可以很容易识别到，很容易感受到。这大约就是团队文化比较另类的地方吧。

在我们给这个词进行定义的过程中，先后提出不少于几十个定义描述，有很长的，也有很短的。目前，我们所提出的定义可能依旧是一个"过度产品"，或者很快我们又会因为新的研究来改变这样的定义吧。

"团队文化是团队所有对象关系表现形式的总和。"

虽然只是一句很简短的话，却包含了我们很多研究的成果。我们会围绕这个定义，来阐述我们对团队文化的认识。

团队文化是"表现形式的总和"

文化一定不是一个人的事情。文化一定是人与其他事物之间的事情。

一开始，我们认为应该是人与人之间的关系。后来发现，不只是人与人，也包括人与物品，人与事情，人与工作……

当人与这些对象发生关系的时候，作为个体总会有一个应对方式。例如个人对待工作的方式，个人对待管理、考核、任务、奖罚等事情都会有一个应对方式。而且，一旦有了应对方式，就一定通过自己的行为表现出来。可能是积极的，可能是消极的，甚至是反对的。总之，每个人都会有这样的行为表现。

我们可以说，当一个人对一个对象产生了应对，并形成了一个明确的行为表现。我们就可以说他们之间产生了一种特定的关系。这种有明确行为表现的关系，就是他们之间的一个"微小文化"。

当一个人对团队所有涉及的事物都产生"有明确行为表现的关系"，就构成了一个人在团队中存在的"个人文化"。

当团队所有的"个人文化"产生交集，产生影响，最终就会构成一个非常复杂，但是，也非常明确的状态，这种由大量"个人文化"组成的整体状态，也就是一个"总和"结果，就形成了这个团队的"团队文化"。

所谓总和，就不能单纯从一个人的文化特点来评价整体，这样一定是片面的。这就像是说，我们看到有一个人是坏人，不能说所有团队成员都是坏人一样。

必须从整体看这些"各种文化"形成的"主流"状态。当我们描述这些主流状态时，有时是大家普遍认可的，有时是大多数人认可，有时是各种小文化互相"纠缠""抵消""融合"后形成的。

所以，在描述团队文化状态的时候，最常用的方式是用"主流文化"方式来描述。因此，如果我们不能真正全面地看到团队各种文化的主流，就不能说真正了解这个团队的文化特点。

不可否认，在一个团队中，确实可能存在某个个体的文化对整体的影响是巨大的。最常见的就是管理者的个体文化特点。所以，我们对于很多团队来说，从管理者的个人文化特点就比较容易识别到整体的文化特点。

但是，在实际的情况中，如果一个团队的成员非常多，结构非常复杂，包含的对象也非常丰富的时候，个体的影响力往往就会逐渐弱化，甚至会淹没在"人民的海洋"中。如果这个时候，管理者还凭借个人文化特点来评价团队文化，就会很容易犯错误了。这样的情况大家一定见过很多了。当然，如果团队管理者本身的地位就是弱化的，甚至本身的文化特点就不明显，可能在小团队中，都存在由成员文化构成的整体文化状态。

同样，在构成文化的各种关系中，确实可能存在某个对象是"主角"，所有成员与这个对象的关系就成为了团队文化的主流。例如在销售团队中，大家与业绩关系，或者是大家与收入的关系，大家与工作的关系。可能就会成为整体文化中最主要的组成，也直接影响了整体文化的特点。这样，我们只要了解这个"主角"所构成的各种文化特点，就能掌握整个团队文化的状态。

团队文化的三种状态

根据我们对团队文化的描述，就能得到一个很重要的观点：团队文化是一个团队的客观表现，只要有团队，就一定有团队文化。因为，所有"小文化"是客观存在的，那么这些客观存在的小文化组成的整体文化也是客观存在的。

因此，我们就特别提出一个关于团队文化评价的新概念：团队文化的存在状态。

这个概念在我们研究团队文化的时候是非常必要的，可以通过团队文化的存在状态来对团队进行评价。

按照团队文化的存在状态，主要包括三种状态：自然状态、趋势状态、平台状态。

所谓自然状态，就是说，团队文化的构成没有经过任何的干预，也没有任何刻意的管理和控制，完全是大家各自的"小文化"自然形成的整体状况。

这样的自然状态，完全是"失控的"，是"互相融合妥协的结果"，关键是没有统一的引导。所以，整体的运行是比较散乱的，甚至有一些很"畸形"的现象。

当然，这样的自然状态也未必都是坏事。在一些危难时刻，遇到一些紧急情况。这样的自然状态往往可以"反制约"各种伤害，保证团队的稳定。

所谓趋势状态，应该说是一个过渡状态。有时候因为一些积极因素正在对团队文化产生正面影响，团队文化正在经历调整，所有人员都在发生着变化。也有时候是一些负面的因素对团队文化产生负面影响，团队文化正在经历倒退，所有人员也在调整和变化。

虽然趋势状态是一个过渡状态，却是一个持续时间最长的状态。团队文化总是在变的，所以，相对来说，研究趋势状态应该是研究团队文化的最主要的内容。

所谓平台状态，应该说是另外一个"自然状态"，唯一区别的是，这个状态不是自然形成的而是通过设计、管理形成的。往往具备比较稳定的运行，对个人、对团体都有非常好的适应性，也具备非常好的生命力。

当然，不是所有的平台状态都是好的。如果设计和管理这个团队的人是按照"反方向"来做的。那么，这个平台状态的存在，可能是团队发展很糟糕的事情了。想想历史上，很多奸臣当道的年代，就是他们塑造的一个肮脏的平台状态了。

文化的这三种状态，并不是罕见的情况。像管理、组织、运营等内容，也经常存在以上三种状态。

所以，不要认为"存在就是道理"，有的存在是"行尸走肉"或"勉强维持"的自然状态，有的存在是"日渐日新"或"逐渐衰退"的趋势状态，有的存在是"蓄势待发"或"自取灭亡"的平台状态。

小结

关于团队文化的认识，我们提出了一些观点，肯定是片面的。不过，至少可以成为我们研究团队文化的基础。对于大家来说，也可以是认识和研究团队文化的参考。

所有人都不能忽略团队文化，因为我们是这个文化的一个组成部分，我们也是改变这个文化的一个影响因素。

"或者我们没有能力改变整体，但是，至少我们可以从自己做起。"

突破销售思维的新观点

团队文化是凝聚团队力量最有力的纽带。

团队文化是保证团队发展最持续的动力。

团队文化是超越所有工作最强大的力量。

团队文化的力量

团队文化的重要性，大家都是"知道"的。是的，仅仅是"知道"。很多团队的管理者都会很重视团队文化的建设和改善工作，但是，往往都是停留在"表面"的文章。相对来讲，大约口头上的重视比实际的重视要更多一些。

究其原因，对于团队文化的重要是一种"共识"。没有人会"冒天下之大不韪"发表不认可团队文化重要的观点。但是，很多人确实从内心都存在一个"矛盾"：团队文化到底可以带来什么样的利益呢？

大多数的时间里，文化现状没有让人觉得危险，同时，团队文化对于销售业绩来说，对于团队管理来说，并没有太大的价值，至少是没有眼前的价值，那么，何苦要投入精力、财力、人力来搞团队文化呢？

所以，我们看到的情况是这样的。口头绝对要重视团队文化，文字上也要表明自己对团队文化作用的重视，在实际行动上，主要通过一些活动、娱乐、福利、关心等方式来证明"我们还是为团队文化做了不少的事情吧"。

因此，我们觉得，很有必要和大家来谈一谈团队文化到底如何重要，团队文化如何才能发挥应有的作用，团队文化确实应该是团队管理最重要的工作。

首先，我们必须认识到"团队文化真的是一个非常强大的力量"，如果你的团队还没有这样的体现，主要有两个原因，一是你的团队是一个"自然状态"，本身就没有活力，就没有能力发挥作用；二是你的团队文化还没有搞好，还没有真正释放这种强大的力量。

"团队文化是超越所有工作最强大的力量。"这句话绝对不是夸张的说法。

根据我们之前的介绍，团队文化是一个客观的事物，本身并没有好或不好的意思。它是根据团队文化实际的情况来发挥作用的。

当我们的团队文化是积极的，就能让更多人可以按照比较一致的"价值观"或"模式"来开展工作。这样，就能体现出强大的凝聚力。要知道，只有团队一心，才能作出更好的结果，也才能做更艰难的工作。

反之，当团队文化是消极的，积极的想法就会在团队文化中被抵消、被弱化、被淹没，就始终无法凝聚所有人的力量。那么，工作发展一定是迟缓的，甚至会倒退。

销售工作一定不会是顺利的，一定会有很多的考验。这个时候，团队文化就是一个非常强大的纽带了。共同的认识，共同的信念，共同的方向，共同的担当。这样，任何的困难都不再是问题。

反之，消极的或者松散的团队文化，在困难面前会让团队内耗加剧，甚至会导致团队的土崩瓦解。

从团队文化角度看兴衰

关于团队文化的作用，大家都能说出不少，我们也没有必要过多罗列各种"辞藻"，我们会建议大家可以重点关注一些成功和失败案例，可以重点从团队文化的角度进行分析，这样就能更好地理解成功和失败的本质。

不只是团队文化的案例，还有一些企业的兴衰，甚至朝代的兴衰，国家的兴衰，如果我们能从文化的角度去分析，就会得到很多的启发。

可以说，错误的决策或者错误的工作，未必会真正把一个团队摧毁，但是，文化的落后，或者文化的迷失，却可以造成更大的恶果。

反之，一个人的作用、一项工作的作用，未必能真正给一个团队带来辉煌，但是，文化的力量，文化的保证，一定可以让团队实现更远大的成就。

因此，说团队文化是最强大的力量，绝对不为过。

突破销售思维的新观点

团队文化改善需要考虑内在与外在的关系：内在决定外在；外在影响内在。

团队文化的建设包括四个维度：行为模式，思考模式，认知模式，素质模式。

四个维度的团队文化建设工作中深度变化和广度变化共存。

这是关于团队文化建设的内容

我们介绍了团队文化的概念，也特别强调了团队文化的力量。那么，问题就来了，如何才能做好团队文化的建设呢？

根据我们的描述，大家可能有点质疑自己曾经做过的一些方式，例如活动、娱乐、运动、福利……难道这些工作不是团队文化的工作吗？到底应该怎么做才是更正确的呢？

关于团队文化建设的课题，是我们研究比较少的。主要原因也很简单，要么是大家对团队文化建设的忽视，要么就是管理者或者决策者关于团队文化建设的观点与我们坚持的观点有差异，甚至是相反的。

所以，我们提出的观点，仅仅作为大家的参考，并不是一个"保证正确"的内容。当然，如果大家还没有开始做相关工作，也不妨参照我们的思路来做这个工作。

总之，观点可以不同，但是，重视绝对相同，去改善的意愿也绝对相同。

内在与外在的关系

根据我们的定义，团队文化是一个"表现形式的总和"，这就是说，团队文化一定是表现出来的东西，并不是一个关注"内在"或"动机"的事物。所以，我们就知道这样的观点"一个人，无论内心怎么肮脏，如果他做的全是好事，那么，他就是一个好人""一个人，无论内心怎么纯洁，如果他做的事情全是坏事，那么，他就是一个坏人"。

这是我们识别团队文化的方式。同时，无论我们怎么去改善团队文化，最终都是要看表现形式的，而且，要看到的是表现形式的"总和"，就是我们之前提到的"主流"。也可以说，只要表现形式达到了要求，就能说明团队文化工作是有效的；同理，也只有切实解决了表现问题，才是团队文化改善的目标。

不过，在具体的工作中，我们却不能只看表现形式。

团队文化需要改善时，就不能只关注表现形式的改变，也要关注"内在"。因为内在决定了表现形式，所有的行为都是通过内在的思考和判断来形成的，所以，内在是外在的根源。

当然，外在也是很强大的，尤其是在团队中。当所有人都是比较一致的行为时，对于一个个体来说，与主流相反一定是错误的选择，于是，即使内在不认同，可能具体的行为表现还是会和主流一致的，长期以往，往往会逐渐改变内在的"力量"，甚至完全改变过来。

因此，在我们试图改善团队文化的时候，一定不能只针对外在的表现形式，虽然那个就是目标。我们还必须考虑在内在方面有所作为。让团队成员因为"屈从"总是不能长久的。如果能从内在就建立"外在结果"的必然关系，团队文化改善的效率一定会更高。

团队文化建设的四个维度

团队文化建设工作，一定是个全面的过程。

我们提出的观点是：团队文化建设工作，应该从四个维度来考虑：行为模式、思考模式、认知模式、素质模式。

所谓的行为模式，就是对团队成员的行为进行必要的约束。

这是比较直接的方式，是直接针对团队文化的表现形式进行的干预。常用的方法就是对于比较常见、出现频率比较高、比较重要、对团队整体文化影响比较大的行为进行必要的约束。例如人与人的交往，对于重要工作的应对方式，对待团队制度的执行态度，团队礼仪和着装要求，学习和表达的能力训练等。这些都是可以直接让团队成员表现出来的内容。

所谓的思考模式，就是对团队成员面对各种事务的思考方式进行培训、引导。

这是相对间接的方式。但是，也算是比较直接的。一般和行为模式是一体的。我们直接要求团队成员接受行为模式是会有一定的阻力的。这时，需要让团队成员理解这些行为模式的必要性和基本原理，让团队成员可以更好地执行行为模式的约束。也可以通过这样内容的培训和引导，让大家逐渐形成比较一致的思考过程。

所谓认知模式，说得简单点，就是让大家形成比较一致的"好坏观"。

这就已经开始脱离具体表现形式的内容了，是比较明确的内在部分。一般认为，认知是一些知识和学习。其实，从实践来说，更主要的目的是让团队成员建立比较一致的"好坏观"，就是比较一致地认为某些行为、某些做法是好的，或者是坏的。这个过程是很重要的，当大家知道什么是好的，就会赞扬，就会模仿；当大家知道什么是坏的，就会批评，就会排斥。这是一种很强大的力量。当然，也并不容易。

所谓素质模式，深度就很大了。比较通俗的理解就是员工教育。

这种教育绝对不是没有约束的过程，往往需要进行必要的选择。与团队文化比较吻合，能够促进团队文化的建设和强化就会作为重点，甚至团体一起来学习。一般还会有类似于"沙龙""研讨"等环节。让团队成员通过学习，更能理解团队文化的特点，更容易接受其他模式的约束。

团队文化建设的工作建议

从以上四种模式的介绍看，很多人会认为，行为模式是最容易做的，而素质模式是最难做的，好像行为模式的约束是见效最快的。其实，如果真地做起来，大家一定会发现正好是相反的情况。行为模式改善团队文化是成本最高的，也是见效最慢的。而素质模式的约束，虽然从直观上见效慢，其实是最快的方式。终归团队文化的建设、改善、强化本就是个长远过程。

我们看到不同的团队在这方面都会做一些事情。但是，总体来说，主要集中在行为模式上，个别的会涉及思考模式上。但是能涉及认知模式和素质模式的就比较少了。

我们可以提出一些建议供大家参考。到底各种模式是如何做的呢？

行为模式，就不需要赘言了。无非是选择各种事情，进行约束，明确要求，甚至可以出台相应的制度和考核。

思考模式，一般是通过培训活动来完成，个别的情况可以考虑采用训练、拓展、体验等方式来完成，让大家对行为模式的含义和效果有更好的认识。

认知模式，最常见的方式就是奖罚措施的制定。什么样的行为是应该被奖励，哪些行为是要被处罚的。而且，不能只看结果，应该结合具体的想法，具体的思路来进行。或者说，如果结果出了问题，但是，从初衷上，从构思上是积极的，可能就可以减免处罚的力度。让大家更相信，主观的意愿是非常重要的。这不同于绩效考核，那个是纯粹地看结果。所以，很多团队还会有其他方面的奖罚措施，这些往往都是针对认知模式设计的。

素质模式，并不是很难。我们看到一些比较大的团队，当新成员加入的时候，除了学习必要的制度以外，往往都会有指定的阅读目录，新人必须认真阅读，还会有考核和讨论。这些阅读目录，一般包括公司的历史，团队的荣誉，优秀的成员，还有一些有助于融合到团队的书籍、课程等。当然，这些阅读目录一定是所有成员都阅读过的，而且，都应该有比较深入的理解。特别是管理者一定要在这些阅读中，有更好的理解。

"四"管齐下

团队文化建设工作不能是单一维度的开展，应该考虑四个维度同时进行。可能会有重点，但是，一定不能有缺失。

不可否认，仅仅选择一个维度进行工作是可以达到效果的。但是，对深度的要求非常高。要知道，四个维度共同构成了最终的团队文化的整体状况。仅仅靠一个维度来做到四个维度都达标，这个维度的工作一定要非常的科学、合理、持续。这样的水平真的不是普通管理者可以做到的，管理者也没有那么多精力来做到。

所以，我们更支持四个维度同时做，但是，深度都不高。可以根据实际取得的效果，逐渐地深入，这样的话，难度就会小很多。

例如，我们曾给销售团队提出的建议：选择最主要的，对销售工作影响最大的工作来建立行为模式，最好先选择4~5个内容比较适合，等到大家做到了，习惯了，再逐渐增加；同时，重点结合这几个行为模式，进行必要的培训和训练，让大家了解这些模式的内涵和要求，而且让大家能熟练掌握，哪怕是为了应付管理；可以针对大家学习的态度、进步的情况进行表彰，对于消极的人员进行批评和督促，让大家明白做好这些行为模式，认真学习这些行为模式是主流的意见；同时，可以围绕这四五个行为模式的内容，选择一两本书籍作为学习内容，定期进行交流，让大家从理论上认可这些行为模式。

提升销售工作"效率"的最重要的原理

模式化原理

突破销售思维的新观点

74 — 75 $^+$

突破销售思维的新观点

模式化是销售工作中非常重要的原理之一。

它与常见的标准化、流程化，有本质的差异。

模式化工作主要包括五个基本步骤。

模式化一直伴随着我们成长

一提到"模式化"，给大家的感觉好像很高级的样子，也让很多人"望而却步"。其实，模式化并不是那么高深的东西，甚至是大家非常熟悉的东西，只是大家并不知道这个东西原来是模式化而已。

模式化，本来就是人类认识世界和适应世界的一种能力，不只是人类，连动物都有这样的能力。如果换一个词，可能就比较容易理解了，就是"利用经验总结"。

我们总是会利用过往的经验，通过归纳总结，形成一定的思考模式和行为模式，然后会更好地判断和应对各种事物。

例如我们根据一些气象来判断未来的天气，并做好必要的应对措施；

我们根据一个人的言行举止来判断他的特点，并考虑好如何与他交往；

我们在比赛中，根据对手的表现来判断他的能力以及举措，并考虑好如何应对的措施；

我们玩游戏、打牌、娱乐的时候，更会根据过往成功失败的经验来考虑如何在下一次可以争取胜利；

……

可以说，几乎我们生活中的全部内容都存在总结经验，提升应对能力的过程。

这样的思考过程应该就是"类模式化"的状态。之所以称为"类"，是因为这些模式化思维都是自然状态的，往往是被动总结的，而且形成的结论也是比较散乱的。也可以说，既然人人都具备的能力，也就没有必要去研究它了，更不存在给大家建议的意义了。

模式化，更注重主动的总结，主动的设计，主动的调整。应该说会比以上的"类模式化"的效率更高，针对性更强。

我们可以想象，如果销售工作都依靠经验总结，那么销售人员的成长和成熟的速度就太慢了，我们很难等这么长的时间。

记得曾经听到一个管理者对销售人员说：不要怕拒绝，只要你继续努力，当你被拒绝二三十次的时候，就一定能找到办法的。很合理么？然后，这个销售人员就跟我抱怨：领导也不教我，还让我去碰壁，别说二三十次，估计再搞五六次还没有突破，就该被炒鱿鱼了。

可以说，模式化就是要解决这个问题，我们要提高效率，要让能力、工作、方法更快发挥作用。

模式化不是经验的复制

可能有人会说，既然是经验的总结，那就利用经验来解决问题吧。于是，就会告诉那些不会做的人"这么做，因为我就是这么做的，而且是有效的"。

如果这样理解模式，就肯定是片面的。事实上，当另外一个人按照你的方法去做的时候，会发现，情况不同，问题不同，进程也不是提前设想的。结果，可能是按照你的意见做了，运气好的话大约是"效果一般"，运气差的话就可能是失败了。

因为，经验和模式不是一样的东西，模式来自经验，但是绝对不是经验的复制。

模式化考虑的是"更大的普适性"，肯定比经验的要求更高。

事实上，优秀的销售人员，当他的经验非常丰富的时候，他会根据实际的情况进行必要的调整，还会根据实际的变化来改变自己的方式。对于他个人来说，都不可能是经验的复制，何况是其他人学他的"样子"呢。

那么，到底是什么样的思考过程，让这些优秀的销售人员可以应对各种变化，应对各种情况呢？这就是模式化工作研究的重点。

的确，最终，模式一定是要告诉你"应该怎么想，应该怎么做"，但是，这些告诉你的内容，一定是可以适应最主要的情况和变化的。

模式化不同于标准化和流程化

有人说，所谓模式就是制定一些思考和行为的"标准化"或者"流程化"的东西，就是告诉你应该怎么想，怎么做啊。

这也是对模式的误解。

一般的标准化工作，是针对比较"机械"的工作内容，主要是对结果的严格要求。个别的情况下，也会是对过程的严格要求。也就是说，你必须做到什么程度，必须怎么做才行。所以这是比较适合"机械"性质的工作。例如生产工作。

流程化的结果是明确告诉你应该怎么做的方式。一般是对过程有明确的要求，而且是严格保证流程的严谨。先做什么，再做什么是一个很明确的东西。这样的内容一般对于研究、组织、管理工作会有很好的帮助。

模式却和这两个内容有着本质的区别。这是因为模式所面临的都是变数比较大的事物，我们不可能制定出一个标准化的要求；同时，销售面临的也是无法预期的事务，一般都无法明确具体的过程。

虽然，有一些模式和标准化、流程化的内容比较相似，但是，其中的原则和特点都是有明确的区分的。

模式化的五个基本步骤

那么，到底什么才是模式，如何才能模式化呢？

我们可以从建立模式的过程来了解模式，以及模式化的工作。

第一步，我们要有比较丰富的经验作为基础。这些经验未必都是成功的案例，也应该有足够丰富的失败案例。这样会更有价值。

第二步，就是对这些经验案例和失败案例的分析。在分析的过程中，重点分析其中共性的部分。有的共性是工作方式，有的共性是工作内容，有的共性是变化情况。这个时候，失败的案例就很有参考价值了，可以通过比较来看到成功和失败的差异。

第三步，就是对共性内容进行必要的整理。最常见的方式就是对工作内容的"拆分"，一般会拆分成不同的模块。这个过程是比较看水平的时候，合理的拆分会让这个工作的整体过程比较清晰，不合理的拆分会导致最终的模式很难被利用。

第四步，就是对不同的模块进行细致的解读。对于比较成熟、比较稳定的内容会做一些类似"标准化"的要求，而对于不成熟、不稳定的内容，将会作为参考意见或者建议来进行描述。

第五步，就是按照这个初步的成果来和具体的工作进行结合、验证。必要的时候可以通过实践来进行验证，并根据实践的情况来进行必要的修正。

当这个由不同模块组成的东西，可以"最大程度"满足实际工作的需要，就可以给这个东西命名为"模式"了。

从以上的步骤，我们大约就能了解模式的特点了。

首先，模式是对经验的高度总结和提炼。

其次，模式关注的不一定是"道理"而是关注"证据"。

最后，模式不是一个绝对稳定的内容，会有很多应变和调整的空间。

当然，并不是说任何工作都是可以被模式化的。虽然理论上讲是这样的。但是，由于我们的能力水平或者是经验本身的研究价值，甚至在验证过程中出现的问题，都会导致最终的模式无法形成。

　　不过，不断寻求模式化的可能，肯定是一个很有意义的事情。

　　因为模式的建立，将会"大大"提升销售工作的效率。

突破销售思维的新观点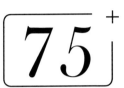

模式化将加快优秀经验的复制速度。

模式化将减少销售资源的消耗。

模式化将促进整体工作水平改善。

模式化可以提升工作效率

在销售工作的提升方向中，一种思路是提升"效力"，就是通过改善自己的能力，增加自己的信息，改善资源的价值，让自己的销售工作可以取得更好的效果；第二种思路就是提升"效率"，就是在有限的资源和条件下可以处理更多的事情，可以获得更多的效果。

很显然，通过模式化的工作是可以提升销售工作效率的。

关于模式化工作在销售工作中的价值，有很多方面的内容。我们只是选择了比较突出，也是比较常见的价值。

模式化将加快优秀经验的复制速度

根据我们对模式的解释以及模式化过程的解释，大家就应该可以得到这样的结论。

很多时候，我们为了让更多人可以掌握优秀的工作经验，经常选择的方式包括：能力培训、技能学习、经验介绍、工作指导等。这些方式都是比较正确的，但是，就是在效率上有点慢。

我们要知道，销售人员的进步并不是一个可以短时间内实现的事情，最终都需要销售人员自己的磨练和体会。可惜的是，我们并没有那么长的时间等待，至少在眼前，我们需要销售人员能尽快开展有效的工作，特别是按照优秀人员的经验来开展工作。

通过模式化的工作，优秀经验可以被比较清晰地描述。或者，模仿者并不能完全理解这些模式的精髓，还不能完全掌握，但是，至少已经可以开始工作了。

不要小看这样的意义。"不懂但是可以做"这七个字对于很多销售一线的人员和管理者来说是非常伟大的事情。

先能开始工作，在工作中逐渐学习，逐渐体会，逐渐成长。这应该是销售人员最希望的样子。在没有模式化的情况下，这样的想法是无法实现的。只能让新人或者做得不好的人自己去摸索，自己去面对失败。

不仅是销售工作，包括管理者将管理方式通过模式化，也可以让新晋升的管理者可以在开始工作早期就开展工作。这是非常好的事情。

不仅是内部的工作，当我们面对客户，面对顾客，面对市场，模式化的建立也将大大缩短工作对象的适应时间和成本。这也是功德无量的事情。

我们可以想象一个场景，所有的人都在按照先进有效的方式开展工作，或者不懂，或者不熟练，但是，都能让整体销售工作在一个相对较高的层面上展开。

模式化将减少销售资源的消耗

有了模式，将会大大节省销售资源的消耗。

一旦有了模式，就意味着这项工作不会再成为一个"难题"，至少已经有了成型的处理或者操作方式。但凡需要使用这个模式，就可以直接按照模式细节来执行。

这样，管理者和销售人员都将从散乱的状态"解脱"，不用再重复地处理这些问题了。既然已经有了答案和方案。无论是否一定可以解决问题，但是这已经是我们能想到的最好的答案了，也是优秀销售人员已经取得成功的经验。

而且，有了模式，上令下达也非常顺畅了。或者，以前，我们需要销售人员去做个调研工作，不得不花很多时间给他们讲怎么做，怎么处理问题。现在，如果有了清晰的调研模式，这个指令只是简单的一句话就可以了，而销售人员提供的调研结果也一定符合自己的要求。这将是多么棒的事情啊。

销售资源中，最珍贵的大约就是"时间""精力""体力"了。无论是管理上，无论是培训上，无论是执行上，都避免了无谓的浪费。

模式化将提升整体工作水平

这个意义主要体现在以下几个方面：

首先是对人员培养方面。在提升人员能力的时候，我们需要考虑的内容是一个"无限"状态，好像什么都应该学。现在有了模式就直接按照模式需要来进行学习。而且，还可以根据人员的特点选择相对弱的环节或者模块进行针对性训练。

其次是在工作指导方面。我们为什么只能用结果来评价销售人员，因为我们没有其他的方式和标准。模式就是一个好标准。我们可以通过销售人员在运作模式中各个模块的表现来对他的整体工作进行评价，也可以根据具体的不足来指导，提出意见建议。

此外是在整体工作提升方面。由于一部分工作已经可以建立模式，人员的精力就可以释放出来，就可以在其他不成熟的工作中花费更多的精力，这样就有可能把更多的工作推到模式化的高度。当出现更多的模式化，无论是效率还是模式的改造，都将是上升到一个新的台阶上。

最后是在工作创新方面。要知道，大多数的创新是建立在模式基础上的。有了模式，销售人员就可以在这个限制中充分发挥个人的特点，把自己的想法和技能充实到模式中，形成带有个人风格的工作模式。而且，这些创新也将促进模式的改造，逐渐完善，并带动整体工作水平的质变。

模式化的范畴非常广泛

有人说，做好销售工作或者销售管理工作，至少要掌握一个提升效率的工作思路和方法。有很多人推崇三个重要内容：模式化、分级管理、项目管理。一般认为，只要真正掌握这三个内容的任何一个，都将带动整体工作水平的高度。

这并不是夸大。因为按照理论的角度，这三个内容几乎可以涵盖所有的销售工作和管理工作。虽然三个内容各有侧重，各有自己的思路和方法，却都能很好地处理销售工作的"所有问题和目标"。

当然，"真正掌握"是不容易的。我们做了这样的研究，也只是勉强了解一些皮毛。我们希望，这些皮毛的内容，可以让大家对模式化有一些基础认识，可以考虑更多地利用模式化来提升自己。

提升销售"资源"效率的最重要的原理

分级管理原理

突破销售思维的新观点

76 — 78 +

突破销售思维的新观点

"销售资源永远是不够的"这是销售工作的常态。

分级管理方式将通过资源分配的方式来保证资源的最大回报。

销售资源永远是不够的

在我们的第一个内容中，就已经提到一个很重要的概念：销售资源。我们的销售业绩都是通过消耗资源或者以资源为代价来获得或者换取销售业绩。因此，我们可以知道，销售资源越丰富，销售业绩得到的可能性就更大，销售业绩的增长也就更容易。所以，我们提出，销售工作的重点内容按照资源的角度看，主要包括：建设资源和利用资源两个方面。销售人员应该努力增加资源或者充分利用好现有资源。

为什么要在销售资源上花费那么多的精力，甚至是销售工作的全部。这个理由并不复杂，简单一句话：销售资源永远是不够的。

一方面，我们需要获得更多的销售业绩，就必须依靠资源，而销售业绩是需要持续增长的，所以，销售资源永远是有强大需求的。

另一方面，销售资源不可能是持续、无限的获得。无论是我们获得资源的方式，还是竞争本身的压力，也包括我们获得资源的能力，都不能保证资源是充足的。

最重要的一点是，有些资源是我们无法增加的，例如时间、精力、体力等无形资源，是不可能被过度增加的。

因此，我们就明白了。销售资源的缺乏是一种常态。既然是一种常态，那么我们就必须考虑如何在这样的情况下更好地利用资源。否则，我们的销售业绩就没办法得到保障。

分级管理是提升销售资源效率的方向

我们会发现一些很正常，但是也让我们无法理解的情况。一些销售人员和我们拥有同样的资源，却得到了不同的结果。很多销售人员"累死累活"一个月，业绩没有什么改善，另外的销售人员好像是"玩玩闹闹"就轻松完成了任务；同样的政策费用情况下，有的销售人员成为了"月光族"总是"紧紧巴巴"，另外的销售人员居然还能有不少的结余，还可以搞更多的项目……

我们可以认为是能力上的差异。可是，这样的情况在同样能力的人员中也一样存在。可能，我们需要考虑，是否有某些能力是他们之间的差异呢？

是的。我们要谈的"分级管理"可以算是一种能力。但是，也不能算是一种能力。在我们看来，这个内容更应该算是一种工作方法。并不需要销售人员刻意地学习和训练，只要能掌握这样的方法，并能持续地去做，就可以达到比较一致的状态。

分级管理就是为了解决销售资源不够的问题。

分级管理

什么是分级管理呢？

分级管理的重点虽然是针对销售资源的使用问题，但是研究重点却不是资源，而是那些"使用资源的对象"。分级不是把资源进行管理，而是把"使用资源的对象"进行管理。

分级管理，简单地说就很容易理解，就是把这些"对象"分成三六九等，区别对待。

最直接看，不同的人员，不同的客户，不同的市场，不同的产品，不同的项目给我们带来的销售业绩都是不同的，而且他们产出业绩的"基础"也不一样。这就意味着，如果我们投入的资源是一样的，产出的业绩也一定还是不同的。很多时候，真的不是资源决定的，而是这些对象个体的因素决定的。

所以，我们是否还要考虑把资源平均地使用么？肯定不会的。那么，我们应该如何建立一个标准，特别是以销售业绩为标准进行资源分配，让有限的资源可以产出更多的业绩呢？

可以说，这样的工作方法，就是分级管理。当然，这里只是围绕销售业绩，如果是针对其他的回报，采用的方法是一样的。

事实上，所有销售人员和管理者，都会有自己的管理方式，也会采取不同的分配方式。但是，我们必须看到，不同的分级管理方式会产生不同的实际效果。

所以，我们说分级管理本身不能是一种能力，而是一个工作方法。既然是工作方法，就存在某些工作方法的效果更好。

因此，我们特别提出了分级管理这个主题，就是希望销售人员如果发现自己的资源是限制发展的主要障碍，就需要考虑，可能是自己的分级管理方法出现了问题，可能需要考虑调整原有的分级管理方式了。

从这样的描述看，分级管理是客观存在的工作方法，但是确实存在不同效果的方法。因此，很有必要对这个方法进行分析、研究、改善。

分级管理的核心，就是让有限的销售资源获得最大回报。如何才能"最大"呢？肯定是要选择更高效的方法了。

分级管理可以适用几乎所有销售工作

分级管理不仅仅是为了销售业绩的增长。我们的资源还会投入不同的对象中，还需要获得不同的回报。这就会涉及很多"对象"都需要考虑分级管理的问题。

正如我们之前提到的观点：三个重要原理，只要掌握其中一个原理，几乎就可以解决所有的销售工作问题了。其中就包括这个分级管理。

像人员激励、客户管理、奖罚管理、市场分配、内部学习机会、培训内容选择等，都面临着"有限资源的分配问题"，这些都可以利用分级管理的方法实现更大效益。

因为分级管理"广泛应用"的特点，导致我们不可能用这样简短的内容就说清楚，估计那应该是好几本书才勉强可以理清。所以，我们就选了一些基本的、重点的内容进行介绍。这就需要大家结合实际情况细细体会了。到底能有什么样的改变，我们就无法预期了。

突破销售思维的新观点 77⁺

你想要什么，决定了你选择什么样的分级管理方式。

反之，从分级管理方式，也可以了解你想要什么。

在做分级管理的时候应该考虑增加"发展指标"。

常见分级管理方式的利弊

我们知道，很多人在实际的情况下，已经按照自己的想法在做分级管理。

最常见的方法主要有以下几种：

第一种是"按照对象平均分配"。主要根据资源的特点，按照人数、产品、市场、项目平均分配各种资源。这样的方式看上去是比较"公平"的，也可以避免各种矛盾和纠结。但是，公平并不是公正，公平并不是有意义。其中的问题就不需要多说了。

第二种是"按照以往成绩分配"。这是最常见的情况，就是按照分配对象过往产生的业绩来进行分配。好像道理是正确的，本来做得好的就应该更多支持。但是，这样的结果会带来"多的更多，少的更少"的局面，无法实现整体的发展。

第三种是"按照务虚标准分配"。这也是很有意思的。主要是根据对象的态度来进行区分的，例如配合程度、努力程度、忠诚程度等。这种标准很常见，当然，造成的问题也很清楚，会出现"困难的没有人管，容易的又没有产出"的局面。

第四种是"按照主观标准分配"。这就很糟糕了，完全根据主观的标准来分配。虽然很多人不承认，其实，这样的情况并不少见。例如亲信、资历、功劳等标准。最终带来的就不只是业绩问题了，而是团队消极、客户松散的严重问题。

我们只是列举了几种比较常见的情况。

还有一些方式就让人完全迷惑了，就是非常复杂的分配方式。有时是庞大的数据分析和论证，有时是复杂的计算，有时是大量因素指标……反正是一般人都算不清楚，最终的结果也不明确。可能这也算是分级管理，但是，肯定是一个"效率非常低"的分级管理。

分级管理的重要观点

那么，到底应该怎么做分级管理呢？

首先，我们必须要说清楚的是，之前我们介绍的这些分级管理的方法肯定是有缺陷的，但是，一定不算"肯定错误的"。因为在不同的时期，不同的需要，这些分级管理方式也可以发挥特殊的作用。我们只是认为这些方法不能是整体的，或者是持续的分级管理方法。在一些特殊情况下、紧急情况下，这些简单的、易行的方式，可能是更好的选择。

其次，我们特别提出了这样的观点"你想要什么，决定了你选择什么样的分级管理方式；反之，从分级管理方式，也可以了解你想要什么"。这就意味着，做好分级管理的首要条件是我们自己"想要什么"。无论是销售人员面对客户，还是管理者面对团队成员；根据不同的分级管理对象，我们必须清楚，我们希望这些对象能变成什么样子。

也可以说，如果自己都是模糊的，那么分级管理的方法也一定是模糊的，也不可能持续地保持。因此，我们确实看到一些人在分配销售资源时，完全没有章法，甚至"朝三暮四""朝令夕改""朝秦暮楚"。

最后，我们选择的分级管理标准，一定要尽量是简单的和明确的，不要太复杂，也不要再深奥。如果是自己操作，还勉强可以接受，如果涉及外部的人员，需要他们也能认可，就应该尽量考虑"容易理解""容易执行"的原则。

双标方式

考虑到"分级管理的目标是获得最大的回报"。所以，很多时候确实要根据实际的产出来进行分级，这是没有问题的。但是，我们也要知道，"最大的回报"还包括一层含义，就是未来的结果，我们不能只看到现在的情况，也要考虑未来的情况。

因此，我们特别提出观点：在选择分级管理指标的时候，至少应该考虑增加一个发展指标。所谓发展指标，就是这个标准将对工作发展或者业绩发展有明确的贡献。

例如市场容量方面，我们一方面需要现有市场的贡献，另一方面也要考虑市场容量对未来的贡献，如果现有市场已经饱和，可能就需要减少更多的资源投入了。

人员发展方面，我们希望老业务员可以产出更多业绩，但是，也要鼓励新人可以更快成长，所以，应该把一部分资源更倾向于给新人。

产品发展方面，我们希望成熟产品给出更多的业绩，同时，我们也要开始培养新的产品，新的机会。

管理发展方面，管理者在调配时间的时候，不能只管好的，或者只管不好的。管理兼顾当然要考虑有一部分工作是为未来考虑的。

根据这样的意见，我们一直认为，建立分级管理的双标方式，是一个比较不错的思路。

所谓双标，就是选择一个现实的指标和一个发展的指标联合起来，作为分级管理的标准，根据对象在这两个指标中形成的"综合结果"来进行资源分配。

突破销售思维的新观点

"双标法分级管理"是推荐销售人员和管理者最适合的方式。

双标法分级管理的图形

关于分级管理的方式，我们重点的研究成果就是"双标法分级管理"。

关于这个方法，我们并不需要非常复杂的讲解，只需要两个图形就可以很好地解释了。

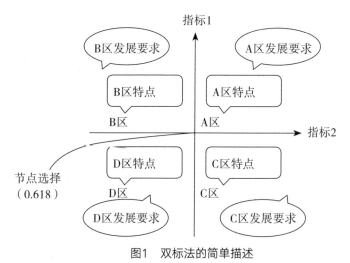

图1　双标法的简单描述

图1所示就是对双标法的简单描述。其中有几个重点内容需要讲解一下。

第一个要点是指标选择的问题。一共两个指标，建议其中一个选择现实指标，另一个选择发展指标。所谓现实指标就是现实已经可以看到的结果，而且是量化的。所谓的发展指标，则是根据个人需要或发展需要选择的指标，比较常见的是空间、机会、规模等内容。

第二个要点是"节点的选择"。两个指标都是需要量化的，那么选择哪个点作为"交点"呢？一般建议是选择大约在60%的位置上，也就是常说的"黄金分割点"，当然，如果数据比较简单，不容易细分，可以考虑选择大约位置作为节点。

第三个要点是"分区特点"。根据这样的图表，一定会把对象分成四个区。这个时候，我们就必须把四个区的对象进行必要的分析，主要是把这些对象进行准确的描述，到底是什么样的对象被分到这个区了。这对于考虑如何对待这个区的对象非常重要。

第四个要点就是"分区发展要求"。由于不同区的对象特点不同，可以根据资源特点，或者发展需要，分别给不同区内的对象提出发展的要求，有的可能是维持，有的可能是重点关注，有的可能是暂时忽略等。

当我们有了这样的区分以后，就可以考虑按照分区进行资源分配了。

如果我们希望短时间内快速完成任务，可能就会把资源更多投入到A区，B、C区相对少些，D区可能暂时不考虑；如果我们希望重点开发市场，可能会把资源相对多地投入到B、D区域，A、C区域就相对少一些……

一旦有了这样的区分，就会为我们根据需要来选择适合的对象分配资源，也会因为不同的投入方式，体现我们希望的发展结果。

双标法就一定是分成四个区么？肯定不是的。

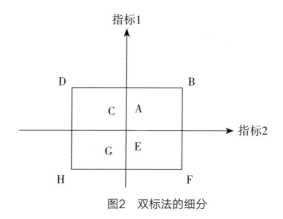

图2 双标法的细分

如图2所示，如果我们需要更细致的区分，可以在不同的指标中再增加一些区分点。这都要考虑具体的对象是什么，具体的目标是什么。

但是，总体指标始终还是两个，一个是现实的，一个是发展指标。

当然，我们还看到其他类型的区分方式，甚至在各个区里有特殊的区分方式。

总之，只要指标是两个，就都可以按照双标的方式来进行区分。

双标法是分级管理的思考方式

关于双标法的使用，是需要大家多多体会了，可能需要很多的实际操作，才能慢慢掌握其中的精髓。

我们看到，很多销售工作、管理工作、决策工作、客户工作、市场工作、培训工作等都是可以利用这样的方式来进行区分，并根据工作需要来调配销售资源。

当然，如果是比较多的对象，我们还是会建议做一个类似的区分表，这样就可以在决策的时候，在安排工作的时候有个参考。不过，如果是比较少的对象，就没有必要搞得这么复杂了。完全可以简单地思考或者简单地画一画就可以了。

我们要知道，分级管理是一个思考方式，是一个有效的思路。它不仅是为了具体的资源分配工作服务，也是我们思考问题的方式。

　　当我们考虑如何工作的时候，尽量不选择单一指标，应该考虑到其他指标，这样才能保证自己的决策和判断是更合理的。

　　有人问我们，按照这样的思路，是否可以选择更多的指标来参与分级管理呢？

　　不是不行，而是很难做到。

　　简单地说，增加一个指标，分区的数量就会达到八个，做成的图表也需要考虑立体的了。每增加一个指标，分区就会增加一倍。一来这个工作量很大，二来在实际应用中，确实没有必要。

　　当然，如果是非常重要的决策，或者是非常庞大的数量，也是可以做更多指标的，但是，一般都是需要用专业的软件以及专业的人员才能完成。这不是销售人员的专业领域。

　　所以，更多的时候，我们还是推荐使用双标法。

原创，理论级，销售工作整体分析方法

终端理论

突破销售思维的新观点

79 — 84 ⁺

突破销售思维的新观点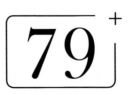

终端理论是以业绩产出过程（终端）作为研究重点，通过终端分析来改善销售工作的分析理论。

终端的定位和分析，可以了解所有销售工作的成果，也可以了解所有销售工作的问题，更可以了解改善业绩的答案。

原创理论

销售业绩是我们非常在乎的结果。我们都希望更好地了解销售业绩到底为什么好，为什么不好，这样我们才能知道哪些工作应该坚持，哪些工作应该调整。所以，涉及这个方面的分析工作都会被销售人员关注。

我们不敢说自己原创的理论是什么样的水平，也相信其中有很多不完善的地方。但是，在实际的工作中，这个理论中的观点被我们大量地使用。通过我们的推广，很多销售人员和管理者也在频繁地使用。所以，我们才考虑在这样的一个机会来介绍这个理论的要点内容。

终端理论研究的是业绩产出

涉及业绩的问题，我们会面临最常见的问题主要有四个：

"为什么我做得不好";

"我的工作哪里出了问题";

"为什么别人做得好";

"我该怎么做才能好"。

关于业绩的认识问题，我们已经在之前的内容做了比较详细的介绍。我们也清楚，业绩是通过工作来实现的。如果希望获得更好的业绩，就必须调整自己的工作。

根据我们的思考，销售人员应该结合实际的情况来调整自己的工作。但是，很多销售人员便会问我们一个更尖锐的问题：如何才算是结合实际呢？

我们知道，大家是希望得到一个更直接的答案。可惜的是，这是非常困难的。因为所有的工作都是自己的，所有的情况也只有自己了解。外人是无法替代的。不过，我们也在反思，是否可以考虑有一种方法来引导销售人员做到"结合实际"呢？至少，可以引导他们更好地与实际结合。

于是，我们才开始摸索全新的指导方式。在这个过程中，我们也尝试过很多方法。最终，还是认为直接面对大家的关切是最好的选择。那就是把"业绩产出"作为研究重点。

应该说，从这个选择开始，不能说是我们创造了"终端理论"，更准确的描述应该是"终端给我们展示了一个完全不同的思考空间"。与其说是我们建立的终端分析的方法，不如说是"终端的现实让我们看到了很多新的机会"。

那么，我们就一起来"领略"终端的"魅力"吧。

产生业绩的最后一个环节

我们做销售工作的最终目的是什么？当然是产生销售业绩了。这个没有毛病。

那么，我们的业绩是如何产生的呢？你就未必说得清楚了。

其实，所有的业绩都是在终端产生的。

注意，你的终端和产生业绩的终端是不一样的！

终端是什么，就是"产品从生产出来到被消费的最后一个环节"。那么，最后一个环节是什么呢？

有的时候是消费者直接从销售人员的手里购买，"一手交钱一手交货"；有的时候是消费者从我们的客户、店面、网店上下单购买；有的时候是根据合同完成采购和支付……方式很多。

但是，一定是一个明确的过程。

当然，大多数的过程是比较短的，有一些行业的业绩产出过程就稍微长一点了，例如大宗货物、合作合同、固定资产等，这个过程可能就是一个比较长的时间了。同时，大多数的业绩产出过程是比较简单的，可能就是一两个人的事情，有一些行业的产出过程可能就比较复杂了，可能需要很多人的参与。

不过，一定会存在一个过程。这个过程结束，我们的业绩正式生成。

那么，这个直接产生业绩的过程就是"业绩终端"。

不同的行业都会有不同的业绩终端，有的行业甚至会出现比较多的业绩终端类型。例如直销类型、店面类型、网络类型、活动类型……一般终端类型比较多的行业都是"新兴行业"，大多数比较成熟的行业，能产出业绩的终端类型都比较固定，至少，在我们的研究中，超过七个类型的行业就非常罕见。

终端描述

我们了解了这些终端类型以后，一定可以完成一件事情：终端的描述。

也就是说，我们一定可以清晰地描述出来，这个产生业绩的过程是什么样子的。

例如比较简单的类型，也是比较常见的类型就是销售人员推荐，顾客购买，完成交易。还有一些比较罕见的类型会稍微复杂一些，例如产品选择，产品体验，销售人员推荐，购买谈判，完成交易。

如果大家在完成描述的过程中，发现有太多的内容需要考虑。那么一定是出了问题，要么是终端没有选择正确，要么就是你选择的根本不是终端。

请特别注意，是"最后一个环节"。不是"产生业绩的全过程"。

对于大多数销售人员来说，这个描述工作都不复杂。终归这是我们一直在做的事情。

只是对于一些特殊的行业，我们确实需要花些时间帮助他们做好梳理。

最重要的观点

为什么要找到销售工作的"业绩终端"，为什么要描述这个终端的过程？

道理很简单！

这个业绩终端就是我们销售工作的最终目标。可以说，我们的各种学习，各种工作，各种管理都是为了让这个过程"出现"或者"实现"。或者说，只有这个业绩终端出现了，而且确实实现了，我们的业绩才能算是得到了。

是不是这样呢？

那么，我们是否考虑到另外一层"深刻内涵"呢？这个深刻的内涵，就是终端理论里最重要的观点，也是完成终端分析最重要的原则。

这个深刻的内涵是什么呢？

重要的观点！

"所有销售工作，都是为了业绩终端可以更快、更多、更正确、更持续地产生业绩。"

"所有销售工作的结果，都可以在业绩终端得到体现，包括直接、间接、辅助、保证、条件、资源等方式。"

"销售工作怎么做才是正确的，应该根据业绩终端的实际需要，或者是我们对业绩终端的要求和期望来进行设计。"

"通过业绩终端的实际表现情况，就可以发现相关销售工作的实际情况和改善方向。"

问题和答案都在终端

我们的销售工作做得好不好，做得对不对，最好的验证方式就是从业绩终端的情况来评价。只要是实现了"更快，更多，更正确，更持续"的结果，就是好的，就是对的；反之，就说明销售工作出了问题。

当我们希望业绩有更大的提升，就需要从业绩终端的实际情况来调整所有的销售工作。而不是先做好销售工作再期望业绩终端有回报。这是完全"做反了"。

同样，当我们不知道应该如何更好地改善销售工作时，就可以从业绩终端找到问题，找到答案，找到机会。

那么，问大家几个问题。

请问，你的销售工作都是如何在业绩终端体现作用呢？体现得是否满意呢？

请问，你的业绩为什么不好，你能从业绩终端找到答案么？

请问，业绩终端在什么情况下可以增长呢，你是否可以从中找到工作的思路？

请问，从竞争对手的业绩终端，你能判断出他们是怎么做工作的吗？

……

突破销售思维的新观点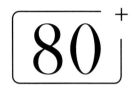

销售系统中所有人员、资源、工作成果对于终端的影响，决定了他们的价值定位，也决定了他们对终端产生影响的方式。

共同努力？

我们经常听到一句话：为了做好销售业绩，希望大家共同努力……

是的，应该共同努力，可是，怎么努力呢？

有人说："只要做好本职工作，就是对销售业绩最大的贡献！"

也很正确，可是做好本职工作，怎么就算是对销售业绩最大的贡献呢？

销售人员说了：就是啊，业绩是我们在做的，是最辛苦的。

好像是对的，但是，业绩怎么增长呢？你都做正确了么？

我们不是在"抬杠"，而是在和大家一起探讨这个问题：如何能让销售系统的人员、资源、工作成果都能对销售业绩带来促进作用。

按照终端理论的观点，我们知道，所有的销售工作都应该对销售业绩的产出有所帮助。那么，到底应该怎么帮助呢？

销售人员的两种状态

先说说销售人员。

销售人员可能会存在两种状态，一种是直接参与业绩终端，也就是说，业绩是从销售人员这里直接产出的。第二种情况是不直接参与业绩终端，而是通过客户来实现业绩产出。

对于第一种情况，我们并不需要特别解释了，因为自己的努力情况直接决定业绩的多少，自然是想尽办法让顾客愿意购买，能够更快、更多、更正确、更持续地成交。自己的能力水平直接决定业绩。

对于第二种情况，我们就需要仔细考虑了。业绩不是自己产出的，而是通过客户来实现的。那么，我们应该怎么做呢？

很显然，自己怎么厉害不重要了，因为自己的水平不能直接产生业绩。这个时候，我们的重点是如何让客户可以按照我们的期望产生业绩。因此，这个时候，如何让客户更厉害好像成了我们的重点了。

大家可以想一下，是不是这样呢？

次终端

在我们研究终端理论的时候，就给这样的状态起了一个名字叫"次终端"也就是说不直接参与业绩终端，但是，却可以直接影响业绩终端的人、资源、工作等。

特别注意！

次终端的核心是什么？是为了让业绩终端产生预期的结果。那么重点工作应该在于"如何"让业绩终端更快、更多、更争取、更持续。

次终端是大部分销售人员的状态。可惜的是，很多时候，我们更强调自己的能力水平，而忽略了我们的工作重点是什么。也可以说，即使自己不厉害，只要你能让客户更厉害，你的能力才是真正有意义的。

远终端

既然有不参与终端，只是直接影响终端的人、资源、工作，那么就一定还有其他的情况，就是不接触终端的事物了。也可以说是间接影响终端的情况。例如销售管理人员，客户的管理人员，甚至包括离终端更远的人员，例如市场、培训、财务、行政、人事……

这些人不可能接触到终端，那么他们应该怎么做呢？

我们也给这样的状态起了名字叫"远终端"，也就是不能直接对业绩终端产生影响的人、资源、工作。

既然不能直接对业绩终端产生影响，那么他们怎么来促进业绩增长呢？很简单，就是对那些可以对业绩终端产生影响的人进行管理、督促、指导、配合、辅助啊。

那么，都有谁会对业绩终端产生影响呢？销售人员、客户！

所以，远终端的核心任务是如何帮助这些人可以更好地产生业绩。

当然，在这些人中，特别注意的是"客户的管理者"，因为有的客户的管理者是次终端，有的客户管理者是远终端，一定要有所区别。而且，还会有一些人既是次终端，也是远终端，这更需要仔细地识别。

对于一些多种身份混合的情况，需要特别注意工作重点，可能需要投入的精力和内容都要特别地设计。

非销售线的次终端和远终端

在比较完善的销售系统中，还要考虑另外一些特殊的人群。

我们说过，直接参与业绩终端的当然属于终端环节，间接影响终端的是次终端，间接影响次终端的是远终端。但是，不要忘记了，终端不只是客户，还有顾客，而且，还有两个非常重要的过程。

如图1所示：

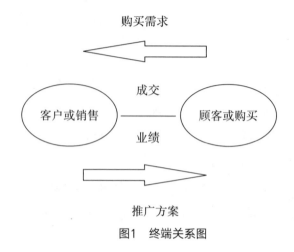

图1　终端关系图

这是一个比较简单也比较常见的终端关系图。

在这个图里面，业绩终端是由两个对象、两个过程组成的。

两个对象是客户或者销售人员以及顾客购买；两个过程是顾客形成的购买需求以及销售推广的具体方案。

因此，我们要知道，仅仅围绕客户来考虑次终端或者远终端是不够的。在更完善的销售系统中，还会有一些人的工作是针对另外三个因素来展开的。

其中，针对顾客的"次终端"还包括售后工作、顾客维护工作、顾客教育工作等。

针对购买需求的"次终端"还包括宣传、广告、资料制作等相关的工作。

针对推广方案的"次终端"还包括推广资料、推广工具、产品包装等相关工作。

当然，围绕这些工作，肯定还有其中的代理商、管理者等人员，这些就自然成为了业绩产出的"远终端"了。

每个人、资源、工作都有自己的位置

只要我们是这个销售系统的一员，就一定可以找到自己与业绩终端的关系。

当然，这其中不仅仅是针对人员。在我们之前的描述中，一直在强调"人、资源、工作"。因为还有一些其他元素也在发挥着作用，而且，也存在终端、次终端、远终端的定位。这主要是看这些资源和工作是如何对业绩终端产生影响的。

有时，这可能仅仅是一张宣传单页，也可能是一个样品；有时，这是一项开发工作，这是一个客户工作，也可能是一项教育工作。

定位的不同，也就决定了它在发挥对业绩终端的影响时，必须考虑到自己的定位。

终端定位是非常重要的。

一旦知道了自己的定位，也就明确了自己工作的重点和结果应该是什么？

所以，一个管理者多么厉害都不能替代销售人员对业绩终端的影响方式；一个销售人员多么厉害都不能改变顾客的购买需求；一个资料做得多么完美，都无法改变它应该发挥的作用……

终端环节的成员，包括人、资源、工作，都在围绕业绩产出服务。当然，必须是有明确效果的，也应该是"简单直接有效"的。

次终端的成员，都是为了终端可以发挥作用，因此，怎么符合业绩终端的需要才是工作设计和执行的重点。

远终端的成员，都是为了次终端可以发挥作用，那么，具体应该怎么做好自己的工作呢？如何才能最大程度地释放次终端的"生产力"呢？

这不仅仅是工作设计的问题，如果是工作评价，如果是人员培训，如果是产品学习，如果是技能训练，如果是方案设计……

我们都可以通过业绩终端的分析来找到我们工作的方向，也可以通过终端定位来看待我们的工作效果。

这样，我们才是真地在为了业绩而努力；否则，就只能是"苦劳"而已。

突破销售思维的新观点

终端描述及终端定位的改变将带动销售工作的整体改变，甚至带来全新变革。

可以根据终端理论的原理来分析不同类型的终端变革。

描述改变：终端描述的改变，带来价值和工作的变革；

终端延伸：调整业绩终端的位置，直接造成销售系统的变革；

终端再造：建造一个全新的终端，改变行业和销售格局。

······

终端的变化带来销售模式的变化

在我们利用终端理论做业绩分析的时候，总是需要首先做好终端描述和终端定位的事情，这是做好业绩终端分析的前提条件。但凡脱离了这两个内容的业绩终端分析都是不可取的，得到的结论也一定是有缺陷的。

因为终端描述和终端定位的"稍微"变化都会带来巨大的偏差。

当然，这样的限制也有其积极的一面。终端发生改变，可能会造成我们对业绩终端的认识和分析发生改变，但是，这也可能会带来全新的机会，甚至是销售或者行业的变革。

在我们研究的案例中，确实有一些这样的情况。可能这些案例对大家并不陌生，不过，可能你从来没有从业绩终端角度来分析这样的案例。

那么，我们就一起来看看，终端的改变、创新带来的变化吧。

终端描述改变

在我们看到的案例中，有一个是对大家触动很大的。这个案例已经讲过了。

在早期的时候，可口可乐与百事可乐的竞争是非常激烈的，他们都在努力争取更大的份额，也彼此非常关切对方的做法和进展。双方的市场份额一直胶着。直到可口可乐出现了新的改变，就是把竞争对手进行了调整：从与百事可乐竞争改为与所有饮料的竞争，甚至后来改变为与所有饮品的竞争。

于是，可口可乐的终端发生了改变，他们不再关切以前"为什么喝百事可乐而不喝可口可乐"这个对终端的描述方式，而是改变为"为什么喝水，为什么喝酒，为什么喝茶，而不喝可口可乐"这个全新的终端描述。

由此也建立了全新的销售系统，开始调整推广策略。后来，就形成了强大的市场规模，让百事可乐再也没有办法追赶了。

我们可以思考，我们的产品是否也有这样的机会，是否也可以调整一下终端产出业绩的新描述，或者，就会看到一个非常空旷的市场了。

终端延伸

关于终端延伸，主要有两种情况，一种是调整性的延伸，一种是变革性的延伸。

有一些行业所生产的产品并不是直接造成消费的产品类型。例如原料、设备、用品等产品。这些产品一般都是销售给使用这些产品的企业或单位，这些企业或者单位通过对这些产品的改造、加工或者通过使用这些产品，才会产生最终的消费。

对于生产和销售这些产品的企业来说，他们的业绩终端就是由企业和单位来购买自己的产品，并支付了货款，他们的销售人员就已经得到了业绩，也算是一个比较完整的销售工作了。

但是，一些企业并没有停留在这个业绩终端，而是开始关注消费终端的情况。把使用这些产品的终端也纳入自己的销售系统中。通过对这些"和自己业绩没有关系"的业绩终端，他们可以优化自己的产品，调整推广的策略，逐渐演变成了一个"次终端"。

这样的思路，就更强化了竞争力，让自己的直接业绩终端更容易产生业绩了。

还有一些企业和产品就更可怕了，他们的延伸更加深入。

一般认为，只要产品被消费者购买，就已经形成了有效的业绩。但是，如果我们把这个业绩终端再延伸一些呢？

有一些企业就把"顾客使用产品"的过程作为新的业绩终端。他们关注的重点从"能卖掉"改变为"持续购买"，从"产生业绩"改变为"愿意再购买"。这样的改变是更大的变革。

无论是从产品设计、产品使用、产品宣传，都会发生质的变化，销售人员工作也从升级为"次终端"甚至"远终端"，连为他们销售产品的客户，也一下子变成了"次终端"。这里面需要调整的，改变的都是巨大的。当然获得的效益也是巨大的。

这样的企业大家很熟悉，就想我们日常使用的很多日用品都已经在做这方面的转变了。

根据终端延伸的思路，我们是否也可以看看自己的产品情况，是否我们的关注点太专注于"拿到手的利益"而忽略了"持续""满意"等更深层的意义呢？

终端再造

终端再造就更让人钦佩了。

有时是现实的竞争已经很难为自己的产品提供更多的空间了；有时是新的技术或新的理念面临着与销售结合的问题；有时是新产品的特性已经超出了原有业绩终端的承受能力……总之，任何的终端再造都是一个让人回味无穷的经典。

例如，一个全新产品带来的全新终端。我们生活中任何一个全新的产品，都往往带来全新的业绩终端。

一个全新技术直接改变原有的终端。网店、网红、带货、代购……都是基于技术和理念的支撑。

再如：市场细分的深入，导致消费理念的剥离，原有业绩终端重新被拆解，产生新的业绩终端。

开始用终端分析来看待销售

我们并不准备非常详细地解释每个终端改变所带来的销售系统的变革。

但是，当我们开始习惯利用终端理论来看待不同的案例，或者就能更好地识别和分析这些案例。这些成功或者一些被我们忽视的失败案例，其中，有很多都是在终端定位、终端描述的改变中造成的。

所以，终端理论是我们研究销售的起点，但是，我们相信，一定还有更多的亮点等着我们去挖掘。

突破销售思维的新观点

建立"业绩终端分析模型"将终端理论与模式化原理结合，提升业绩终端分析的效率，建立比较一致的业绩终端认知。这是改善销售团队整体水平的一个途径。

终端分析也可以模式化

刚开始的时候，我们更多的是利用终端理论帮助销售人员做好业绩终端的分析，并给他们提出更实用的建议。慢慢地，由于使用终端理论的频率越来越高，就有一些销售人员，特别是管理者要求我们把这样的分析方法告诉他们，并帮助他们来设计相关的模式。

在他们看来，仅仅是管理者或者指导者来利用这样的分析方法是比较低效率的。他们告诉我们，如果销售人员都按照这样的模式来实现业绩终端的分析，将会大大提升销售人员在业绩工作方面的水平。

于是，我们开始在一些销售团队着手设计和试点这样的工作。就像我们之前介绍的"模式化原理"一样，一方面总结我们分析业绩终端的经验；另一方面研究销售人员的终端特点，逐渐形成了一些不错的模式，也开始在销售人员中进行推广。

让所有销售人员都习惯用终端分析找到答案

在这个过程中，最主要的难点就是对业绩终端的描述。到底业绩是怎么产出的，到底应该如何来描述这样的过程，而且还要把必要的因素考虑进去。

当我们设计完这样的终端描述以后，就会组织销售人员开始学习，并开始按照终端理论的内容引导大家做好业绩终端的分析过程。

然后，我们就会开始设计业绩终端分析的模式化内容。主要包括：分析步骤，分析要点，分析方法，分析结论。并结合销售工作的实际情况，做好大量的案例分析结论，以此作为销售人员学习和理解的依据。

逐渐地，销售人员越来越习惯利用这样的方式来分析自己业绩的现状，并从中看到自己工作上的不足，很多人都能提出改进的意见。

当我们做到这个程度以后，销售管理者就开始制定相应的管理要求，例如定期工作汇报的要求，业绩计划制定的要求，人员工作能力提升的要求等内容。慢慢地把终端理论融入到日常管理工作中。

经过这样的工作，销售人员和管理者都能按照比较一致的思路看待销售业绩和销售工作，还能利用自己的能力来提出更多想法。

理论如果仅仅局限在少数人的思考中，一定不能创造更大的效益；理论如果仅仅停留在分析工作中，一定不能带来更快速的发展。

不仅是终端理论，还有其他的理论，都可以通过模式化工作实现更大范围的推广。这样，才是理论最好的归宿吧。

因为涉及行业上的差异，不能把更具体的内容展示出来，但是，相信大家通过模式化的学习以及终端理论的学习，都会有一些启发了。

突破销售思维的新观点

在利用终端理论做销售业绩分析的过程中，逐渐形成一些结合实际情况的新原理，可以更好适应各种分析需求。

陀螺原理：通过单一因素的改变来带动整体因素的改变。

木桶原理应用：结合终端分析，确定不同人员和工作的要求。

核心—周边原理：构建双层终端，提升终端产出能力。

终端分析的经验

根据终端理论的描述，我们可以知道，这个理论主要是调整了我们分析业绩终端的思路。具体的应用一定是要看具体的问题。至于实际的效果，还要看分析人员的能力水平。

不过，在我们做终端业绩分析的过程中，经过与销售人员的"碰撞"，我们也受益。不仅对理论的内涵有了更深入的理解，应用起来也有了新的心得。

在这期间，我们甚至从业绩终端分析的过程中，发现了一些规律，也形成了一些更具体的"小原理"。无论是我们，还是销售人员，当开始利用这些小原理的时候，取得的成果会更多，也更实际。

因此，我们特别把这些已经被广泛适用的，从终端理论中逐渐衍生出来的小原理给大家进行介绍。

陀螺原理

为什么起了这样的名字呢？

我们可以想象一下，假如一个陀螺就是我们的一个终端，当它一动不动的时候，陀螺上面的所有的污点、尘土都会非常直观也非常明显。如果我们需要这个陀螺干净一点，就要逐个去清除。

但是，我们还可以选择一个方式，就是让陀螺转起来。可以选择一个支点，让陀螺转起来。这样，会有两个结果，一个结果是某些问题就会被甩出去，自然就消失了；另一个结果是，当陀螺转起来，某些问题就不再是严重的了，几乎会被忽略掉了。

案例：

一个销售团队是一个新组建的团队，从管理者到销售人员都比较年轻稚嫩，因此，尽快提升销售人员的整体能力是关键的事情。可是，在我们做终端分析的时候，发现这些新人遇到的问题是非常多的，如果希望能全部完善，或者哪怕解决一部分，都需要比较长的时间，也需要投入比较多的资源。

因此，我们通过与销售人员和管理者的不断交流和试验，逐渐明确了一个思路：既然那么多问题，既然一下子都解决不了，如果先选择最重要的一个点来彻底解决，然后再说其他的。于是，我们首先选择了"产品知识水平"这个突破点。因为，这个内容是销售人员使用频率最高的，也是贯穿所有销售工作的点。

经过将近3个月的专项学习、培训、考核。甚至是一个"折磨"过程。期间，很多销售人员都已经开始质疑这样的方式，还出现了不少抵触、投诉等情况。但是，我们和管理者还是坚持做好。

当大家的产品知识水平有一个很明显的提升以后，我们发现，一些经常提及的问题少了，因为大家都可以从产品知识角度去处理；一些经常遭遇的销售困难少了，因为大家都会更关注产品知识的推广；一些客户的投诉少了，因为大家确实可以解决一些专业问题了……

当然，这个原理还可以应用到很多地方。

例如管理方面，市场方面，客户工作方面，竞争对手方面。当我们面临的问题很多，又都非常棘手的时候，可能让"陀螺"转起来，就是一个非常好的思路了。

木桶原理

对于木桶原理，大家都比较熟悉。这个原理的核心是，一个木桶能装多少水，是由木桶最短的一块木板决定的。所以，将短板进行强化，是保证整体水平的关键。

那么，问题来了，我们去弥补短板，那么其他那些比较长的，不是很长的该怎么办呢？难道等到短板变长了，再去选择最短的一块作为重点么？

以前，我们对销售人员的要求，总是"越多越好""越快越好"。一来，这样模糊的概念会让销售人员没有办法更准确地执行；二来，可能会造成"累的更累"这种"能者多劳"的局面。

的确，我们可以看到短板，但是，更多的人需要一个明确的要求，明确的目标，这样他们就能知道自己还差多少，还应该做多少啊。至于是否有人愿意做得更多，当然更好了。

通过业绩终端的分析，我们可以结合销售业绩的目标来分解成若干工作的要求，这样，每个人都会更清楚自己在这段时间内应该做哪些事情，应该做到什么程度。

一旦有了这样的标准，我们就可以在工作过程中看到哪些人员的进度更好，哪些人员的进度更差。这样，我们就可以根据进度情况找到"短板"，就可以有针对性地开展工作，努力让这些"短板"可以跟上整体的进度。而那些进度良好的人员和工作，只要按照既定的计划进行就可以了，甚至可以争取一些空间去做其他的事情，或者干脆可以休整一下。

案例：

在一些管理团队中，特别是一些相对比较大的团队中，管理者和一些支持性的工作，例如培训工作，都会根据进度来确定工作重点和工作内容。

他们会定期进行"进度分析"了解大家的工作进度，并把进度不好的人员和工作作为随后工作的重点。不再是按照开始的计划执行，甚至，已经开始不再制定"工作计划"了。注意是工作计划，不是业绩计划啊。

这些管理者告诉我们，下周我要做的工作，是根据这周的实际进度来确定的。这样才能最大程度保证所有工作达成目标，当然，才能最大程度保证业绩目标的实现。

新木桶原理的应用是很多的，不仅仅销售业绩工作，还有培训工作，人员培养工作等，都是值得借鉴的。现在，已经有一些销售系统，利用这样的思路，开始考虑优化财务工作、行政工作、研究工作、生产工作，切实保证所有的工作都能跟上团体的进度，共同发展。

核心—周边原理

在我们做业绩终端分析的时候，包括在做"业绩终端分析模型"的时候，都会发现一种情况：虽然最终产生业绩的终端过程是简单的，但是影响终端的因素是比较多的。而且，很难用次终端或者远终端进行区分，甚至是完全无法清晰地区分。

这个时候，我们就提出了一个解决这些问题的方式：建立一个相对复杂的"双终端"。

所谓双终端。一个是业绩产出的过程，我们称之为"核心终端"，这是决定业绩产出的直接关系，也是最终的结果；另一个是在直接终端与销售人员之间的各种因素的总和，既是影响终端的因素，同时，也是销售人员对终端产生影响的工作内容，这些因素，我们统称为"周边终端"。

双终端并不是特殊现象，一般情况下，如果决定终端产出的某个因素并不稳定，可能会存在双终端的情况。怎么理解呢？我们可以看以下的案例就明白了。

案例：

作为快消品的销售行业，例如门店、超市、药店、服装店等。

作为快消品的销售人员主要是把产品推广到这些店面来完成销售。最终会通过店员来完成业绩终端的实现。

但是，我们会发现，店员的水平是一个非常重要的因素，而且稳定性不高，差异化很大。这个时候，这些店员的能力水平就成了制约业绩的关键因素。关键是并不容易进行培训和指导，终归那不是自己团队的成员啊。

于是，我们就可以利用双终端的方式来完成改善。

作为核心终端，就是店员完成销售的过程。我们会以产品为核心进行重点地推广，明确卖点，清楚优势。这样就可以直接带动销售业绩的实现。

作为周边终端，我们需要花费一些时间，对店员的能力、认知水平进行必要的指导，特别是围绕"如何卖好我们产品的方法"上，会做出更多努力。当店员掌握了更多的信息和技能，终端业绩产出就更好了。

通过这样的介绍，大家就会理解这个双终端的概念了。也就明白"核心—周边原理"的意思了。

当然，只把周边做好，肯定是不够的，核心终端依旧是决定业绩的关键。但是，不做好周边，核心的效率也会降低的。

还有很多……

我们不只是有着三个原理用在终端分析上，还有其他的原理。但是，由于都存在于罕见的行业，或者还不是很成熟，或者还没有做好更广泛的验证，所以，就不展示了。

我们相信，大家越来越多地利用这个终端理论的精髓，就一定可以总结出更多实用的规律，其中用得比较频繁的规律，就可能上升到原理层面，甚至将来还会出现新的理论啊。

突破销售思维的新观点

　　终端理论是一个以结果作为分析和研究重点，以此来评估、调整、设计工作过程的理论。

　　适用于销售工作很多内容，也可以用于其他可以明确描述结果的工作，例如计划管理、人才培养、开发和上量工作、活动项目等。

终端理论的总结

　　这观点算是一个围绕终端理论的总结性内容，不会花费太多文字。

　　根据终端理论的观点看，这是一个以结果作为分析和研究重点，以此来评估、调整、设计工作过程的理论。

　　所以，实际的应用还是很广泛的。应该说，只要是可以对一个结果进行准确的描述，都可以利用终端理论来进行分析。

　　因为我们既然已经知道要的结果是什么，就可以通过这个结果需要的条件或者工作内容来确定"如何做到"。

　　所以，我们首先要清楚，我们要的结果是不是一个准确的内容。

　　例如计划管理，如果我们知道最终要达到的结果是什么样子，就可以按照最终结果的分析来看现实的差距，来考虑实现的路径。特别是在考虑年度工作的时候。我们可以选择最后一个月的销售业绩明细作为结果，根据达到这样要求的差距来制定全年的工作内容。

例如人才培养。我们的人才为什么不能高效培养。最核心的问题是我们从来没有真正描述过我们需要的人才到底是什么样子的。如果我们能描述出各种的条件和要求，那么培养工作就更容易实现了。

例如开发和上量工作。很多时候，我们对开发工作还算是清楚一些标准的。但是，我们却没有根据开发结果的分析来制定更有效的工作路径。在上量工作上，我们经常提出"更多"的想法，并没有考虑利用一个"准确数量"作为结果来分析如何做好现实的工作。

再如组织活动或其他工作项目的时候。我们只考虑做到"尽量好"，并没有做好详细结果的描述，这往往会导致工作过程的失控，也包括成本的失控。如果我们能以最终结果作为终端，通过分析就可以知道如何做好现实的工作了。

至少，我们自己都感觉到，这个终端理论并不是一个简单的内容。

当然，我们说过，这个理论不能说是我们创造的，因为很多人都是这么做的，真正的原创是广大的销售人员和市场研究人员，我们仅仅是整理出来而已。

将来也一定是更多的人会应用、拓展、发展这个理论。这个是属于所有销售人员的财富。

原创，理论级，销售管理的分析方法

执行力
"三力"理论

突破销售思维的新观点

$$85 - 90^{+}$$

突破销售思维的新观点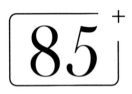

执行力是一个团队管理的"症状表现"，反映的是团队管理的综合水平。

执行力不能通过某种方式直接解决，应该从"病因"寻求改善。

你真的懂执行力吗？

关于执行力的问题，是销售管理者和我们说得最多的一个困扰了，要么是他们抱怨下属的执行力不好，要么就是纠结"如何才能把团队的执行力提升起来"。

说实话，人人都在说这个非常时髦的词，但是，真正能说清楚什么是执行力，应该怎么改善执行力的人却非常少。

很多管理者从一些文章、资料、书籍、课程中看到了那些"传奇故事"，都非常希望自己能有这样的员工。他们都很清楚，执行力在销售工作中、在销售管理工作中的作用。因此，他们都很希望能找到一些方法来改善团队的执行力。

在这些方法中，最常见的主要是三种。一种是技巧论，就是老师告诉你各种方式,各种策略,只要照做就一定可以有效果的;第二种是激励论,无论是通过物质还是精神,都可以让员工更愿意主动地去做事情;第三种是道德论,就是说管理者的个人道德修为越高,团队执行力就越强。

当然,这些内容中不乏大量的案例,大量的"引经据典",还有大量的"国学""哲学"……这就让我们更感觉到这个概念的高大上,也意识到解决执行力的问题是一个非常高端的事情。

其实,真的不是这样的。

根据我们的研究,这些观点都存在很多严重的漏洞,与其说是解决问题,还不如说把问题搞复杂了。而且,这些所谓的建议,在实践中都是没有什么效果的。根据这些"专家"的意见,大家会发现,当自己的员工都是"雷锋"了,管理者都成了"圣人",执行力就都有了。

可是,更多的团队都是普通人,更多的管理者也是普通人,更多的事情就是日常的工作,难道就不能做好执行力了么?

执行力是一个"症状"

在我们研究这个课题的时候,一直想从管理者那里得到一个答案:到底员工怎么做,或者怎么表现,或者做成什么样,才算是有执行力,才算是好的执行力呢?这个答案很重要,如果我们都不知道要做成什么样子,就说明管理者是糊涂的,员工就更糊涂了。

如果你让那些专家来回答,估计也说不清楚,或者干脆和你先谈谈"哲学问题"。

这就让我们意识到一个很有趣的问题:我们都能知道什么样的执行力是不好的,但是,却不知道什么样的执行力是好的。这个情况让我们很纠结。

这种纠结的状态,让我们意识到有一个情况和这个很相似,就是"疾病"。我们知道怎么样是不好的,是需要看医生的。但是,具体怎么样才是好的,只有医生,甚至只有通过检测才能得出结论。

于是,我们第一次意识到一个问题:很可能执行力就和疾病一样,执行力仅仅是一个"症状"并不是疾病本身，也就是说，执行力不好是团队管理的一种表现形式，并不是一个可以直接解决的问题，真正需要解决的是"病因"。

当然，这样的过程肯定不是一个简单的转换，是我们在研究中逐渐意识到的。

我们看到，只针对执行力表现的方法都无法长时间维持，甚至会"反跳"；我们看到执行力不好的原因是有很多因素的，并不是简单的技术问题，更不应该涉及到道德问题……

关于道德问题，我们还是要多说几句。

很多课程中都会用军队的情况，用战争的背景来佐证自己的观点，这是我们很不支持的。市场的确如同战场，但是，市场不是战场，不能随便地转换概念。军队管理中，真正起作用的不是执行力管理，而是纪律管理。战争状态下，不遵守纪律可能就是失败，就是死亡。这和企业还是有本质的差异。

至于道德层面，就更搞笑了。对于管理者，可能这是自己的事业；对于团队员工来说，就是一个工作，是养活自己的工作。干得好就干，干得不好就不干。不可能像那些案例中的情况，干不好被杀头。

成天拿着兵法、四书五经、皇帝、军队等来说执行力的事情，最多就是一个"聊天""讲故事"而已，如果管理者靠这样的建议来管理团队，一定是要失败的。

治标不治本是不能解决执行力的问题的

团队管理总会有一些问题出现，这是正常的。当我们希望了解这个团队管理中具体是哪里出了问题，最好的方式就是从具体的"表现"来识别。在这些表现中，包括业绩完成情况，包括资源使用情况，包括人员工作情况。这些都应该算是团队管理的"症状"。

执行力也是一个非常好的识别"症状"。如果我们发现人员执行力出现了问题，例如消极、怠工、推诿等情况，就能很容易得到执行力不好的结论。但是，这仅仅是症状，核心的问题不是这些问题，而是团队管理的问题。

所以，直接针对执行力改善的方式，一定是短暂的，甚至是无效的。不解决导致执行力不好的"病因"就不能真正解决问题，最终执行力依旧会保持不好的状态。这就像治病一样，只是解决了症状，不去治疗根本原因，症状依旧会再出现的。

因此，当管理者发现团队执行力不好的时候，千万不要先去指责团队成员的问题，应该说，真正的问题出在管理者身上，如果管理者不调整管理工作，执行力的问题永远不会改善，甚至会恶化。

那么，到底是什么原因造成了执行力不好的情况呢？

这其中的因素是很多的，有的还不是单一的因素，可能是很多因素的混合结果。在我们研究过程中，在我们的尝试过程中，逐渐梳理了一些观点。其中，获得管理者普遍认可的，而且，改善效果比较好的观点就是"三力理论"。

那么，我们就来看看到底什么是三力理论呢？这个内容是下一条重点要讲的。

不过，我们希望通过前面的论述，大家能和我们达成共识：

执行力是团队管理的一个症状。执行力出了问题，说明管理出了问题。

突破销售思维的新观点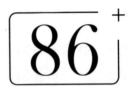

执行力是由至少三个力共同作用产生的结果。

分别是动力，能力，合力。

任何一个力出现问题，都会造成执行力的欠缺。

三力理论

在我们介绍这个"三力理论"之前，需要强调一点，这个理论是通过我们研究过的销售团队得出的结论，是否适用于其他类型的团队，我们还不能保证。至少，如果是其他类型的团队，包括销售系统的非销售工作团队，在使用这个理论的时候，还是需要进行必要的识别，不应该原样照搬。

所谓的"三力理论"，就是说：团队成员的执行情况主要是由三个力来决定的，分别是动力、能力、合力。任何一个力出现了问题，都会导致执行力的表现不够好。因此，只有真正从这三个方面进行改善，才能保证最终的执行力得到改善。

这样的观点是很重要的。

首先，我们把一个相对模糊概念的执行力分解成了大家更容易理解、更容易操作的内容，让大家的关注重点更清晰。

其次，我们也通过这样的观点，指明了执行力不好的"病因"，更容易分析到执行力改善的方向。

最后，这样的观点也可以帮助管理者建立执行力评估的方式，可以更好地预判团队成员执行力的发展趋势，及时进行调整。

当然，我们必须要重新认识这三个大家很熟悉的词语了，而且是在执行力的背景下来了解。

第一个词是"动力"。这并不难理解。简单地说，就是员工去做一件事的"主观意愿"。在很多执行力不好的案例中，一些员工明显表现出来对工作的抵触、消极。要么不去做，要么就是"敷衍了事"。这都说明了员工执行的动力不足。

第二个词是"能力"。我们看到，一些有明确利益的工作，一些员工依旧无法实现良好的执行结果，这其中就存在一个能力问题了。也就是说，他们不是不想去做，不是不想做好，而是能力限制，没有办法做到或者做好。最常见的表达是"不是不愿，而是不能"。

第三个词是"合力"。这个有点复杂了，主要是指当员工想做，也有能力做的时候，发现各种资源缺乏，各种协调配合没有，甚至连管理者或者团队成员都出现了大量的"阻碍"情况，使得执行起来"处处受阻""无法展开"。这就是合力欠缺的问题。这也是管理方面出问题时，最容易出现的情况。

三力必须与实际工作相匹配

根据这三个力的描述，大家就会发现，我们所说的执行力，其实只是一个结果而已。这三个力，任何一个力如果不能达到要求，都会表现出执行不好的情况。何况，在一些销售团队中，这三个力都在不同程度上出现了问题，那么执行力就更加糟糕了。

需要重点讲解的是。

并不是说这三个力越好，执行力就越好！

关于这个观点，我们必须知道需要执行的事情是什么，需要执行力达到什么样的要求。

如果是仅仅保证工作能做到，那么三个力的要求就不高了。如果是要保证工作质量非常高，三个力的要求就更高了。如果是要团队能和管理者"同甘共苦"，估计这三个力就不是简单的事情了。当然，如果真地说到更高层面，需要大家去面对国家、社会方面的事情，三个力就明显不够了。

所以，三个力不是越高越好，而是要和团队管理要求是匹配的；否则，要么是不够，要么就是造成巨大的浪费。

在这里就要说个很"残酷"的观点。执行力的表现，以及三个力的水平，和管理者的水平"高度相关"。应该说，管理者的水平是最终限制执行力的根本因素。

所以，管理者对执行力的认识水平，管理者对团队的发展要求，管理者在三力工作方面的实际能力，都是最终限制团队整体执行力的"最后一个障碍"。

三力是病因

只要是执行力出现了问题，我们一定要先清楚：是团队管理出了问题，不是简单的执行力的事情。

当我们分析执行力的根源的时候，一定要从动力、能力、合力三个方面去查找原因，去了解病原。

当我们需要改善执行力的时候，必须从三个力的角度去入手，让三个力的水平都能达到管理的要求。

当团队执行力持续无法改善，或者更高的要求无法实现的时候，管理者也不应该是指责团队成员，应该考虑从自己的能力水平、认识水平来进行反思，应该考虑进行一些必要的学习了。

突破销售思维的新观点 87^+

动力的主要改善途径是"激励";

能力的主要改善途径是"培训";

合力的主要改善途径是"管理"。

"……是相信的……"

从这三句话的描述,估计并不难理解其中的含义。但是,真的做好,做到,确实不容易。

激励。大家普遍的观点就是用明确收益,或者是明确的处罚来让大家获得动力。稍微"高级"一点的,会提到"情感""关心"等围绕情绪角度的方式。再"高级"一点的,可能就会涉及理想、信念的角度,或者是道德、荣誉方面的内容了。

我们要说,激励是一个非常大的课题,也是一个非常难的课题。真的不是我们的水平可以说清楚的,也不是这几篇文字可以说清楚的。

但是,我们必须要强调的是,任何的激励措施都必需有一个很重要的前提条件,就是"相信"。员工相信这个激励是存在的,也是会兑现的;否则,这些激励就只能是摆设了。

我们在做团队激励方面的工作时，特别提到一个很重要的观点：

最大的动力是什么呢？

就是："他对于自己所做的事情，将会产生的结果，是相信的！"

希望大家仔细体会这句话的含义。

有时，是对做这件事带来的意义不相信，甚至不认为可以做成功；

有时，是对于做这件事给自己带来的利益或者损失，是不相信的；

有时，是对于激励的兑现能力和可靠性是不相信的；

有时，是对自己可以做到或者做好这件事，是不相信的。

根据这四个"有时"，大家是否意识到，我们需要激励的内容好像不仅仅是奖罚这么简单了吧。

是的。那么，你如何来解决这四个"有时"呢？

能力的关键是"可行"

能力，所提及的主要是针对做这件事，或者做好这件事需要的知识、信息、技能、操作等方面的内容。

当成员的能力不能满足管理者的要求时，一定会体现出执行力不好的结果。因此，当管理者提出要求的时候，要么结合人员能力水平提要求，要么就必须提供必要的培训。否则，换上谁也不可能有良好的执行力。

关于培训的问题，我们已经谈过了，就不展开了。

关于培训的模式化的问题，我们也已经谈过了，就不展开了。

需要重点强调的是，在做这方面的培训时，一定要强调"可行"。培训的内容是可以做的，是有效的，是能达到要求的。

我们也能理解，为什么很多团队搞了很多培训，但是，并没有看到人员的能力提升，更没有真正提升执行力呢？就是因为培训的内容是不能做的，或者是没有办法做的，或者是不能有效果的。这样的培训内容就没有遵循"可行"的要求。

当然，这个"可行"也包含着"相信"的成分，是要让成员相信这是可行的。

合力要实现"保障"

合力，是一个非常复杂的内容。总体来说，主要是通过管理者的管理来实现。

至于管理，我们也已经重点谈过了。

在执行力的角度、管理的重点方面应该强调一个词"保障"。

必须通过管理手段，让团队成员去做事情的时候有保障，无论是配合还是资源还是支持，都有相应的保障。绝对不要简单的一句"自己想办法"。就算是自己想办法，也要给出足够的授权，让他们可以做到自己想办法。

合力在三个力中的影响是最大的。一旦管理系统出现问题，任何有意愿的、有能力的人员都会丧失信心，都会体现出非常糟糕的执行力。所以，我们一直在说，执行力是整体管理水平的体现。

如果管理不好，优秀的成员会消极或者离职，没有经验的成员会停滞不前没有进步，这样的团队也就更不要谈什么执行力了。

还有一种情况是让人"哭笑不得"的，就是管理者自己都是不稳定的状态。最常见的描述就是"变来变去""犹豫不决""前后矛盾"。这个时候，我们就真的没有办法再谈合力了。那么执行力也变成了一个"飘忽不定的样子"。

请反思一下吧

关于三个力的介绍，我们只能谈这些了，具体的细节还需要大家结合实际来体会了。

这三个力也是最主要影响执行力的因素，凡是涉及销售团队的各种事务，各种工作的执行力问题都可以通过三个力来改善。目前来看，超出这三个力的情况是比较罕见的。

那么，作为管理者是否应该仔细考虑一下，自己的成员是否已经具备了良好执行力的条件呢？是否应该考虑如何改善现实的执行力呢？也许，真的不要再去指责下属了。

突破销售思维的新观点

执行力的改善必须结合团队成员的整体水平及团队发展要求的需要来进行设计，不应该、也不支持、更不可能进行"绝对性"的改善。

再次强调"匹配"

在我们讲解的很多内容中，总是会提及"匹配"的问题。关于执行力的问题，更需要考虑匹配的问题。

我们确实可以看到很多优秀的执行力团队，也会看到一些团队在动力、能力、合力方面的做法。这些都会给我们一种触动，我们会忍不住去"模仿"和"复制"。

这样的心态是可以理解的，但是，这样的做法却是不可取的。

因为执行力一定是和团队现实条件来匹配的。在考虑执行力的改善中，必须考虑到团队的条件，也要考虑管理者的条件。否则，就有可能出现"邯郸学步"的僵局。

特别是要杜绝"绝对性"的想法。

所谓绝对性的想法，最常见的情况就是一种"彼岸思想"。总是认为存在一些更好的"彼岸",有时是一个榜样的案例,有时是一个自己想象的状态,有时是自己崇拜的个人或观点。这样的想法都是非常危险的。

这样的情况并不罕见。尤其是在团队执行力确实不好的时候,管理者在考虑改善的时候会非常盲目。完全不考虑自身的条件,措施也是机械地模仿。对于这样的做法,好一点的是"劳民伤财",糟糕一点的是"众叛亲离",再糟糕的就是"土崩瓦解"了。

我们经常会提到当年游击战的一些观点,很值得借鉴。

"富人有富人的活法,穷人有穷人的活法",有多大锅,做多少饭。不眼红,不盲从。

"你打你的,我打我的",不被别人的做法干扰,按照自己的思路去做事情。

匹配!很重要。

可惜的是,现实的情况下,有太多可以干扰管理者的信息了。各种煽情的课程,各种诱惑的案例,各种忽悠的观点,各种奇葩的老师……

匹配!也很难。

保持清醒的头脑不容易。所以,我们在谈观点的时候,都尽量避免使用案例,也都避免使用具体的内容,就是希望大家可以重点了解其中的道理,自己去想出更适合自己的方案,而不是盲从这些"几乎不可能复制"的"传奇故事"。

突破销售思维的新观点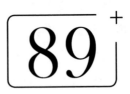

建立执行力评估体系，对于销售团队是一个非常重要的内容。

管理者需要随时了解团队各方面的情况，并及时进行改善，保证团队持续的良好状态。

团队执行力评估

在一个销售团队中，团队的任务绝对不能指望少量人来完成，一定要依靠全体的力量来实现。如果一个团队的发展依靠的是少数人或者依靠的是管理者，这个团队的前途一定是非常有限的。

管理者应该随时了解自己团队的基本状况。从业绩来说，相对比较直接；从效率来说，也有比较好的指标来参照。唯独是涉及人员和团队工作状态方面，一直是一个比较模糊，也是观点很多的管理难题。

现在，我们所建立的执行力三力理论可以从某个角度来解决这个难题。

一方面，管理者可以通过执行力的情况来判断团队工作状态，及时发现问题；另一方面，也可以通过三力的改善来避免出现执行力下滑的情况。

所以，我们对很多管理者都建议，应该考虑在团队管理中建立一个

"执行力评估体系"。当然，对于比较庞大的销售系统，这个体系是可以由专门的人员来做的，但是对于比较小的团队，不可能有这样的投入条件，可以考虑建立必要的"执行力评估工作"。

所谓的执行力评估工作，就是定期或者在特定时期对团队的执行力情况进行评估的工作内容。也就是说，管理者应该把了解团队执行力情况作为一个例行工作。不应该是随意的，或者出现问题以后的工作。

在我们研究的案例中，有一些管理者就已经意识到这样的问题，已经开始做这样的工作了。我们可以把他们的做法分享给大家。

三种执行力评估的方式建议

这些管理者针对团队执行力的评估主要通过三种方式来实现。

第一种方式是"工作计划执行情况的评估"。每当召开例行工作会议时，所有成员在汇报工作的时候，都应该重点展示工作内容执行的情况。管理者将关注每个成员工作计划落实的比例。如果发现比较多的成员工作计划执行得不是很好，就要开始考虑执行力可能出现了问题，这时就要考虑启动针对执行力的相关工作了。

第二种方式是"定期员工交流工作"。管理者会在工作计划中安排团队成员在特定的时间、空间，与管理者进行比较"自由的"交流。管理者将重点了解成员的工作状态、生活状态，及时了解大家的想法和工作上的欠缺与需要。这样可以将执行力的问题消除在"萌芽"状态，也可以通过这种方式促进团队成员的互相了解。

第三种方式是"突发事件的深度调研"。一旦出现了严重的，或者是突发的情况。例如团队成员在工作上的失误，或者一些工作安排上的问题，或者是对管理的意见，或者是团队成员之间出现了严重的矛盾。管理者都会做好"深度调研"工作。注意，并不是马上进行处理。因为这些事件大都不会对销售有太大的影响，但是可能会造成团队成员执行力的下降，必须先要做好调研，特别是在三个力方面的情况，然后才会考虑如何处理。

管理者必须重视团队执行力评估工作

除了对执行力的调研和评估，在日常工作中，管理者在安排团队成员工作时、安排内部培训时、安排团队活动时，都会考虑每个内容与执行力之间的关系。尤其是针对三个力的评估。尽量让这些工作可以在现有的三力水平下可以做到，或者是要在执行前针对三个力进行必要的指导和培训。

总之，执行力是反映团队整体管理的一种表现。一方面我们应该及时了解情况，尽量不要让执行力出现问题；另一方面我们也应该强化三个力的工作，让执行力始终保持在一个比较好的水平上。

执行力不好，一定是团队管理出了问题；执行力不好，一定是管理者的责任。

作为管理者，一定要有这样的基本态度。

我们已经在一些团队中提出了建立"执行力管理工作"这个概念。让团队的执行力伴随着团队工作的发展而进步，让我们对执行力的担心不再成为我们进步的障碍，更不应该让执行力的问题成为我们抱怨团队的理由。

突破销售思维的新观点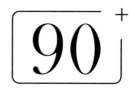

根据执行力理论形成的新原理（终端执行力）以及利用这个原理对业绩工作进行针对性分析，并确定推广工作的内容和重点。

新概念：终端执行力

执行力的三力理论最早是针对销售团队的内部问题来展开的，主要是解决内部人员的执行水平的理论。但是，在实际的应用中，我们也经常把这个理论放大到销售工作中，也会利用执行力三力理论来帮助销售人员解决具体的销售问题。

如果把我们的客户、我们的终端也看成一个独立的个体，那么，这些客户和终端为什么不能按照我们的期望来产生业绩呢？

于是，我们就提出了一个新的概念"终端执行力"。

我们希望客户和终端都能按照我们的设想来产生业绩。这就是终端执行力。当这样的情况没有出现，或者"大打折扣"，就说明终端执行力并不理想。这时，我们可以转换成一个"管理者"来对这样的情况进行评估。

我们可以利用三力的分析方法来分析客户和终端。当然，具体的含义会有一些偏差。

终端执行力三力分析

首先，终端执行的"动力"是否出了问题。

这里的动力肯定不只是说客户的和终端的"利益"，还包括市场的需求、购买的欲望等内容。这些都会"促进和推动"业绩的产出。到底是客户不愿意卖，还是顾客不愿意买，或者是客户不愿意接受我们的"推广要点"……如果定性为动力问题，就要采取相应的手段解决这个问题了。

其次，要看看客户或者终端是否出现了"能力问题"。

在客户和终端所体现的能力问题，往往是推广要点、成交要点、产品资源、售后服务、推广工具等方面的情况。也就是说，有人卖，有人买，但是数量不多，效率不高。这时可能就是终端出现了能力问题。

根据具体的情况，就要考虑解决能力问题。例如加大对客户以及对顾客的教育工作，让他们更熟悉我们的产品；例如丰富推广的工具，让客户和顾客都能直接认识到购买产品的效益；例如改变原有的工作方式，推广更有效的成交模式……

当终端产生业绩的方式更有效，业绩也就可以按照我们的期望产出了。

在终端也是有"合力问题"的。

包括销售人员的配合、产品资料的保证、售后服务的保障、各种工具的提供、日常工作的跟踪、各种问题的处理……这些都是让终端在产生业绩的过程中"后顾无忧"。

为了提升合力水平，销售人员需要及时跟踪终端的进展，及时发现各种欠缺。甚至会定期对客户进行督促和激励。同时，也会积极帮助客户，帮助终端处理各种障碍。

终端业绩不好，有很多种分析方法可以应用，包括工作分析法、数据分析法、终端分析法，也可以考虑利用"终端执行力"的思路来进行分析。

很多时候，对于变数比较大的，客户影响力比较大的，顾客影响力比较大的终端，我们会建议大家首先选择终端执行力这个思路来寻找问题，可能会更快解决问题。因为在这样的情况下，终端会更多体现出"像人一样"的状态，从三个力分析，更容易寻找到突破。

执行力不仅仅局限在管理和销售工作上

最后做个小拓展。因为确实有一些销售人员学习了执行力三力理论和终端执行力观点之后，给了我们不少的反馈。他们居然已经把这样的思路应用到了更广泛的领域。例如孩子的教育、生活中事务的处理、家庭矛盾的应对、招聘应聘工作……花样百出啊。

他们告诉我们，当执行力可以分解成不同的因素以后，就给大家打开了一个思路。那么，就可以利用这样的思路把更多的事情纳入"执行力的范畴"，也可以利用三力的思路，寻找到更多的影响这些事务执行力的分析。

好吧。从他们的反馈中，我们更强化了一个认识"销售无所不在""销售人员无所不能"啊。

原创，理论级，销售战略的分析方法

平台理论

突破销售思维的新观点

91 — 93 [+]

突破销售思维的新观点

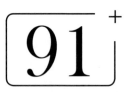

销售业绩的变化并不是"线性关系"，而是呈现出"跳跃"的特点。

销售业绩存在"上限"和"下限"。

我们认为正确的，真的是正确的么？

对于很多销售人员来说，一直有一种这样的心态：无论如何，只要自己努力，自己坚持，业绩都会越来越好的。不只是销售人员，包括管理者、决策者、支持者，甚至包括外行人员都会有这样的观点。

与这样的观点配套的认识也是被大家普遍认可的。无论如何，只要自己努力，自己坚持，能力也会越来越高的，经验越来越丰富，最终也能成为一个优秀的销售人员。

当然，除了能力，对于市场来说，很多人也是这样认识的：无论如何，只要自己努力，自己坚持，市场也会越做越大，产品也会逐渐被大家认可的。

大家是否也是这样想的呢？

一开始，我们也一直认为这样的观点是正确的。

我们曾经主持过一个关于优秀销售人员培养的项目。为了保证培训的内容更针对性，效率更高，曾经先后针对本行业的优秀销售人员以及比较落后的销售人员进行调研，总量超过1 000人。经过我们的调研发现，大多数的优秀销售人员并不都是通过"积累"来实现成长的，大多数比较落后的销售人员也并不是没有努力，也不是没有坚持。所以，在优秀的销售人员中不乏年资比较浅的"新人"，在比较落后的销售人员中，"资历老"的销售人员比例也很高。

我们发现，优秀销售人员在一个比较新的市场中，操作比较新的产品时，他们的业绩并不是一个非常明显的"线性"增长过程，而是有明显的"跳远"状态。从数值上看，反映出来的规律比较多的是这样的：先是比较低的数值维持一段时间，数据也相对徘徊；然后会有一个明显的增长，几乎是高速增长的过程，这样的状态往往会维持比较久的时间；再然后，又会停留在一个数值上维持一段时间；随后，又会有比较明显的增长……

不只是优秀的销售人员，即使是落后的销售人员也会有这样的规律，只是他们最终停滞的业绩量比较低，或者没有出现新的"跳跃式发展"。

即使是优秀的销售人员，虽然业绩量比较高，但是，当他们达到一定水平的时候，业绩也会停滞，也会形成和落后销售人员同样的状态，只是他们的业绩基数比较高，相对来说没有那么"痛苦"而已。

从不同销售人员的工作分析中，我们看到，优秀的销售人员与落后销售人员比较，他们的思考方式更积极，工作方法更有效率，采取的工作策略更丰富。关键是，当我们把这些方法"复制"给落后的销售人员，要么他们从能力上做不到，要么从操作上做不到这么好，甚至还会抱怨他们的市场不具备做这些工作的条件，或者没有足够的时间和精力去做这些工作。

业绩平台的形成及平台理论的出现

于是，我们逐渐形成了一种很奇特的观点，这样的观点也逐渐催生了关于"业绩平台"的形成，也促进了随后"平台理论"的建立。

我们发现，销售人员的业绩水平与他们所做的工作水平有着高度的相关性，他们的工作水平与其本身的能力水平有着高度的相关性。

而他们的能力水平与工作时间和工作积累没有明显的相关性。

这样的观点是什么意思呢？

因为是理论的描述，所以，有点拗口，那么我们就选择更直接的方式来描述吧。

只要销售人员的能力是有限的，他能做的工作方法和工作效力也是有限的，那么，他能做出的销售业绩也是有限的。

在这样的情况下，无论他怎么努力，无论他怎么坚持。由于他始终在这样的水平基础上努力，所以，业绩不会发生质的变化。

我们可以想象，一个小学生只掌握了小学数学的方法，无论怎么努力，都不可能解决大学的题目。除非……对的，除非他能掌握大学的数学方法。

这就是说，从销售人员个体来看，他的现实条件已经决定了他能做到的销售业绩的上限。只要不能改变自己的条件或者改变销售环境的条件，他的努力不会从"量变"转换成"质变"。

这就像是一个人站在了自己的"业绩平台"上，自己现实拥有的一切都是这样的水平。如果他想要更高的增长，就必须跳到新的平台上努力。

有时，是销售人员根本无法看到更高的平台；有时，是自己根本没有能力在那个平台上工作；有时，是不知道如何才能跳到那个平台上。

所以，销售人员的差异主要体现在能力上，但是，更主要的是，他们站在不同的业绩平台上"运营"。因此，站在低平台上的人很难理解站在上面的人是怎么做到的；站在上面的人员也很难理解站在下面的人怎么就做不到呢？

不仅是增长的问题，即使是出现了一些问题，当业绩下滑的时候，也是一样的。业绩平台还存在"下限"。只要整体水平和整体条件变化不大，或者不是决定性的"稻草"，业绩下滑也会被平台限制。

也就是说，自己的业绩一旦"站稳"了这个平台，下滑也是很难的。往往会在一个比较合理的空间里波动。

当然，一旦决定性因素出现问题，"最后一棵稻草"落下时，业绩的下滑也是"跳跃式"的，一定也不是线性关系，会形成"一落千丈"的态势。

业绩平台的变化特点

于是，当一个销售人员面对自己的市场和产品时，总是按照自己的能力上限开始开展工作。一般先会有一个"适应和调整"过程，也就是早期的"低量徘徊"，一旦自己的能力与市场建立了良好的吻合，就会进入"高速增长期"，业绩会快速地冲向自己的业绩平台水平，当进入到业绩平台水平后，由于客观限制，又会在这个平台上形成"停滞期"。如果这个时候，销售人员可以进行自我调整、自我学习、"高人指点"，那么，他又会开始进入新的"徘徊状态"，再次寻找跳跃的机会。如果没有这样的条件，或者自己没有进行调整，那么，他就会在这个业绩水平上维持。

当然，在一些销售行业中，确实还有一些影响因素的作用会超出个人因素，例如政策环境、行业变化、竞争产品的介入。这往往是销售人员不可控的。当然，也存在一些所谓的优秀销售人员，其实，并不是个人的能力水平，而是其他因素的有利性给他塑造了一个业绩平台。

对于那些无法享受到"运气"的销售人员，只能在"暴风雨"中先做到"自保"，结果是谁也没有办法控制。但是，终归暴风雨是罕见的，一旦进入稳定的市场环境，销售人员又会根据新的"游戏规则"重新寻找和建立自己的业绩平台。而且，能力更强的人员，会更快找到自己的新空间。

平台理论的启发

这是我们对平台理论中涉及业绩部分的一个简单的解析。

其中最主要的观点主要集中在"有限"。没有可以无限增长产出的能力，也没有可以无限增长的工作方法，更没有无限增长的市场……所以，如果你指望重复"旧"的东西来获得"新"的东西一定是不可能的。

我们总说，你驾驶着"牛车"无论如何改良，无论如何努力，都无法替代"汽车"所带来的效益。

因此，不要再抱怨自己不如别人做得好了，不要再抱怨业绩始终没有增长了，更不要抱怨自己的各种条件不如人家了……现实的一切都是自己造成，只有冲破自己才能获得更好的结果。

我们在一个电视剧里看到的台词：如果你想拥有你从未拥有的东西，那么就要去做从未做过的事。

突破销售思维的新观点

销售业绩的本质改变，主要有两种途径：

第一种是改变决定因素的现实状况；

第二种是直接按照新平台的要求来构建。

平台理论在销售业绩分析上的应用

最早的时候，我们利用平台理论主要是考虑改善培训工作的思路。我们根据平台理论所阐述的内容，重点考虑如何有效提升销售人员的工作能力。再后来，由于我们的培训对象几乎都是销售人员，所以，肯定会把这样的思想也应用到销售工作上，特别是帮助销售人员提升自己的销售业绩上。

根据平台理论在业绩上的观点，我们为销售人员提出的建议，主要包括两个方向：一个是从自身角度入手，另一个是从业绩平台角度入手。

如何打破业绩平台的限制

当我们的业绩停滞不前的时候，说明现有的业绩平台以及构成业绩平台的各种条件已经形成了一个比较稳定的状态。这个时候，继续维持现有的各种条件，只能是维护现有的业绩，并不能带来更大的业绩增长。

所以，我们首先考虑的是如何打破这样的稳定！

我们可以想象，一定有一个更高业绩平台存在，那么，在更高业绩平台上，现有条件一定有一些内容是会改变的，而且是更好的。那么，我们是否可以先从这个角度入手来打破现有的平衡呢？

因此，我们会和销售人员对现有工作状况、市场状况、业绩状况进行分析，主要是了解各种情况的现状，以及可以改变的可能性，还要考虑销售人员是否有能力改变。

在实际的案例中，我们发现这个思路带来的效益也是有很大差异的，应该说是对平台改造的力度有差异。

效益比较低的方式，主要是通过我们对销售人员进行时间管理、工作管理的培训，让他们可以通过有效的工作方法提升工作效率，这样他们就有更多的时间和精力来开发更多的客户，增加更多的业绩。

效益相对高一些的方式，主要是提升销售人员在某些工作上的能力，重点是提升这些工作的效力，让销售人员在有限的工作内容中，可以提升业绩产出。

效益再高一些的方式，主要是针对现有各种对业绩限制的条件的改造。例如客户管理工作、市场管理工作、竞争对手的应对策略方面。由于这种方式对业绩平台的影响非常大，带来的业绩增长肯定是更大的。

需要大家注意的是，我们所说的是"效益"上的差异，并不是"效率"上的差异。因为不同的效益，需要销售人员学习和训练的内容越多，难度也越大，销售人员投入的精力也越大。

但是，这都是值得的。因为一些销售人员的表达非常有意思：根据平台理论，即使我不节省时间来学习和训练，我的业绩下滑得也不会很大。但是，我如果学习和训练好了，业绩增长更大。相比较来说，还是去学习和训练的"投入产出比"更高啊。

说得蛮对的啊。

直接构建一个新的业绩平台

第二个方向就是一个效益非常高的方式了。当然，难度也是非常大的。

这个方向就是：直接建造一个新的业绩平台。

也就是说，我们可以直接制定一个销售业绩的标准，然后按照这个标准进行平台的设计，并列出所有需要的条件，然后，按照这些条件逐个去建造和完善。当这些条件满足的时候，业绩平台也就构成了，相应的业绩也就可以获得了。

这是很难的。最大的难点是对新的业绩平台以及相关的条件的认定。因为很多时候，销售人员的能力限制了他们的"理解力"和"创造力"。销售人员自己是无法想象出来的，也很难设计出实现的路径。

这个时候，往往需要更高水平的人员来进行指导和帮助，甚至帮他们制定出比较有效的过程，也包括有效的培训。

在实际的案例中，我们最常做的事情主要包括两种情况。第一种是帮助销售人员围绕一个终端或一个市场的设计，第二种是帮助管理者围绕团队整体市场的设计。

总体来说，主要有以下几个步骤。

第一个步骤是设定一个目标。有时是销售人员新的任务指标，有时是销售人员希望获得更多业绩的期望。

第二个步骤是对这个业绩实现的全面描述。其主要是明确这个业绩都从哪里可以产出。这个时候重点分析合理性。

第三个步骤是围绕这些产出需要什么条件。这个过程最艰难，往往需要优秀人员，有经验的人员来帮助和指导了。

第四个步骤是确定销售人员或团队成员以及管理工作需要提升什么，提升到什么程度，需要什么支持，需要什么资源，这个时候主要是做方案了。

第五个步骤就是按照这个方案安排适合的人员来落实，比较多的是培训人员和有经验人员的指导，还需要管理支持，监督支持。

从步骤上看是可以了解细节的。但是，在执行的过程中很不容易。

有时是新工作与现实的冲突问题，如何协调这样的时间和精力；有时是一些工作方法的掌握需要大量的学习和训练，需要销售人员付出更多的精力；有时是新条件带来的效益不能很快体现，很多人会丧失信心……

很难，可喜的是，我们确实帮助了不少销售人员和销售团队带来了巨大的业绩增长。

当然，在实际的执行中，我们也发现，最终，很少能有人做到我们预想的结果。这是可以理解的。一来我们最初的设计可能就存在缺陷，二来我们提升的结果可能无法达到预期水平。

所以，我们总会说，我们没有做到预定的平台，但是，至少我们建造了一个比原来更好的平台。

但凡参与过这个项目的管理者，他们都会有一些习惯的表达方式，从中，我们也大约了解到他们的一些"平台思维"：

"不要跟我说什么增长点了，销售从来没有增长多少销量的工作，只有做一个全新销量的工作。"

"不要说怎么增长业绩，你先告诉我一个大的业绩目标你能设想出来吗？既然一定是辛苦的工作，为什么不直接奔着一个大目标去做。"

"定个小目标，你努力一年，达成100%，也只是一个小目标，但是如果是一个大目标，哪怕只做到50%，都比你的小目标更大啊。"

"不要着急业绩，业绩都在那里等着你呢。关键是你有没有能力得到。所以，提升自己的能力水平一定是最值得的投资了。"

突破销售思维的新观点

　　平台理论所阐述的是"量变"与"质变"在销售工作中的关系。

　　这是做战略分析非常有意义的思路。

平台理论的描述

　　关于平台理论的描述,最专业的方式是这样的:平台理论是一个研究量变与质变关系的理论,并重点阐明了"量变与质变并不存在必然的关系"。

　　在我们阐述这个理论的时候,也确实列举过很多现实的情况,包括科学技术的进步、朝代变化的特点、团队进步的情况、文化变革的分析……平台理论阐述的不是一个全新的观点,而是现实的某种梳理,应该说是一个现实的规律。

　　在销售工作中,这个理论虽然可以应用到一些具体的销售工作中,但是,总体来说,这个理论更适合于战略工作的分析和决策中。

　　一些管理者和决策者始终坚持"量变一定带来质变"。

　　所以,在制定战略的时候,往往会强调原有方案的强化,也会考虑如何让现有的工作做得更细致,更完善。他们都希望通过这样的方式可以带来销售工作的"质变"。

我可以负责任地说,"量变带来质变"本身没有错误,但是,到底多大的量变才会带来质变呢?在现实的一些实验中,会发现,量变可以带来质变,但是,一定是非常庞大的量变。这种规模已经不适合在现实的分析中来应用了。

利用平台理论做战略

因此,但凡是"改良"类的战略,都是不可能真正发展的,只有真正敢于"改革"的战略才是最有意义的。

同时,我们需要不断更新自己的思想,而不是抱着过去的观念去做未来的事。这是不会有好结果的。

战略,就是站在未来看现在。可惜的是,很多制定战略的人,居然是站在现在看未来。那么未来永远不会出现了。

或者,我们可以按照业绩平台改变的思路,要么通过决定因素来打破限制,要么按照新的平台设计来提前进行建设。

平台理论是一个客观存在的规律,我们被它限制,也给我们改变它提供了机会。

最新的研究成果展示，
尚未在销售工作中建立有效的或者广泛的应用

创新篇

突破销售思维的新观点

94 — 99 +

突破销售思维的新观点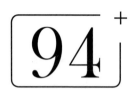

对产品认识的创新，正在推动产品推广策略的变革。

重点介绍：产品间接价值，非载体产品，非要素价值，产品关联价值。

制造蓝海的产品策略

常规情况下，销售人员的工作目标就是把产品推广出去，并形成购买或者合作，然后获得相应的业绩，也可以得到相应的利润。这也是销售行业主流的情况。

但是，在市场竞争越来越激烈的情况下，这种思路更像是冷兵器时代两支军队面对面冲击和防守的样子。这个时候，拼的就是兵力、武器、粮草等硬指标。所以，我们都把这样的市场称之为"红海"。

的确，有一些产品的特点非常领先，或者是技术上的，或者是概念上的，或者是模式上的，这样就有可能获得一个"蓝海"。

可惜的是，对于很多销售人员来说，这个选择并不在自己。当自己选择了一个企业，选择了一个市场，似乎就没有办法改变自己的"命运"，很多人都注定要面对红海的战斗。对于那些蓝海的"憧憬"只能是一个梦想了。

这个时候，总会有一些人会不甘于现状，他们总会利用自己的"智慧"来扭转这样的局面，他们利用了很多方式来改变自己的处境。有的采取了更先进的理论、有的调整了整体策略、有的改变了团队的管理模式……

其中，关于产品方面的调整，是很值得我们研究和借鉴的。

根据我们所了解的一些信息，再结合我们的一些研究，感觉这是一种很好的思路。所以，特别整理出来与大家分享。

我们要说的，并不是做一个新产品的想法，而是针对原来就有的产品，通过调整一些思路，改变对这个产品的认识，就有可能造就一个全新的"蓝海领域"。

产品间接价值策略

简单地说，就是销售人员努力推广的产品并不是我们最想要的结果，而是由这个产品的推广带来的其他方面的价值。

在一些销售系统中，对销售人员考核的重点是有明确产品的，但是，这些产品带来的效益却是有限的，而由这个产品推广带来的其他产品或其他效益才是最终的目的。

我们举个例子就能明白了（当然，这个例子并不涉及什么行业，大家可以自己结合行业做一些调整吧）。

在一家餐厅里，最出名的是一道很棒的菜。每天，服务员都会给顾客推荐这个菜，也是考核服务员最重要的指标。但是，这个菜实际上很便宜，利润也很薄。有意思的是，只要点了这菜，往往都会点另外一些配套的小菜或者汤饭。相对来说，那些食品的利润更高，也是老板获得利益最主要的来源。

在实际的销售工作中，我们看到一个行业很有意思。他们让销售人员重点推广一个产品，而且是严格的考核任务，奖罚都很有力度。但是，实际上，管理者希望得到的效益，却不在这个产品上，而是在销售人员的能力提升上。当这个产品能卖好的时候，销售人员的某些能力得到了很好的训练，当利用到其他产品的时候，一定带来更大的业绩。

还有很多例子。虽然真正追求的效益有很多种，但是总体的思路大约就是这样。

那么，我们是否从中可以借鉴呢？

非载体产品策略

大多数情况下，产品是推广的重点，各种概念、理念等内容都是产品的附属价值。

但是，偏偏有人要把这个关系进行调整，完全反常操作，让产品成为了附属品，推广的概念和理念成为了主角。也就是说，销售人员要推广的不再是产品，而是推广一些概念和理念。这个内容的成功与否成为考核销售人员的关键，反而不是产品销量的考核。

这种情况大家是会经常看到的，但是，确实误解了这些方式，以为是为了卖产品的忽悠。其实，恰恰是通过产品角色的调整，形成的新销售模式。

例如一些会议营销，体验营销，学习营销……虽然不少的方式都是"挂羊头卖狗肉"，但是，确实有一些比较大的企业做的正好是这样的思路。例如最大的直销企业，最大的保健品企业（我就不说名字了）。他们更关注的是顾客是否接受了新的理念，而不在乎你是否买了产品。虽然，最终是要以产品获得回报的。但是，他们的投入重点都围绕了非产品部分。

也许，我们很多人无法做到这样极端的方式，但是，我们还是提醒销售人员，仅仅有产品是不够的，如果没有去考虑建立品牌就一定无法真正赢得市场的（这个内容在"品牌篇"已经讲过了）。

非要素价值策略

这个方式有很多人在用，但是，成功的不多。因为，这个策略需要的资源支持是非常多的，如果仅仅是简单的模仿，一定是无法成功的。

什么是非要素价值策略呢？

一般情况下，我们推广产品的时候，总是推广产品的优势，特别是能给客户或者终端带来效益的优势，也就是说，客户购买了这个产品，就能通过这样的优势获得利益。那么，这些我们推广的优势，就是产品的要素价值。

虽然不同产品的要素价值不同，但是，总体来说都是一些有意义的内容。

可是，有一些产品的策略却偏偏不按照这个思路来"出牌"，反而重点推广了一些没有实际效益的"非要素价值"。

例如"蓝瓶装"。大家都知道是什么产品吧。好吧，一个瓶子的颜色能有什么意义呢？但是，这个思路却影响了顾客的购买。

再如"手工制作"。这是很多产品的推广策略。要知道，除了个别的产品以外，这样的概念几乎是没有什么实际意义的，但是，却改变了产品的价值和价格。

有时，我们会把这样的宣传重点，定义为"仪式化成本"，也就是说，的确是成本，但是，对产品没有实际意义。可惜的是，我们很多消费者却可以因此受到影响，受到干预。

产品关联价值策略

这是相对靠谱的策略，也符合主流思想。但是，做起来确实很需要水平。

产品的价值是可以改变的，在不同的时候，发挥的价值也是有区别的。

例如我们的手机。它可以是社交的工具，也可以是办公的辅助，还可以是学习的方式……那么，我们是否可以考虑，把手机和其他产品建立关联呢？

又如我们常用的药品。它可以是针对疾病的，可以是改善症状的，可以是消除风险的，可以是促进愈合的，甚至可以是辅助治疗的……那么，是否当顾客购买其他的药品时，把这个药品也一起买了呢？

最极端的故事，大家都听说过：一个人到商店买头疼药，同时买了钓鱼竿，又买了游艇，还买了货车……的确是极端的例子，但是，确实是关联销售的思路。

产品的属性会因为不同的购买需要而改变，如果我们能将产品更多的属性和价值与其他产品购买过程建立联系，就有可能带来更多的销售可能。

在这个过程中，由于属性和价值挖掘的程度不同，也会造成不同的销售结果。

希望大家可以想想，自己推广的产品是否可以在其他一些购买场景中也存在被"关联"的可能性呢？那么，我们是否可以考虑把自己的产品也带到那个场景中呢？

我们可以告诉大家：从理论上讲，任何产品都能放到任何的购买场景中，关键是你是否可以想到其中的价值。

关于产品认识改变的情况，越来越多了，很多想法都颠覆了我们对产品的观念。

我们并没有都列出来，因为实在是超出我们的认识水平，也没有能力去研究。

希望大家可以关注一些行业在这个角度的调整策略，或许就可以帮助自己在所属行业销售工作中找到新的机会。

突破销售思维的新观点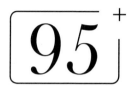

销售的核心目标是通过"销售干预"来影响客户的认识和判断方式。

销售终端是实施干预的主体，产品是实施干预的载体，销售工作是实施干预的过程，销售业绩是判断"影响程度"的指标及"调整依据"。

所以，销售从来都不是一个"必然结果的过程"，而是一个获得"最大成交概率"的过程。

肌肉观点

现在的销售工作正在逐渐形成两个比较明显差异的"流派分支"。

一个分支越来越追求"短平快"的手段，如何尽快获得业绩。这样的情况很多，无论是网店、带货、热搜等方式……反正都是那些可以很快创造"业绩奇迹"的案例。当然，代价也很大，风险也很大，失败案例也比比皆是。

另一个分支则是一些传统行业，或者大型的企业。他们开始越来越注重业绩的持续性发展，更看重"稳扎稳打"的策略。虽然不会出现什么奇迹，但是，也会保证持续发展，避免出现风险。

我们这么描述，并不是说两个分支有什么矛盾。其实，应该说是销售人员的两种"内心"。既希望可以有大量业绩来保证收入，又希望可以赢得长久的发展。

关于这个问题，我们也曾经在一个关于销售工作发展探讨的场合，提出了两个关键的观点，一个是"肌肉观点"，一个是"干预观点"。

所谓肌肉观点，这是一个比喻。因为我们在医学上会发现，有的人的肌肉属于"快反应类型"，具有很强的爆发性，这样的人适合做那些需要爆发力的运动，像短跑、跳跃、投掷等项目；有的人的肌肉属于"慢反应类型"，虽然爆发力不足，但是持续性很强，这样的人适合做那些需要持续性的运动，像长跑，马拉松等项目。一般来说，对于一个个体来说，很难同时兼顾两种状态。也就是说，同时兼顾两种肌肉是比较困难的。

干预观点

干预和影响容易混淆。

我们可以这么想，当一个事物按照一定的规律或者方式在运行的时候，如果没有外力的介入，它就会持续保持这样的状态，并按照发展规律而变化。如果外力的介入不是很强，对整体的发展规律变化不大，我们可以算是"影响"；但是如何导致事物发展的状态和趋势发生了改变，则应该算是"干预"。

干预这个词最常见的领域主要包括医学治疗和经济管理。

一个人得了病，会越来越糟糕，这个时候，医生的治疗就是一个干预过程。要么减缓，要么终止，要么降低这个疾病的发展趋势，甚至可以治愈。

经济发展也是一样，如果只是一些"利空"或"利好"的影响因素，对于经济的发展态势变化不大。但是，如果是一些明确的手段，导致经济运行出现了改变，则属于干预程度了。

干预应该比影响的力量更强大一些吧。

销售工作就是"干预手段"

对于客户和终端来说，我们的产品是陌生的，我们的推广品牌是陌生的。在没有这些产品和品牌介入的情况下，客户和终端会按照原来的情况使用、购买。当我们把产品推进市场，开始塑造自己的品牌，就是在干预客户和终端的方式，让他们开始选择我们的产品，这是一个明显的改变过程。

但是，我们必须看到，在干预的时候，也存在"快反应"和"慢反应"的差异。必要的时候也会有两种方式的结合，但是，总是会有一个主流方式。应该说，最终得到发展的，成为主导的应该是一种方式，不可能同时保持两种方式的存在。至少，两种方式的存在会造成两个方式都无法稳定发展。

所以，我们的观点很明确，快反应的销售方式是可取的，但是，如果指望长久发展，肯定是需要做必要调整的；反之，既然坚持了慢反应的方式，就不要太纠结那些业绩奇迹的诱惑，那不是我们的菜。

干预结果成为新的指标

从"干预"这个概念进入销售研究中，我们就可以更好地看待销售工作的核心。

销售工作的目的是在改变客户和终端原有的运行方式，其中重点就是改变客户和终端的"认识"以及"判断方式"。

那么，这样的观点，将会让我们重新思考销售工作的方式和内容，是否已经体现了这样的意思。

我们特别提出：销售终端是实施干预的主体，产品是实施干预的载体，销售工作是实施干预的过程，销售业绩是判断"影响程度"的指标及"调整依据"。

所以，结合这样的观点，我们在一些销售工作的指导中，会越来越考虑其中的内容和方式，是否可以体现出"干预"的结果。甚至，在很多时候，我们更关心的是干预的效果，而不是业绩产出的结果。

因为，一个稳定的干预结果，一定可以带来稳定的业绩结果。

销售干预思路带来的新空间

按照这样的思路，我们在面对竞争的时候，也可以从中看到很多新的空间。

当我们是后来者的时候，必须考虑如何改变现有客户和终端对竞争产品的认识和判断，否则，任何的业绩都不得不依赖"快反应"方式获得，这都是不长久的。

当我们是领先者，必须考虑如何维持自己在客户和终端的认识和判断，也要关注竞争者在这方面的工作情况，及时进行应对。当然，如果只是一些"快发应"方式，就不需要太过于在乎了。

因此，我们在很多行业都发现，如果竞争者是靠价格、政策等方式来抢夺市场的，一般领先者都不会太多去"应战"，但是，如果涉及理念、观点上的方式，领先者都会非常慎重，也会积极应对。

这样的情况，也非常符合"定位理论"所关注的"心智竞争"的观点。

销售追求的是最高概率！

在我们的观点描述中，最后一句好像有点突兀。

其实，这是一个很好的总结。

销售工作既然是为了干预客户和终端的认识和判断，就必须明白，效果并不是完全由销售人员来决定的，必须考虑客户和终端的情况，还要看原有认识和判断的实际强度。所以，我们不可能保证所有的销售工作都是有效的。

应该说，销售工作的努力就是争取最大的可能性。相对来说，更有效的销售工作赢得结果的概率更高。

关于这个问题，我们也会拓展到其他方面，例如销售能力方面、销售管理方面。

我们追求进步，追求完善，并不能保证我们一定可以胜利，但是，这样的过程可以赢得最大的概率。

我们会和销售人员说：也许你的成功或者失败不是因为你的原因。但是，你的水平是决定结果的最大因素。

突破销售思维的新观点

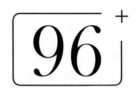

管理和战略的难题：稳定结构和混乱结构的平衡。

"以稳定管理为主流，以保持活力为保证。"

混乱还是稳定

在我们大多数人的心目中，工作和管理更细致、更稳定、更准确一定是一个好事情。而且，管理者也是按照这样的思路来开展工作的。但是，这真的是一件好事情么？

在我们研究平台理论的时候就已经在考虑这个问题了。我们在建设平台的过程中，肯定是越细致、稳定、准确，越能更快搭建这个业绩平台，也才能更好地发挥这个平台的价值。但是，我们要知道，这个平台也仅仅是发展中的一个阶段而已。我们还需要不断地打破这个平台的限制。

如果我们的工作和管理"过于"细致、稳定、准确，也就意味着这个平台的"牢固性"会更强，而我们打破它的难度也就更大了。

事实上，我们希望的是，需要不断地建立和打破。这就需要在工作和管理系统中存在一定的"活力"和"动力"，也就是很多管理者非常忌讳的"混乱状态"。

当然，完全是混乱的一定是不好的，会造成内耗过大，效率降低；但是，如果没有客观存在的混乱，完全期待业绩平台停滞以后，出现问题以后，才考虑改变，估计就不是一件容易的事情了。

尤其是，当这种细致、稳定、准确从工作层面渗透到管理层面，甚至达到团队文化层面，再想突破就更加困难了。

稳定未必好，混乱未必差

其实，不仅仅是系统级别的情况，还包括销售人员的销售工作状况、市场工作状况、客户工作状况，都一样存在这样的问题。甚至，当我们意识到问题的严重性时，发现已经是"积重难返"，不得不"壮士断臂"或者"从头再来"了。

我们看到，在一些销售系统的管理者，往往也会意识到这样的问题，所以，总会考虑采取一些方式避免出现"丧失活力"的局面。用他们的话说，就是要不断地"折腾"。可是，到底如何才能让这样的折腾更有意义，到底应该如何来折腾，就需要在战略上有所考虑。

而且，这样混乱是要可控的，防止因乱生变；这样的活力不能完全指望员工，终归他们是更趋向于稳定的；这样的措施还要不妨碍整体工作，因为整体工作的趋势是以稳定为目标的……

反正，他们提出的各种想法和疑虑非常纠结。

关于这个问题，很多销售系统的管理者、决策者，也有销售人员和我们一起探讨过，仅仅依靠一些临时性的"折腾"肯定是不行的，如果完全指望出了问题去处理也是得不偿失的。他们都希望我们能给出一些建议，能让这样的"混乱"可以常态化，让整个系统始终保持良好的发展活力。

稳定与混乱在战略上的建议

目前来看，根据我们了解的情况，在一些优秀企业中，确实有一些经验可以跟大家分享一下。

第一种方式是战略上的设计。

在制定团体和工作战略的时候，应该保证有相关的发展要求。例如研发工作、技术改造、新人培养等任务指标。以此来要求各种工作都能重视对活力有帮助的工作，甚至可以作为严格的考核。

第二种方式是工作或职能上的设计。

应该考虑在整体系统中，设置，或者委派某些职能承担一些相关的工作。例如市场研究、销售模式研究、新想法试点等。这样就能保证在系统中，总会存在"带动发展"的力量。

第三种方式是机制上的设计。

无论是决策者还是管理者，或者员工。必须有明确的学习任务。必须有听取各种新东西的责任。有的时候，还可以在团队的某些平台来保证这些声音的存在；有的时候，还应该有鼓励新人进入管理团队的机制。

涉及销售团队和销售工作的时候，最好能有第四种方式。就是我们之前曾经提到的"群众原则"。可以考虑建立某些方式，让更多的人可以参与，尤其是新人的参与。有的企业居然已经考虑让客户参与，让顾客参与，以此来带动整体工作的进步和改善。

一致性是方向，多元化是常态

我们说了这么多增加活力的内容。在这里还是要强调。活力是需要的，但是，一定不能成为主流。千万不能是主流。从系统管理看，细致、稳定、准确依旧是主流，特别是一些非常关键的工作系统。

有观点说"一致性是方向，多元化是常态"。

这就需要管理者、决策者很好地把握这样的度。

在我们看到的一些案例中。很多团体、企业中，最高的决策者和管理者，往往都会亲自管理和指导"活力工作"，这样就更容易保证这些工作的"适度"。

目前，这个研究还不是很成熟，只是在这个地方把我们的想法做个交流。或者，更多的研究、案例，可以让我们形成更有价值的观点。

突破销售思维的新观点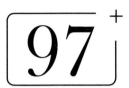

任何职能都存在三个工作层级。分别是技术层级、价值层级、战略层级，而且是逐渐递进的。

销售系统中，工作层级的职能越高、越多，其发展的速度和水平就越高。

一方面需要各项职能工作逐渐提升自己的工作层级；另一方面也需要为这样的提升提供必要的机制保障。

销售系统的运营优劣

在我们之前的文章中，总会提到一个词"销售系统"。这是指围绕销售工作而建立的一套决策、执行、监督、支持等体系的，保证销售工作运营的多工作、多职能组成的整体。

销售系统不只是涉及销售人员和销售工作，只要与销售工作有关联、有影响、有促进的工作职能都属于这个系统中的一员。

正如我们所说过的，销售业绩的确是由销售人员来最终实现的，但是，这个实现过程是一个非常复杂的过程，往往需要很多人员参与，更需要很多工作和职能的保证。

　　也可以说，销售人员的能力水平，决定了个人业绩和收入的来源；团队管理能力水平，决定销售团队的业绩增长和市场发展情况；而销售系统的整体水平，决定了全部人员、全部团队的整体水平。

　　每个行业往往都会有一些类似于"企业排名"的资料。从这些资料里，大部分的排名都是根据业绩指标来进行排名的。但是，作为行业内的人员，我们也会有自己的评价指标，而这些指标中，往往看重的是企业内部运营方面的优劣。因为从这些信息的判断中，我们可以知道这个企业未来发展的趋势。

　　事实上，我们看到太多曾经辉煌的企业最终走向没落，也看到一些曾经不起眼的企业逐渐成为行业的翘楚。虽然，这其中有很多因素的影响，但是，一个优秀的销售系统的运营水平，一定是一个非常重要的决定性因素。

　　我们经常会遇到一些销售系统的决策者和管理者与我们探讨关于销售系统的建设和完善的问题。

　　一方面，这些销售系统会在各种体系上，各种管理上，甚至包括团队文化上努力提升水平；另一方面，他们还希望能找到一些可以带来突破的方向。在他们看来，仅仅保证这些还是不够的，最多只能算是做好"守业"的要求，如果真的需要高速发展，就一定要有更有效的"变革"。

　　基于这样的要求，我们也会利用各种机会去了解和分析各种企业的实际运营情况，这其中包括在行业内比较出色的企业，也有比较平庸，甚至有比较糟糕的企业。

　　不仅如此，我们还会做大量的"回顾性研究"，就是对一个销售系统发展过程中的某些特色状况进行分析，例如曾经的高速发展期间有哪些重要的因素，又如曾经迟滞的情况下，都出现了什么样的变化，出现倒退的时候都有哪些情况产生了影响。

　　我们知道，一个企业和一个销售系统的高速发展，一定不是一个简单的答案，但是，其中的共性，一定是我们可以借鉴的。

　　在这个过程中，我们确实得出了不少的结论，也会提供很多的观点和建议。

在这个部分，我们将重点提及关于"工作层级"的观点。

特别注意，这个点是一个可以影响销售系统运营水平的因素，但是，绝对不是决定性因素，也不是唯一的因素。我们只是发现，这个因素确实广泛存在于优秀企业中，而同时，也会在相对落后的企业中比较罕见。或者，我们可以从这个差异中找到一些启发。

什么是工作层级

所谓工作层级，指的是在销售系统中，各种工作职能或者工作部门，在发挥作用的过程中所达到的水平。

可能大家对于这个描述会有一点疑惑，工作职能或者部门就不是要做好自己的工作吗？只要做好本职工作就是对系统最大的帮助了。这其中还存在什么水平问题吗？

或者有人会说，职能部门的工作水平主要考虑人员能力、管理能力、硬件设施，至于"发挥作用"方面好像不会有太大的差异吧。总不能让人事部门去做销售吧，或者让市场部的人员去做行政吧。

正是因为这样的认识，很多职能部门才没有意识到发展的问题，才会停留在比较低的层级上，才会限制销售系统的发展。

我们先来看看不同工作层级的具体描述，大家就会理解我们所表达的观点了。

技术层级

技术层级，指的是职能部门可以完成相应的工作任务和工作要求。

这是一个职能部门设置的初衷，也是职能部门首先保证达到的要求。也就是我们所说的"份内事情"，也就是我们所说的"本职工作"。

我们可以理解，如果一个职能部门连这样的工作层级都达不到，肯定是不行的。这是职能部门存在的基础。

我们对职能部门的评价主要考虑的就是这个层级了。一般情况下，在技术层级中，会有两种不同的水平，一种是"完成工作"，这就比较低端了，只能达到"能做到""能做完"的程度；第二种是"完善工作"，这就有点水平了，往往可以达到"做得好""效率高"的程度。

但是，无论如何，这也仅仅是技术层级，始终还没有真正实现职能部门的更多价值。

价值层级

价值层级就比较高端了。这是指职能部门可以为其他职能部门的发展提供辅助、促进的作用。

也就是说，不只是自己的工作要做好，还能帮助其他的部门也做得更好。

这种情况在一些企业里还是存在的。一般主要是与销售工作的融合。也就是说，会有一些部门在做好本职工作的时候，会尽量为销售工作的发展发挥作用。而且，往往销售工作非常重要的情况下，这样的职能部门就会比较多。例如市场工作、研究工作、生产工作等。

这个时候，这样的部门越多，销售系统的整体水平也就越高。因为，他们不是"一个人在战斗"，肯定会更好地发展。

但是，很多时候，这样的情况主要是围绕销售工作，属于价值层级中的"主流水平"，还是有局限的。对于一些更高端的情况，就不只是针对主流职能了，还会对其他部门都产生价值。那么，这个职能部门就能达到"广泛水平"了。

一方面，我们需要更多的"主流水平"的部门越来越多，同时，我们也希望逐渐出现"广泛水平"的职能部门。

应该说，能达到价值层级的职能部门越多，这个销售系统一定是更强大的。如果有更多的广泛水平的职能部门，那就更可怕了。

可惜的是，在很多销售系统中，连主流水平的部门都非常稀少，甚至都没有真正发挥作用。那么，我们怎么可能指望销售队伍"孤军奋战"能取得更多、更大的胜利呢？

战略层级

至于战略层级的情况，我们在普通的企业中是很难见到的。因为，当一个职能部门进入到战略层级，就意味着它将直接对企业战略产生巨大的影响。

大家要特别注意的是，战略层级绝对不是说"谁说了算"。因为，在我们研究的过程中，就有人跟我们说，他们的某些职能部门非常强大，例如销售、财务、人事、审计等，几乎对企业的决策有绝对的影响力，那么这算不算战略层级呢？

首先，战略层级是从技术层级和价值层级发展出来的，如果没有之前这些层级的保证，战略层级就仅仅是个样子货了。

其次，战略层级的职能部门一定是可以带动更强大的发展，并不是职能权力的表现。而且，很多职能部门对战略决策的影响，本就是它的职能责任，一般属于技术层面。

最后，能把一个职能部门做到战略层级，一定是需要很多条件的，例如能力强大的管理者，各种精英人才，完善的管理系统，广泛的支持和认可。否则，它就没有办法发挥真正的战略影响力了。

目前，我们可以看到的案例很少，例如某企业的产品经理制，某企业的"组织部"，某企业的"质量控制"……这些企业的整体水平是非常高的，几乎都是在行业内领先，甚至在全球领先的企业。

对于大多数企业来说，可能先考虑做好技术层级，适当提升价值层级才是目前的正道。相信，随着发展的需要，会逐渐出现战略层级的情况。

工作层级的小结

关于工作层级的问题，是我们研究的一个观点，仅仅是观点而已。

目前，我们确实在一些具体的情况中，开始推动工作的升级问题，也确实取得了一些不错的效果。但是，推动的难度也很大。因为，很多时候，真的不是一个职能部门的事情，往往需要企业有相应的机制保证。

所以，我们也在不断地向很多销售系统推荐这样的观点，更希望很多职能部门的管理者也能开始从这个角度来提升层级。至少，不要再说什么"没有功劳有苦劳"，一定还可以更好的。

对的，一定可以更好的。我们只是说了一个更好的样子，至于是否向这个方向努力，就不是我们能决定的事情了。

突破销售思维的新观点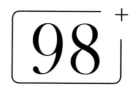

　　对一个销售管理系统（各种规模）的评价、分析、改善，重点通过四个体系的方式来完成，分别是决策体系、执行体系、监督体系、支持体系。

　　对于一个销售管理团队来说，至少应该了解，也应该建立这四个体系，否则就不能算是一个完整的销售管理系统。

管理系统由四个体系组成

　　在我们给销售管理者做管理培训和指导的时候，一些管理者总会和我们提出这样的观点：他自己也就是一个主管级别的管理者，管理的人也就几个人，完全没有必要去考虑什么"管理系统"这么大的事情，应该考虑更简单的管理方法。

　　这是一种非常严重的误解。

　　管理从来不是由规模来决定如何做的。无论是大还是小，都需要按照相关的原理和方法来考虑。规模的影响，主要是事务的复杂程度而已，并不能因此减少必需的内容。

　　至于管理系统，更不能因为规模的限制而忽略。

无论是什么规模的管理系统，都需要考虑四个重要的体系：决策体系、执行体系、监督体系、支持体系。而且，都应该在自己的管理团队中去建立这些体系。否则，这样的团队管理一定会存在很多问题的。

决策体系

所谓决策体系，就是指在团队中，各种决策是如何形成的。

可能很多管理者会认为，在自己的团队哪有什么需要决策的事情啊。很多人以为"决策"是一个很大的词。其实，决策就是"决定""评价""判断"等工作的总和。只要是一个团队管理，就一定存在不同的决策。

简单地说，团队成员的工作任务怎么制定呢？团队成员工作做得好不好怎么评定呢？如何判断现实的工作方向和目标呢？还有如何分配大家的工作，如何调配各种资源，如何安排管理者的帮助对象……这些都是属于决策的范围。

如果团队规模不大，可能这样的决策过程就比较简单，很多时候，经常是管理者自己来决定。有一些稍微大一点的团队，可能还会组织一些会议。总体来说，大部分决策都不是非常严谨和科学的。

所以，我们一直希望团队管理者应该建立一个比较"简单"的决策体系。

有时是把决策权进行必要的分解，不同的工作由相对能力强的人来定；有时是把决策权体现在团队决策上；有时会明确某些事务的决策需要必要的程序；有时会要求某些事务的决策必须有调研和数据分析；有时一个决策必须通过全体表决；有时一个决策需要上级领导的批准……

当我们为这些决定进行必要的设计，就是在建立一个"决策体系"。如果一个团队能选择更先进的、更有效的决策体系，将会保证更多决策的正确性，那么，整个团队的工作都会有很大的改观。

执行体系

所谓执行体系，比较容易理解，就是指各种工作、各种决策到底如何来做的问题。这好像是不需要什么体系的样子。只要安排好谁做，就可以了。

其实，执行体系是四个体系中最影响工作效果的一个体系。

执行体系，不仅仅包括分工责任的问题，还包括考核的事情。包括人员的培训、具体的做法、工作的流程、资源的使用，甚至包括申请、报销、差旅等，都需要有明确的要求和规范。

执行体系往往是由大量的"行为模式"组成的。大家都应该知道怎么做好自己的工作。这是提升效率的关键。

对于优秀的管理者，总会关注执行体系的运转情况，及时发现问题，及时进行调整。同时，也会努力寻找更有效率的"行为模式"，不断提升团队的执行效率。当然，根据执行情况，还要考虑如何调配人员，如何培训能力，如何培养人才……

执行体系的先进性是团队领先最基本的条件。

监督体系

所谓监督体系，可能很多管理者会觉得比较陌生。在他们看来，监督确实需要，也确实存在，但是还不足以称之为"体系"。

是的，监督的重要性是大家清楚的。到底大家做了没有，做得怎么样，这些都是需要一些办法来保证的。所以，对于大多数管理者来说，都会重视监督，但是，并没有考虑到建立一个完善的"监督体系"。

监督能成为体系，就意味着"几乎可以监督到所有的工作和内容"。而且，在布置工作的时候，执行工作的时候，都应该有监督工作配套。

在一些小团队的管理中，他们也会根据实际需要来设计一些"小体系"。例如针对例行的工作，可以通过定期汇报的方式来跟踪；也可以通过抽查的方式来监督；还可以通过互相陪同的方式来检查。例如针对专门的工作，可以明确具体监督的内容和负责监督的人员。

这些内容可以是提前进行设计，也可以根据具体工作来设计；可以是管理者负责，也可以让团队成员一起参与，甚至安排专门的人负责……这样的设计，本就是一个比较好的监督体系了。

需要强调的，也是大家特别容易犯错的地方：监督不是为了检查，而是为了更好地做到。如果一个监督工作只能解决"检查作用",就不能真正算是一个体系。如果处理得不好,甚至会成为一个"祸害"。切记。

支持体系

所谓的支持体系,主要涉及两个方面的内容,一是资源的使用,二是资源的建设。

我们都知道,销售工作不能是"孤军作战",总是需要各种支持的。

一方面,作为销售人员必须清楚自己能使用什么资源,怎么申请这些资源,如何使用这些资源,这就需要一个关于资源使用的支持体系;

另一方面,作为销售管理者,必须清楚自己还需要什么资源,各种资源的现状,如何增加和强化这些资源,这就需要一个关于资源建设的支持体系。

这样才能组成一个比较完善的支持体系。

对于比较大规模的支持体系,可能就是独立的职能和部门来负责了;对于比较小规模的团队,可能需要管理者主导,大家一起参与才能做好。

无论如何,有一个明确的支持体系,才算是一个完整的销售管理系统。

当我们需要给销售管理团队提供管理咨询的时候,总会首先调研他们的管理系统运行情况,当然,就是重点考察他们在四个体系的建设和运行方面的情况。通过这些情况,也可以判断这个销售团队的运行水平和能力,更可以从中找到问题,并提出改善的意见。

作为销售团队的管理者,需要仔细思考这四个体系在自己团队中的存在状况,很有必要做一些客观的评估。或者从这样的工作中,也能看到自己可以改善的方向。

好的团队可以塑造优秀的销售结果,而好的团队,一定会有着四个体系。

当然,我们鼓励更多的团队可以结合实际,再增加其他的体系,那是好事情。

突破销售思维的新观点

　　构建销售人员的系统思维是强化销售工作的专业化、提升销售人员整体素质的基本条件。

　　也是销售人员、销售工作、销售管理、销售策略的基本培训思路。

　　销售人员的系统思维构建，主要从四个方面入手：认识、技能、行为、表现。

　　认识的核心：识别、分析、判断。

　　技能的核心：操作、运用、优化。

　　行为的核心：方法、方案、策略。

　　表现的核心：结果、进步、应对。

系统思维的思考

　　销售人员总是要不断地学习，不断地训练，不断地进步，只有这样，才能保证自己可以应付更多的挑战，才能让自己做出更多的业绩，才能体现个人的更多的价值。这是销售工作进步的常态，也是销售人员不容易的体现。

可是，我们是否考虑过一个问题，到底学习和训练到什么程度才算是一个合格的销售人员呢？到底应该提高到什么程度，才算是优秀的销售人员呢？到底如何评估自己现实的水平呢？

如果两个都很不错的销售人员在一起，我们应该如何来评价他们的优劣，如何来比较出各自的优点和缺点，如何让他们知道应该如何继续提升自己呢？

这是一个很难回答的题目。

因此，这个问题一直萦绕在我们的思考中，也会时常整理相关的想法。比较常见的观点会涉及：能力方面，理论方面，素质方面，解决问题方面……当然，由于观点差异比较大，最终都会回到一个大家"最不愿意接受"的标准，就是纯看业绩。

所以，大量的学习和训练最终都只是围绕着业绩来设计、实施、评价。更多人认为业绩差距就是水平的差距。

我们确实知道这个标准是有缺陷的，像不同的产品，不同的市场，不同的行业，不同的条件，都会导致最终业绩的差异。所以这个方式肯定是不合理的。可是，又真的很难想到一个可以"更全面""更合理"的思路。

我们在看一些电视节目的时候，真地有了一点启发。特别是一个关于相声比赛的节目。其中就涉及了一个很重要的问题：如何评价一个相声演员的水平，如何认定一个相声演员的专业性，如何比较相声演员的水平差异，是否应该完全依靠"是否可笑"作为标准。当然，最让大家关注的，还包括其中"外行"与"内行"的辩论与较量。

根据这个节目，我们意识到，关于一个专业性的探讨不只是销售工作一个行业的问题，原来很多行业都会存在这样的问题。于是，我们开始与很多专业性比较强的领域进行接触，也和他们探讨了他们行业的特点，特别是在专业性认定方面的方式。

慢慢地，"系统思维"这个词逐渐进入我们的思考中，并逐渐形成了我们对系统思维的认识，也逐渐帮助我们开始考虑销售行业的系统思维构建问题。

系统思维的观点

什么是系统思维呢？

简单地说，就是一个人对于一个专业领域形成了"整体的""全面的"思维方式。

要特别注意的是，这个"整体"和"全面"绝对不只是从知识和信息层面的理解，还包括由各种技能、行为所形成的体验。

我们可以说几个例子。

有人可以做出很好吃的菜，但是，他不一定是一个厨师，为什么呢？

有人可以唱出很好听的歌，但是，他不一定是一个歌唱家，为什么呢？

有人可以说出很好笑的相声，但是，他不一定是一个相声演员，为什么呢？

有人可以给人提供治疗的知识，但是，他不一定是一个医生，为什么呢？

这其中都缺乏了"整体"和"全面"。

厨师需要学习各种做菜的知识，还要掌握各种技能，更需要各种训练，才能对做菜这件事有比较全面和整体的认识，这时，他所构成的一个思维方式，才能算是一个系统思维。声音好是天赋，但是，作为一个歌唱家，还需要学习音乐的知识，还要有基本的训练，甚至还要有对声音的掌控，这样他才能算是对歌唱有比较全面和整体的认识，才能形成一个比较完善的系统思维。相声也是一样的，没有基本功，没有基本的训练，没有足够的知识，是不可能建立相声的系统思维的；医生就更不用说了，看几本医书是不能算是医生的。

那么，销售工作呢？

一样是这样的。

你可以卖掉产品，可能业绩还不错，但是，你是否算是一个专业的销售人员，仅仅靠这个业绩是不行的，必须还要有相关的学习，相关的训练，这样，才能构成一个比较全面和整体的思维方式。

只有具备了这样的思维方式，才能算是一个合格的销售人员。至于，是否更好，都是在这个基础上发展的问题了。

按照这个思路看，可能我们很多做销售的人员，都仅仅是可以卖，可以销售的人员而已，还不能算是一个合格的"销售人员"。

系统思维决定了专业的整体水平

可能会有人问：这有什么意义呢？最终还是要看销售业绩啊。

是的。

我们可以想想，如果从事一个行业的人员都是外行人，会是什么样子呢？

或者对于大多数人的生活、工作、收入都没有太大关系，但是，这个行业的发展就会存在问题。想想早年，被那些外行人把控的"相声行业"几乎要从娱乐中消失了。

销售行业也是一样的。我们想想，有多少人会认可销售工作的专业性，有多少人会尊重销售人员的工作，有多少人会在乎销售人员的意见……为什么呢？因为没有一个专业的意识，没有一个专业的认可，更没有专业的识别。

所以，我们非常关注系统思维的问题，非常希望逐渐构建适合中国销售行业的系统思维观点。因此，也希望大家关注这样的问题。

销售人员系统思维的构建

关于系统思维的构建问题，我们也提出了一些观点，其中有一些是我们自己研究出来的，有一些是借鉴了其他行业的专业观点。整理起来主要涉及四个层面的内容，分别是认识、技能、行为、表现。

所谓认识，就是构建销售人员识别、分析、判断的能力。识别的重点是如何能看出好坏，如何能知道对错；分析的重点是如何做分析，如何进行评估；判断的重点是如何形成决定，如何明确方向。

所谓技能，就是锻炼销售人员操作、运用、优化的能力。操作就是要会做各种工作，会操作各种工具；运用就是能把这些操作放到实践中应用，而且应用得正确；优化就是自己在实践中，可以调整这些技能，可以根据要求和特点优化这些技能。

所谓行为，就是让销售人员可以掌握方法、方案、策略的价值。方法是针对各种目的和问题的做法；方案是针对市场、产品的构思；策略是应对各种情况、各种要求的基本思路。

所谓表现，就是让销售人员可以通过具体的表现来体现自己的专业，包括结果、进步、应对。结果就是我们所说的业绩，而且是正确产出的业绩；进步就是可以持续发展的情况，这是需要更多条件保证的；应对就是对于各种问题、危机、质疑的处理能力。

目前，我们对于销售人员的系统思维构建，得到的研究成果并不多，也主要是一些框架性的内容。所以，也只能说这么多了。

但是，我们已经开始在考虑围绕系统思维的构建，关注"专业的销售人员"的培养，这不仅对一个企业、团队是有意义的事情，因为更多专业人员的集中，一定会带来整体水平的跳跃；而且，这样的工作也会对中国销售行业的发展带来巨大的推动，我们希望未来，在中国的销售行业中，有超越外企的，而且是适合中国的，更有发展潜力的，更多的专业销售人才。这样，中国的销售工作才能逐渐走向世界。

代后记

突破销售思维的新观点

100+

突破销售思维的新观点

你现在拥有的一切，既是成就你的理由，也是限制你的负担。

请尊重你现在拥有的一切，因为那是你过去的终点，更是你寻求突破的起点。

市场疲劳的宿命

销售工作是一个没有结束的过程。这就意味着，我们必须不断地寻求新的发展。因为过去的一切都会越来越没有价值。

在销售行业中，有一个非常有意思的词叫"市场疲劳"。这个词的含义是指，无论你做得多么出色，只要在工作中持续使用这些方法或者利用这些优势，最终，都会逐渐陷入"逐渐失效"的境况，而市场对于你的反馈也会逐渐进入一个"疲劳"状态。这时，你的所有优势和优秀都会逐渐丧失价值。

大约，这可能是销售工作与其他工作的一种区别吧。我们的思考中，大约只有销售工作是这样的情况。相对其他的工作，只要你能做得更好，总会持续获得这种"好"带来的效益，无论是经济效益还是社会效益。

这大约也是销售工作的"宿命"吧。

　　因此，每当有人向我们咨询做销售工作的事情，我们也会像其他人一样，尽量劝谏他们不要选择这条道路。因为这条道路的艰辛不只是走向成功的过程，而且是没有终点的持续过程。如果没有强大的内心，没有足够的热情和勇气，可能无法面对"没完没了"的艰辛。

　　所以，我们似乎也能理解那些"不思进取"的销售人员所表现出来的状态。他们已经丧失了最初的勇气，也可以说失去了"初心"，因此，他们只能默默忍受着"市场疲劳"逐渐发挥作用的过程，只能期待某些因素，或者某些"不可抗力"的情况，能让他们可以稍微长久地享受现在的"辉煌"。

突破需要勇气

　　很多时候，我们可以看到这种限制的存在。但是，并不是任何人都有勇气或者有能力去突破这种限制。

　　一方面，现在拥有的一切都是自己过去长时间积累的结果，都浸泡着自己的汗水和泪水，真的否定和放弃，实在是舍不得。何况，这些现实，还在给自己带来持续的业绩和收入，好像也没有到了必须否定和放弃的时候。

　　另一方面，或者有一些销售人员愿意更好地发展，愿意突破现实的负担。但是，"往何处去呢？""一定可以更好吗？"这些疑问总会萦绕在他们的思绪中，形成没完没了的纠结。

　　真的是这样的情况。

　　因为我们也一样经历过这样的纠结，即使到现在，我们何尝不是还处在这样的境况中。所以，我们才切身地理解销售人员的痛苦。

　　因此，我们才会不断地给销售人员提供着更多的建议，有的时候甚至是"苦口婆心"的状态。

　　让我们欣慰的是，总有一些销售人员可以从我们的建议中看到方向，并付诸行动，而且真的取得了优秀的结果。当然，我们不敢说，我们的建议是他们进步的决定性因素，但是，我们清楚，我们的建议让他们得到的，不只是其中的内容，还有给他们带来的勇气和希望。

可惜的是，还是有一些销售人员始终没有迈出这一步。但是，我们没有放弃，也没有丧失信心，因为我们也犹豫过，我们也纠结过。我们还会继续努力帮助他们，努力寻找新的可能性。

现实就是最好的起点

我们曾多次在课程上，或者是在交流上表达一种观点：

如果一堂课，一次交流，一次学习，一次阅读，就能让你"茅塞顿开"，下定决心要"重新做人"，那么一定是有问题的。要么是因为我们已经是"神仙"了，摸一下你的头就让你觉悟了，这肯定是不可能的；要么就说明你还只是停留在我们所说的内容上，没有真正做到与现实的结合。

我们不断在说：我们不是你！

这句话的意思是告诉你，我们所有的建议都是建立在我们的思考、分析上的，是我们的建议。你必须把这些内容与你的现实条件进行结合，才能发挥最大的效益。

因此，我们特别提出，你的现实，无论是好的，还是坏的，都是客观的现实，你不需要因为优秀而骄傲，更不要因为落后而感觉耻辱。这就是现实。你所要考虑的恰恰是要和现实结合，尊重现实的一切，也认同现实的一切，这样你才能更客观地看待"改变"。

因为，你现实的一切就是一个新的起点。

后记和总结

作为本书的最后一个建议，我们把这个内容也看作是一个"后记"，所以在最后的内容中还是要做一些小小的总结。

"只有身处黑暗中的人，才能知道一点点微光的意义"。

我们在销售人员培训、指导、参谋、建议等工作中，从来没有想过要告诉销售人员"什么是对的，什么是错的"，更没有想过要教会销售人员"应该怎么做"。因为我们理解销售工作的特点，也知道销售工作发展的特点。

所以，我们一直把我们的努力视为"黑暗中的一点点微光"。这也是我们能做到的上限了。

最终，能够改变的还是销售人员自己，愿意改变的还是销售人员自己，大家的成功都是自己的功劳。

如果说我们真的有点小功劳的话，大约就是帮大家点亮了一盏"蜡烛"，让大家看到了希望，给大家带来了勇气。

100条观点，20多万字的编写，可能对于很多人来说一定是个比较困难的过程，或者是一个比较漫长的过程。当然，对于专业作家和专业的编辑可能就不算什么了。

对于我们来说，这个过程并没有想象得那么艰难，从开始选题，并着手编写，到完成第一稿的编写，并没有经过太多的时间。因为，这些内容全是我们在做的事情，也是实践中在推广的内容，更是我们工作中最重要的内容。

那么，这些内容是否可以给阅读者带来启发呢？我们真的不知道，也不确定。我们只能说，这些观点、建议，在过去的时间里，的确帮助了很多销售人员，帮助他们解决了现实的难题，也帮他们走出了工作的困境。

我们只是把这些内容"也"告诉阅读者而已。

最后，也是我们自己的一点小私心。

中国的销售行业已经发展得越来越好了，可是，放眼望去，我们几乎都是在国外的研究成果中寻求发展，而且，但凡是一个外国人名字写的书，都会让我们觉得很厉害的样子。

其实，在中国，也有很多人在做销售工作的研究，也在推出更多结合中国特色的销售研究成果。或者，这才是中国销售领域可以长足发展的强大基础。

我们做得很浅显，也很基层，但是，这是我们的态度，我们始终致力于中国销售市场的研究工作，也真心希望自己的成果可以帮助到更多人，更希望中国人在销售研究领域也可以出现很多影响世界的成果。

我们以此为荣！

责任编辑：王雪珂
责任校对：李俊英
责任印制：丁淮宾

图书在版编目(CIP)数据

先行100步：突破销售思维的新观点 / 容广宇等著. — 北京：中国金融出版社，2020.8

ISBN 978-7-5220-0669-7

Ⅰ.①先… Ⅱ.①容… Ⅲ.①销售方式 Ⅳ.①F713.3

中国版本图书馆CIP数据核字 (2020) 第109555号

先行100步——突破销售思维的新观点

XIANXING 100 BU：TUPO XIAOSHOU SIWEI DE XINGUANDIAN

出版 发行	**中国金融出版社**

社址　北京市丰台区益泽路2号
市场开发部　(010) 66024766，63805472，63439533 (传真)
网 上 书 店　http://www.chinafph.com
　　　　　　　(010) 66024766，63372837 (传真)
读者服务部　(010) 66070833，62568380
邮编　100071
经销　新华书店
印刷　保利达印务有限公司
尺寸　169毫米×239毫米
印张　28
字数　390千
版次　2020年8月第1版
印次　2020年8月第1次印刷
定价　86.00元
ISBN 978-7-5220-0669-7
如出现印装错误本社负责调换　联系电话 (010) 63263947